나도 그림책 작가

나도 그림책 작가!

읽고 그리고 쓰는 그림책 창작 활동 60가지

그림책사랑교사모임 지음

학토재

들어가며

이야기를 만들고 표현하며, 세상과 소통하라!

 그림책은 상징 기호인 문자로 구성된 글 텍스트와 시각 기호인 그림으로 구성된 그림 텍스트가 만나서 다양한 의미 작용을 하는 책이다. 따라서 그림책에서는 글은 물론이고 그림 또한 중요한 요소이다. 그림책에서 글과 그림은 서로 상호작용하며 조화를 이루고 의미를 만들어 낸다. 학생들은 그림책을 펼치는 것만으로도 그것이 주는 특유의 따뜻함과 편안함으로 마음을 열고 부드러운 자세로 수업에 참여한다.
 그림책은 읽는 것만으로도 기쁨과 힐링이 되고, 학생들이 다양한 역량을 기르는 데 도움을 준다. 또한 책에서 각자 느낀 내용을 토론하고, 관련된 독후활동을 함께 하면서 서로의 생각을 나누는 기회를 누린다. 공감하는 소통의 장이 되며, 생각을 확장하고 상대를 이해하는 기회를 만들 수 있다. 이런 활동을 해 나가는 과정에서 집단 지성이 발휘되고 함께 하는 즐거움까지 얻을 수 있다.

 글과 그림의 조화로 이루어진 그림책을 읽다 보면 학생들에게는 자연스럽게 창작의 욕구가 생긴다. 그림책 창작은 상상력을 자유롭게 펼칠 수 있는 영감을 주는 활동이다. 새로운 아이디어가 생성되고, 문제 해결과 창의적 사고를 유도한다. 더불어 그림책 속 인물의 행동과 감정을 이해함으로써 다른 사람의 감정을 이해하고 공감하게 된다. 또한 이야기와 캐릭터들을 통해 도덕적인 선택과 행동을 배우며, 나와 다른 사람을 존중하는 능력을 기른다. 그림책 창작 과정에서 학생들의 표현을 자세히 들여다보면 그 학생을 깊이 이해하는 계기가 된다. 평소 말수가 적어 속마음을 알 수 없는 학생의 그림에 마음이 덜컥 내려앉고, 학생의 작품이 문득 생각날 때도 있다.

많은 학생들이 어릴 때부터 그림책으로 글자를 익히고 동심의 세계를 경험하거나, 독창적인 자신만의 세계를 만들어 간다. 그림책 읽기에서 한걸음 나아가 학생들이 스스로 그림책을 만든다면, 이것은 그들을 평생 능숙한 독서가로 살아가게 하는 의미 있는 경험이 될 것이다. 그러나 그림책의 가장 중요한 요소인 그림을 표현하는 부분에서 많은 학생들이 어려움을 느낀다. 그림에 자신이 없고 표현의 아이디어가 부족하다고 생각하기 때문이다.

이럴 때 그림책 작가들의 표현 기법을 모방해 보면 그림책 창작에 쉽게 다가갈 수 있다. 작가들은 다양한 표현 기법을 통해 독특하고 창의적인 작품을 만들어 낸다. 이러한 기법들은 작품에 독특한 질감과 느낌을 부여하며, 작가의 개성을 표현하는 중요한 수단이 된다.

『나도 그림책 작가』는 작가의 표현 기법을 배우고, 그 기법에 따라 그림책을 만드는 과정을 담고 있다. 그림책을 사랑하고 수업을 실천하는 교사들이 그림책 창작에 적절한 그림책을 선정하여 작가의 표현 기법을 설명하고, 그 기법으로 학생들과 그림책을 만든 사례들을 안내하고 있다. 이 책을 통해 학생들과 함께 창작의 즐거움을 느끼고, 학생들의 창의성과 표현력을 한층 더 키워 줄 수 있을 것이다.

학생들은 그림책을 창작하며 자신만의 이야기를 만들고, 표현하며, 세상과 소통하는 방법을 배운다. 이 책은 그런 과정에서 교사들이 학생들을 어떻게 지도하고, 학생들의 잠재력을 최대한으로 끌어낼 수 있는지에 대한 구체적인 예시와 방법을 제시한다. 다양한 학년과 수준에 맞춘 수업 사례들을 통해 교사들은 자신만의 독창적인 수업 방식을 개발할 수 있을 것이다.

『나도 그림책 작가』는 그림책 수업을 통해 학생들이 자신의 목소리를 찾고, 그것을 표현하는 방법을 배우는 과정을 담고 있다. 그림책을 통해 학생들은 단순히 이야기를 읽고 쓰는 것을 넘어서, 자신의 감정과 생각을 표현하는 법을 배우고, 나아가 세상과 소통하는 방법을 익히게 된다. 이 책이 많은 교사들에게 영감을 주고, 학생들과 함께하는 창작의 여정을 더욱 풍요롭게 만들기를 바란다.

그림책을 사랑하는 마음을 담아
그림책사랑교사모임

목차

들어가며 이야기를 만들고 표현하며, 세상과 소통하라! … 4

1부 책 속 한 장면 표현하기

- **손뜨개로 한 장면** • 궁디팡팡 … 10
- **세이프 게임으로 한 장면** • 꼬마곰과 프리다 … 15
- **털실을 이용하여 한 장면** • 나는 기다립니다 … 20
- **나뭇잎으로 한 장면** • 나뭇잎을 찾으면 … 24
- **3분할하여 한 장면** • 내가 만드는 1000가지 이야기 … 29
- **타공으로 한 장면** • 내 헤어스타일 어때? … 34
- **콜라주로 한 장면** • 너는, 너야? … 38
- **반원 네 개로 한 장면** • 네 개의 그릇 … 43
- **색종이를 붙여 한 장면** • 놀자! … 47
- **스크래치로 한 장면** • 마지막 도도새 … 52
- **홀로그램으로 한 장면** • 무지개 물고기 … 56
- **상상의 세계 한 장면** • 문이 열리면 … 62
- **점묘법으로 한 장면** • 문장 부호 … 66
- **상상으로 한 장면** • 문제가 생겼어요 … 71
- **머리 모양 한 장면** • 바니의 사계절 미용실 … 76
- **이미지 융합 한 장면** • 붙여 볼까? … 82
- **빛이 비치는 한 장면** • 빛을 찾아서 … 86
- **솜으로 한 장면** • 숲속 재봉사와 털뭉치 괴물 … 91
- **꽃으로 한 장면** • 숲속 재봉사의 꽃잎 드레스 … 95
- **자연물로 한 장면** • 숲속 재봉사의 옷장 … 99
- **숲속 작은 집 한 장면** • 숲의 시간 … 103
- **거대한 한 장면** • 시장에 가면~ … 108
- **줌 아웃 한 장면** • 아름다운 실수 … 114
- **티슈페이퍼로 한 장면** • 아주아주 배고픈 애벌레 … 119
- **풍경을 무늬로 한 장면** • 아피야의 하얀 원피스 … 124
- **타이포그래피 한 장면** • 여름 소리 … 128
- **부딪치면 탄생하는 한 장면** • 우다다다, 달려 마을! … 132
- **편지 봉투로 한 장면** • 우리 집에 용이 나타났어요 … 136

책 얼굴로 한 장면 • 이 그림책을 ??하라 … 140
색으로 표현하는 한 장면 • 이 색 다 바나나 … 146
접고 펼치는 한 장면 • 이렇게 접어요 … 151
자연물을 동물로 한 장면 • 이파리로 그릴까 … 155
폴딩북으로 한 장면 • 접으면 … 159
하늘 조각으로 한 장면 • 하늘 조각 … 163
색종이 콜라주 한 장면 • 행복한 네모 이야기 … 168
판화로 한 장면 • 헤엄이 … 172

2부   그림책 따라 만들기

상상력을 발휘한 구멍 책 • 곰돌이 팬티 … 178
긴 줄로 연결하는 그림책 • 꼬리 꼬리 꼬꼬리 … 184
나만의 사전 그림책 • 꼬마 안데르센의 사전 … 188
꽃이 피어나는 병풍 그림책 • 나, 꽃으로 태어났어 … 193
페이퍼 커팅 그림책 • 나는 … 198
리본 끈 그림책 • 리본 … 202
마법에 걸린 병 그림책 • 마법에 걸린 병 … 206
마음 요리 그림책 • 마음 요리 … 211
양쪽으로 펼치는 그림책 • 마음대로 기타 … 215
패러디 학급 그림책 • 무리 … 219
플랩북 그림책 • 무슨 생각하니? … 223
수채화 아코디언 그림책 • 물이 되는 꿈 … 228
야광 별자리 그림책 • 밤을 깨우는 동물들 … 232
빛그림자 그림책 • 빛을 비추면 … 237
시간의 흐름을 표현하는 그림책 • 사라지는 것들 … 242
ㄱㄴㄷ 그림책 • 생각하는 ㄱㄴㄷ … 247
동물원 그림책 • 알록달록 동물원 … 251
우표 그림책 • 완두의 여행 이야기 … 255
편지가 든 그림책 • 우체부 아저씨와 비밀 편지 … 259
점점 작아지는 그림책 • 이 작은 책을 펼쳐 봐 … 264
타공이 있는 그림책 • 작은 틈 이야기 … 269
진짜를 만나는 그림책 • 집 안에 무슨 일이? … 274
투명창 그림책 • 친구에게 … 279
식물의 한살이 그림책 • 콩 심기 … 283

부록 그림책 창작 수업 활동 목록 … 288

1부
책 속 한 장면 표현하기

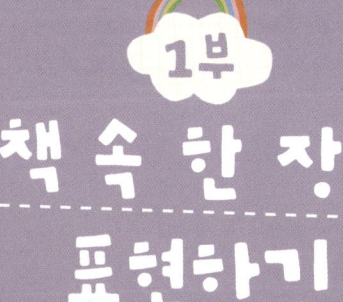

손뜨개로 한 장면

● 궁디팡팡

『궁디팡팡』은 곱고 사랑스러운 색깔의 실로 손뜨개를 하여 그림을 표현하고, 파스텔 색조 수채화를 더해 보드랍고 따뜻한 느낌을 전달하는 그림책이다. 손뜨개 작품은 수작업으로 만들어지기 때문에 감성적인 요소에 따뜻함과 사랑이 더해져서 매력적이다.

궁디팡팡
이덕화 글·그림, 길벗어린이, 2019

    크고 작은 일들로 마음이 괴롭고 힘들 때 곁에서 건네는 따뜻한 말과 행동은 괴로움을 덜어 주고 슬픔을 달래 준다. 공감과 위로를 전하는 따뜻한 그림책 『궁디팡팡』은 '궁디팡팡 손'과 숲속 마을 친구들 등 그림의 대부분을 손뜨개로 표현하고 있다. 그림책에 활용한 손뜨개는 세밀한 작업을 요구해 집중력을 키우는 데 도움이 된다. 더불어 오랜 시간이 필요한 작업이라 인내심을 기를 수 있다.
    책에는 숲속 마을 친구들이 상처받은 다양한 상황이 나온다. 고민이 많은 독자들에게 이 책은 '나도 그랬는데' 하는 공감을 일으킨다. 포근한 궁디팡팡 손의 위로는 독자를 따뜻하게 안아 준다. 책을 읽으면서 서로의 고민과 상처가 무엇인지 살펴보고, 어떤 위로가 필요한지 이야기를 나눌 수 있다. 작가의 표현 기법인 손뜨개를 따라 하며 한 땀 한 땀 그림을 완성한다. 손뜨개로 완성한 그림은 자기 손으로 만들었다는 자부심을 느끼게 한다. 손뜨개는 긴 시간이 소요되는 지루한 과정이지만 반복적이고 집중력이 필요한 작업이기 때문에 마음을 비워 낼 수 있어 스트레스 해소에 좋다.

그림책 읽고 나누기

제목 『궁디팡팡』에서 '궁디'가 무엇을 뜻하는지 짐작해 본다. 낱말의 뜻을 짐작한 뒤 국어사전에서 궁디를 찾아본다. 표지와 제목을 보며 어떤 이야기가 펼쳐질지 예상해 본다. 표지와 속표지를 유심히 살펴보고 어떤 기법으로 그림책을 그렸을지 짐작하며 그림책을 함께 읽는다. 숲속 마을 친구들이 어떤 상황에서 상처를 입는지, 고민이 무엇인지 알아보며 자기 경험을 나눈다. 고민이 있거나 마음에 상처를 입었을 때 궁디팡팡 손은 어떻게 위로를 건넸는지 살펴보며, 자신이 이런 상황이라면 어떤 위로가 필요한지 생각하고 그 생각을 공유한다.

나도 작가 되기

활동명 손뜨개로 한 장면
준비물 손이 그려진 두꺼운 종이, 장구핀, 스틸 돗바늘(지름 약 1mm, 길이 4.5cm), 자수용 실, 색연필, 사인펜

1단계 구상하기 및 준비하기

『궁디팡팡』에는 다양한 고민을 듣고 위로하는 궁디팡팡 손이 나온다. 여러 개의 상황을 떠올리기에 무리가 있다면 상처받았던 상황이나 고민을 하나만 떠올리도록 안내한다. 지금의 고민이 무엇이고 언제 상처를 입었는지 떠올린다. 그럴 때 어떤 위로가 도움이 되었는지, 어떻게 말하고 행동하면 좋을지 생각한다. 학급 전체 또는 모둠끼리 서로의 고민을 함께 이야기 나누고 친구에게 위로의 말을 건네면서 그림책 내용을 구상할 수 있다. 엉덩이를 토닥이는 손 외에도 등을 토닥이거나 머리를 쓰다듬는 손으로 바꾸어 표현할 수 있다.

> **2단계** 손뜨개 하기

❶ 손이 그려진 그림을 두꺼운 종이에 출력한다.

> **잠깐!**
> 주로 활용되는 80g 용지에 손뜨개를 하면 종이가 찢어지므로 150g 이상 종이에 출력하여 사용한다. 학생 수준에 따라 종이의 크기는 다양하게 제공할 수 있다. 손뜨개를 하고 그 종이에 채색 도구로 그림까지 그려야 하므로 8절지 크기가 적당하다.

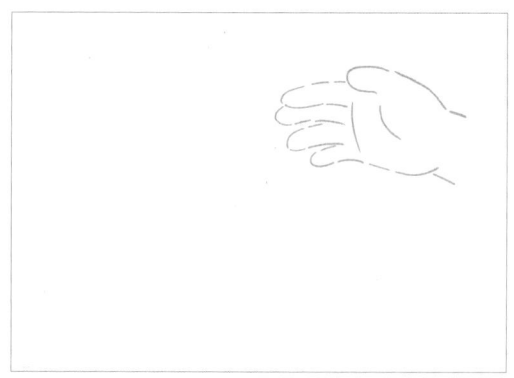

❷ 손이 그려진 선을 따라 손뜨개 하기 전에 장구핀으로 미리 구멍을 뚫는다.

> **잠깐!**
> 스틸 돗바늘은 끝이 뭉툭하여 구멍을 뚫으며 손뜨개 하기가 어렵다. 장구핀을 사용할 때 끝이 날카로우니 조심하여 사용할 수 있도록 사전에 안전 교육을 한다. 손뜨개를 할 때 종이 앞면에 실이 많이 노출되어야 아름다우므로 첫 번째 구멍과 두 번째 구멍의 간격을 넓게 하고, 두 번째와 세 번째 구멍의 간격은 좁게 한다. 간격을 넓게, 좁게를 반복하며 구멍을 뚫는다. 바늘귀에 실을 넣기 어려워하는 학생에게는 바늘 실 끼우개를 제공한다.

❸ 손뜨개를 시작할 때 매듭 묶기가 어렵다면 매듭을 묶지 않고 투명 테이프로 종이의 뒷면에 실을 고정한다. 첫 번째 구멍에 바늘을 넣을 때 바늘이 종이의 밑에서 위로 올라오도록 시작해야 한다. 첫 번째 구멍에서 나온 바늘이 두 번째 구멍으로 들어가고 세 번째 구멍으로 나오기를 반복하면서 손뜨개로 손을 완성한다.

❹ 끝매듭 묶기도 시작매듭 묶기와 마찬가지로 투명 테이프로 고정하여 마무리한다.

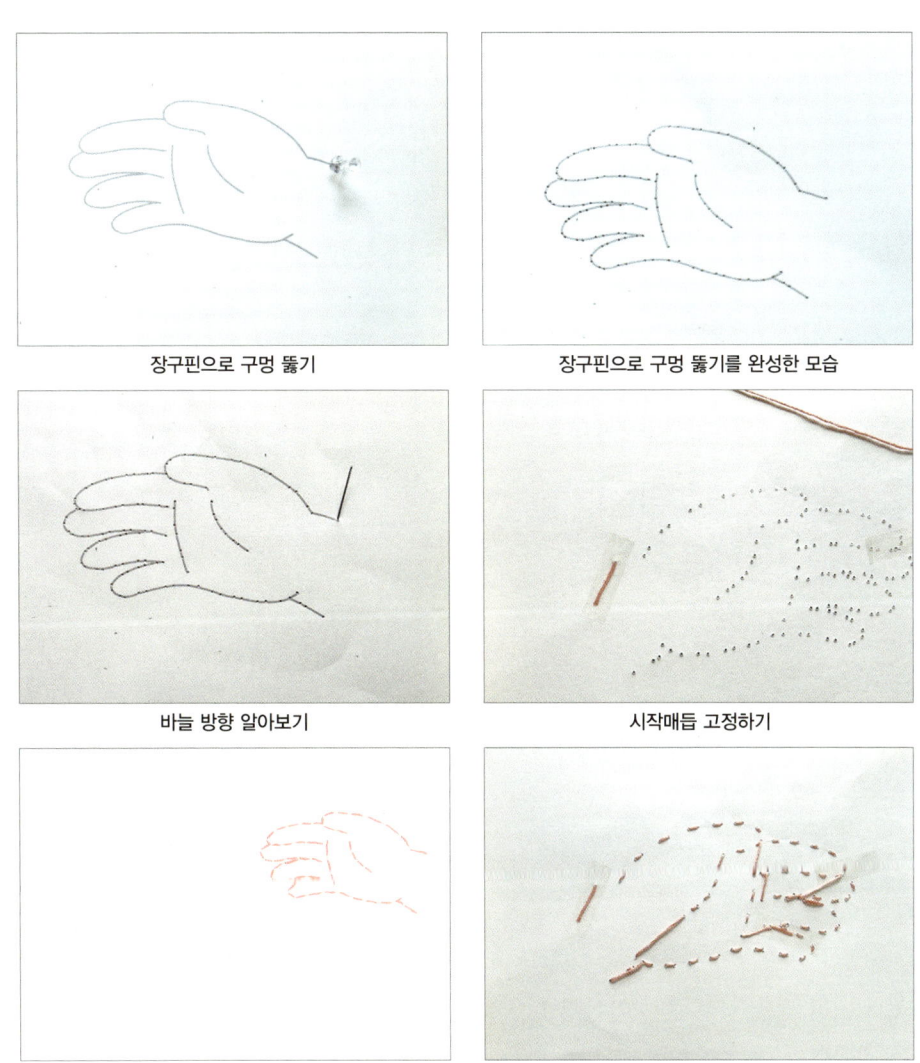

장구핀으로 구멍 뚫기

장구핀으로 구멍 뚫기를 완성한 모습

바늘 방향 알아보기

시작매듭 고정하기

손뜨개 하기

끝매듭 고정하기

3단계 나도 작가 글쓰기

손뜨개로 완성한 손과 어울리도록 구상하기에서 떠올린 장면을 스케치한다. 스케치한 뒤 색연필과 사인펜으로 색칠한다. 『궁디팡팡』처럼 파스텔 색조로 칠하거나 구상한 장면에 어울리는 색으로 칠할 수 있다. 손뜨개 느낌이 들도록 그림 테두리를 다양한 색의 실선으로 표현할 수 있다. 손뜨개 실력이 좋다면 다른 부분도 손뜨개로 수놓아도 된다. 장면과 어울리는 글을 쓰고 작품을 완성한다.

손과 어울리는 장면 스케치하기

그림 테두리를 실선으로 표현하기

다른 부분도 손뜨개로 수놓기

완성한 작품

활동 더하기

학생들이 만든 장면을 모아 책으로 묶을 수 있다. 책으로 묶을 때 구상하기 단계에서 어떤 장면을 그릴지 이야기 나눌 시간을 충분히 주어야 한다. 그림을 표현하는 기법뿐만 아니라 주제도 같아야 한 권의 책으로 묶었을 때 완성도가 높아진다. 모둠별로 할 때 한 장의 종이에 여러 부분을 함께 수놓으면 시간이 오래 걸린다. 손뜨개로 표현할 부분을 각자 따로 작업하고, 손뜨개 한 부분을 잘라서 콜라주처럼 종이 한 장에 붙여서 표현할 수도 있다.

셰이프 게임으로 한 장면

● 꼬마곰과 프리다

종이 위에 의미 없는 모양 하나를 그린 후 다음 사람이 그 그림을 이어받아 그림을 완성하는 셰이프 게임을 재미있는 이야기로 풀어낸 그림책이다. 비정형화된 모양이 어떤 그림으로 완성될지 무한한 상상력을 발휘하여 장면을 표현해 보자.

꼬마곰과 프리다
앤서니 브라운, 한나 바르톨린 글·그림, 김중철 옮김, 현북스, 2015

 프리다는 어느 날 무엇을 그려야 할지 몰라 막막해하는 꼬마곰에게 의미 없는 모양 하나를 선물한다. 정형화되지 않은 모양이지만 꼬마곰은 이 모양을 활용해 멋진 그림을 완성해 낸다. 주인공 동물들이 이렇게 '셰이프 게임'을 하며 서로의 창의성을 자극하는 주인공들의 모습을 통해, 독자들은 정형화되지 않은 모양들이 어떤 작품으로 변할지 흥미와 호기심을 느낀다.
 '셰이프 게임'은 두 명이 짝이 되어 할 수 있다. 먼저 한 아이가 종이에 자유롭게 모양을 그리면, 다른 아이가 이 모양을 활용해 그림을 완성한다. 이 과정에서 아이들은 서로의 작품에 대해 자연스럽게 호기심을 갖게 되고, 단순한 형태들이 어떻게 놀라운 작품으로 변모하는지 체험하게 된다. 또한, 정형화되지 않은 모양을 다양한 그림으로 표현해 나가는 과정을 통해 아이들은 창의성과 상상력을 발휘하며, 서로의 독창적 발상을 칭찬하는 기회를 가질 수 있다. 이를 통해 아이들은 상상력을 키우고 예술적 재능을 꽃피우는 소중한 경험을 갖는다.

그림책 읽고 나누기

그림책을 읽으며 아이들과 어떤 모양이 될지 이야기를 나누는 것이 좋다. 이야기를 나누는 과정에서 실제 그림책에 나와 있는 답을 이야기하는 아이들도 있지만, 훨씬 다양한 것들을 상상하는 아이도 있다. 이 과정 없이 차후 마술책 만들기를 할 경우 무엇을 어떻게 표현할지 어려워하는 아이들도 있으니 그림책에 나와 있는 여러 가지 모양을 보며 다양한 사물을 연상하는 활동을 반복해 보는 것이 좋다.

나도 작가 되기

활동명   셰이프 게임으로 한 장면
준비물   A4 도화지, 채색 도구, 연필, 지우개, 고무줄

1단계 구상하기 및 준비하기

A4 도화지를 세로로 반으로 잘라 아이에게 한 장씩 나눠 준다. 도화지를 반으로 접은 후 왼쪽에 자신이 생각한 비정형화된 모양을 한 가지씩 도화지에 그린다. 모양을 그릴 때는 다른 아이들이 연결하여 모양을 그릴 수 있도록 크게 그리라고 안내한다. 처음 모양을 그릴 때는 연필을 사용하여 틀리면 다시 그리도록 한다. 자신이 그리고 싶은 모양이 확정되면 네임펜으로 그린다.

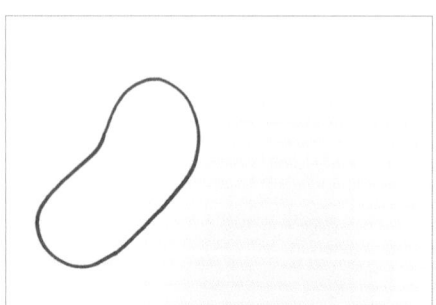
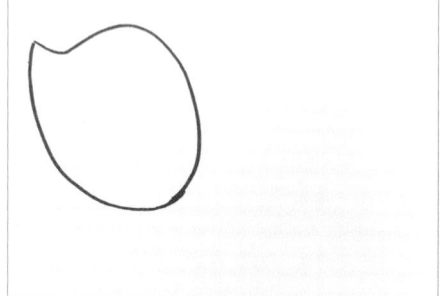

2단계 그림 완성하기

❶ 각자 도화지에 자유로운 모양을 그린 후, 짝과 모양을 바꾸어 갖는다.

> **잠깐!**
> 여기에서 중요한 것은 모양을 받고 나서 바로 그림을 그리기보다는 충분한 상상 시간을 갖는 것이다. 이러한 상상 시간이 아이들의 창의력을 극대화하는 중요한 순간이다. 아이들이 조용히 상상에 몰입할 수 있도록, 부드러운 클래식 음악을 준비해 분위기를 조성해 보는 것도 좋다.

❷ 모양을 보고 어떤 사물을 그려야 할지 결정했다면, 연필로 스케치를 시작한다. 이 과정에서 아이들은 자신이 표현하고자 하는 사물이나 장면을 신중하게 구상하고 스케치한다.

❸ 스케치가 완료되면 채색 도구를 사용해 색을 입혀 그림을 그리고 오른쪽에는 이름을 쓴다.

> **잠깐!**
> 처음 그린 네임펜의 선이 잘 보이도록 주의하며 색칠하는 것이 중요하다. 이는 그림의 형태와 디테일이 명확하게 드러나도록 해 줘, 그림이 더욱 생동감 있게 보인다.

가지

코뿔소

3단계 고무줄책 만들기

학생들의 상상력이 담긴 그림들을 모아 모둠별로 고무줄책을 만들어 전시하는 것도 좋다.

❶ 각 모둠에서 완성한 그림들을 한데 모은다. 그림을 정리한 후, 종이를 포개어 반으로 접고 닫힌 부분 양쪽 끝을 세모 모양으로 잘라내어 고무줄이 걸릴 자리를 만든다. 이때 노란 고무줄을 가운데에 끼운다.

❷ 모둠별로 책의 표지 제목을 정하고 함께 꾸민다. 표지는 각 모둠의 상상력과

창의성을 반영하여 자유롭게 디자인한다. 모둠의 이름을 넣거나 각 그림의 주요 테마를 반영한 그림을 그릴 수도 있다.

❸ 완성된 모둠 그림책은 교실에 전시한다. 이렇게 전시된 그림책은 모든 아이들이 자유롭게 감상할 수 있다. 각 그림책을 통해 모둠별로 어떤 상상력과 창의력을 발휘했는지 서로 공유하고 이야기를 나누는 시간을 가진다. 아이들은 친구들의 창의적인 아이디어와 표현 방식을 감상하며 자신의 창작 활동에 대한 동기부여를 얻을 수 있다.

❶ 모둠별 작품 모으기

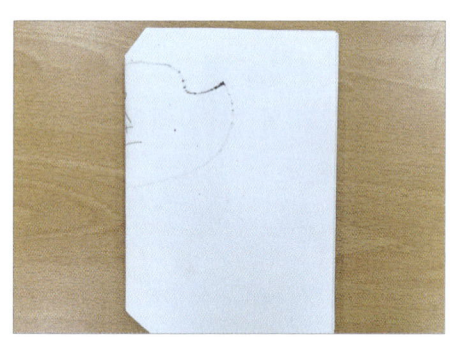

❷ 반으로 접어 위아래를 세모 모양으로 자르기

❸ 가운데 고무줄 끼우기

❹ 표지 꾸미기

활동 더하기

　비정형화된 모양으로 다양한 작품을 완성하였다면 『꼬마곰과 프리다』에 나와 있던 사물을 이용해 창의적인 작품을 만드는 활동도 해 볼 수 있다. 2인 활동으로 각각 한 가지씩 물건을 준비해 짝에게 보여 주면 짝은 그 물건으로 연상되는 작품을 그림으로 완성해 본다.

예를 들어 '빨대'를 이용해 우산을, 할핀으로 고슴도치를 만들 수 있다.

우산   고슴도치

털실을 이용하여
한 장면

● 나는 기다립니다

『나는 기다립니다』는 케이크가 구워지기를 기다리고 크리스마스가 오기를 기다리던 어린 소년의 다양한 삶의 모습을 빨간 끈을 통해 담담하게 보여 주는 그림책이다. 하얀 여백 속에 검은색만으로 그린 그림과 빨간 끈이 대비를 이루며 멋진 이야기를 만들어 낸다. 단순하지만 강렬한 빨간 끈을 통해 인생에서 만나는 기다림의 순간을 섬세하게 포착한 그림책을 읽고, 붉은 털실을 이용하여 아름답게 표현해 보자.

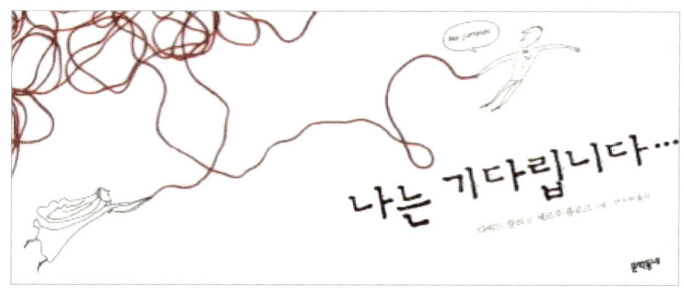

나는 기다립니다

다비드 칼리 글, 세르주 블로크 그림, 안수연 옮김, 문학동네, 2007

살면서 우리는 수많은 기다림을 경험한다. 엄마가 돌아오기를 기다리기도 하고, 지루한 수업이 끝나기를 기다리거나, 시험의 결과를 기다리기도 한다. 기다림은 때로 벅찬 설렘으로, 때로는 긴장과 초조함으로 다가온다. '볼로냐 라가치상'을 받은 세르주 블로크와 다비드 칼리는 이러한 기다림의 순간들을 아름답게 그려 냈다. 주인공의 삶과 기다림은 세대를 이어 끊임없이 이어지는 빨간 끈으로 묘사되고, 간결한 그림과 짧은 글이 대비되어 더욱 깊은 인상을 남긴다. 빨간 끈은 삶의 연속성과 연결성을 매우 효과적으로 드러내는데, 흑백의 그림 장면에서 더욱 선명하다. 검은 펜과 붉은 털실, 그 단순한 재료가 빚어내는 아름다운 서사와 상상력이 놀랍다. 이 책을 통해, 학생들은 절제된 선과 색깔이 보여 주는 매혹적인 예술 세계와 함께 삶과 기다림에 대한 깊은 성찰을 경험하게 될 것이다.

그림책 읽고 나누기

그림책을 읽고 나서 기다림에 대해 이야기를 나눈다. 언제, 어디서, 무엇을 기다려 보았는지 각자의 경험을 나눌 수 있다. 친구들이 들려주는 다양한 기다림에 관한 이야기를 듣고, 인상 깊은 기다림에 대해서도 의견을 나눈다. 자신의 기다림 외에 부모님이나 다른 가족, 친구들의 기다림에 대해서도 생각해 본다. 이를 통해 수많은 기다림들이 누군가와 서로 연결된 순간이자 사랑과 배려의 순간이라는 것을 깨달을 수 있다.

나도 작가 되기

활동명 털실을 이용하여 한 장면
준비물 8절 도화지, 붉은 털실, 풀, 가위, 색연필, 검정 네임펜

1단계 구상하기 및 준비하기

다양한 기다림의 순간을 떠올려 보고 붉은 털실을 활용해서 어떻게 표현할 것인지 생각해 본다. 그림책에서 붉은 털실을 어떻게 활용하여 기다림을 표현했는지 꼼꼼히 살펴보는 것이 좋다. 친구들과 함께 이야기를 나누며 생활 속의 기다림 장면을 다양하게 생각해 보고 그림으로 어떻게 표현할지, 털실로 무엇을 표현할지 구상한다.

2단계 털실을 이용한 장면 표현하기

❶ 8절 도화지를 가로로 길게 이등분하여 자른 뒤, 종이의 왼쪽을 1cm 정도 앞으로 접어 둔다.

❷ 1/2 크기의 도화지에 각자가 생각한 '기다림'의 순간을 떠올리며 밑그림을 그린다.

❸ 밑그림이 완성되면 붉은 털실로 표현한 부분을 미리 생각해 둔다. 붉은 털실로 무엇을, 어떻게 표현할 것인지 등을 충분히 계획했다면, 붉은 털실로 표현할 부분 외의 장면은 검정 네임펜으로 천천히 따라 그린다.

❹ 그림이 완성되면, 그림 장면의 위치와 형태 등을 고려하여 털실을 붙일 위치를 정하고, 목공풀로 붉은 털실을 붙인다.

3단계 장면을 연결하여 이야기 만들기

학생들이 털실을 이용해서 표현한 다양한 장면들을 연결하여 하나의 이야기로 만들 수 있다. 학생들이 표현한 여러 장면을 꼼꼼히 살펴보고, 주제와 내용 등을 고려하여 앞뒤 배치 순서를 결정한다. 이야기가 자연스럽게 연결될 수 있도록 순서를 배치한 뒤, 앞표지와 뒤표지를 붙인다. 종이의 왼쪽 1cm 부분을 미리 남겨 두었으므로, 그 부분에 그림 장면들을 연결하면 쉽게 한 권으로 묶을 수 있다.

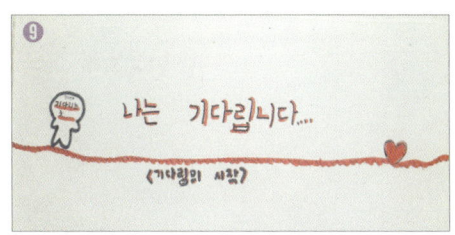 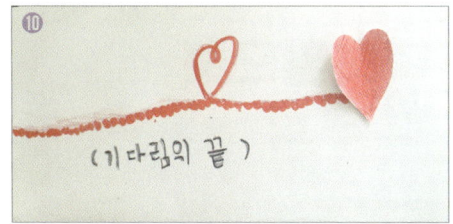

 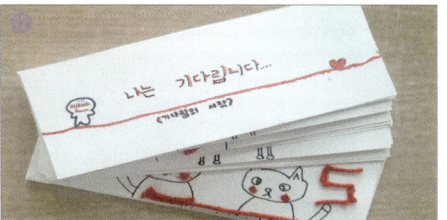

활동 더하기

털실 이외에도 리본, 고무줄, 헝겊, 단추 등 다양한 재료를 활용한 그림책 만들기를 시도해 볼 수 있다. 각각의 재료가 가진 특성을 그림책의 주제와 연결하면 개성 있는 그림책을 만들 수 있다. 학생들에게 여러 가지 재료들을 활용할 수 있도록 안내하고 다양한 주제를 자유롭게 선택하여 자신만의 그림책을 만든다면 더욱 기발하고 창의적인 아이디어로 가득한 그림책이 될 수 있다.

나뭇잎으로
한 장면

● 나뭇잎을 찾으면

세상이 울긋불긋 단풍으로 물든 가을, 다양한 모양의 낙엽을 만난다. 내가 찾은 낙엽으로 무엇을 할 수 있을까? 재미있는 상상이 시작된다. 작은 나뭇잎으로 무한한 상상력을 펼치는 그림책이다. 낙엽으로 재미있는 작품을 만들어 보자.

나뭇잎을 찾으면
에이미 시쿠로 글·그림, 서남희 옮김, FIKAJUNIOR(피카주니어), 2023

『나뭇잎을 찾으면』은 자연의 아름다움과 상상력을 자극하는 독특하고 매력적인 이야기를 제공한다. 주인공 소녀는 숲속에서 떨어진 나뭇잎을 발견하고, 그것들을 다양한 물건으로 변신시키며 새로운 세계를 탐험한다. 돛단배로 변한 나뭇잎을 타고 큰 파도를 넘나들며 바다를 항해하고, 그물침대로 만든 나뭇잎에서는 부드러운 바람 속에서 휴식을 취한다. 또한, 참피 나뭇잎으로 열기구를 그려 나무 위로 띄우며 다채로운 상상력을 발휘한다.
　이 책은 코로나 팬데믹 시기에 작가가 혼자 콜라주 프로젝트로 나뭇잎 작업을 하고 있었는데 한 출판사 편집자가 우연히 발견해서 탄생한 그림책이다. 그림책에 나오는 낙엽은 작가가 직접 주운 것으로 만들었다. 이른 아침에 작가가 산책하며 모아 온 나뭇잎을 이용하기도 하고 유치원에 다니는 딸이 배낭에 가득 채워 온 나뭇잎을 이용하기도 했다고 한다. 나뭇잎의 새로운 모험과 아름다운 그림은 어린이들의 호기심을 자극하고, 자연 속에서 발견하는 즐거움을 전달한다. 작가는 나뭇잎을 사용해서 콜라주 기법으로 새로운 것을 창조하며 상상의 세계를 꾸민다. 학생들은 나뭇잎으로 만드는 세상을 상상하고 다양한 모양을 만들면서 창의적 사고와 풍부한 상상력을 키우고 자연의 아름다움을 만끽해 본다.

그림책 읽고 나누기

책을 읽기 전 '가을' 하면 생각나는 것을 보드에 적어 친구들과 이야기 나누고, 내가 아는 '낙엽'을 말해 본다.

'가을' 하면 떠오르는 것

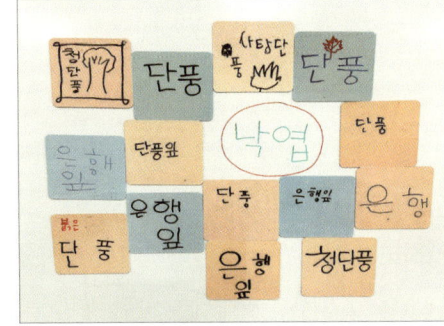
내가 아는 '낙엽'

그림책 면지에 가을에만 볼 수 있는 낙엽들을 소개하고 있다. 낙엽에 대해 얼마나 알고 있는지 모둠별로 낙엽 이름 맞히기 활동을 한다. 낙엽 사진과 이름을 각각 나눠 준 후 낙엽 사진과 이름을 바르게 연결하여 A3 종이에 붙인다.

낙엽 이름 맞히기

그림책을 읽고 가장 재미있게 표현한 부분을 이야기 나누고, 어떤 나뭇잎들이 사용되었는지 찾아본다.

나도 작가 되기

활동명 나뭇잎으로 한 장면
준비물 16절 도화지, 나뭇잎, 채색 도구, 목공풀이나 양면테이프, 보드, 낙엽 사진, A3 용지

1단계 구상하기 및 준비하기

 나뭇잎으로 꾸미기 전에 나뭇잎에 대해 관찰하고 탐색한다. 그림책에 나오는 나뭇잎을 보면서 나라면 어떻게 표현했을지 이야기 나눈다. 내가 꾸미고 싶은 나뭇잎을 정하고 식물도감이나 인터넷에서 특징을 찾아 공책에 기록한다. 그림책에는 가을에 나오는 낙엽을 활용해서 다양한 장면을 묘사하고 있다. 가을에 직접 주운 낙엽을 활용하는 것이 좋지만 다른 계절에 활동할 때는 가을에 말려서 보관한 나뭇잎이나 조화 나뭇잎을 사용할 수 있다.

나뭇잎 특징 적기 1

나뭇잎 특징 적기 2

2단계 나뭇잎으로 꾸미기

❶ 구상한 내용을 스케치한다. 나뭇잎을 어디에 붙일지 위치를 정해서 올려놓고 연필로 흐리게 그리도록 한다. 이때 도화지 크기는 구상에 따라 8절이나 16절을 사용할 수 있다. 스케치는 나뭇잎 위치를 정하기 위한 것이라 나뭇잎을 꾸밀 내용 위주로 간단하게 그린다.

나뭇잎

스케치 1

스케치 2

스케치 3

❷ 스케치가 완성되면 도화지에 위치를 정해서 나뭇잎을 목공풀이나 양면테이프로 붙인다. 다양한 채색 도구를 활용해서 그린 후 어떤 장면인지 설명하거나 이야기를 꾸며서 문장을 적는다. 그림책에서 활용한 수채 물감, 잉크와 목탄 연필을 사용해 보는 것도 좋다.

작품 1

작품 2

작품 3

활동 더하기

나뭇잎 색을 유지하는 법

단풍이나 낙엽이 어떻게 만들어지는지 이유 찾기, 나뭇잎 보존 처리 실험 등 가을이나 낙엽을 주제로 과학과 통합하여 수업할 수 있다. 작가는 나뭇잎으로 그림책을 만들면서 나뭇잎의 색을 유지하기 위해 다양한 기법으로 실험했다. 글리세린, 왁스, 아크릴 스프레이나 접착제를 사용했는데 그중 가장 마음에 들었던 글리세린에 담그는 방법을 책 마지막에 소개한다. 이 실험을 할 때 안전을 위해 어른들의 도움을 받는 것이 좋다.

낙엽으로 다양하게 활동하기

야외에서 낙엽으로 다양하게 활동한다. 낙엽 촉감 느끼기, 낙엽 색깔이나 모양 탐색하기, 낙엽 모아 누워 보기, 낙엽 비 뿌리기, 낙엽 말리기 등이 있다.

이야기와 책갈피 만들기

4절이나 전지에 모둠이나 학급 전체가 나뭇잎으로 다양한 모양을 꾸미고 이야기를 만들거나 나뭇잎 책갈피를 만들 수 있다.

낙엽 메모리 게임

면지에 나오는 가을 낙엽과 낙엽 이름을 카드로 만들어 이름 맞히기 메모리 게임을 한다.

3분할하여
한 장면

● 내가 만드는 1000가지 이야기

『내가 만드는 1000가지 이야기』는 책 속 장면이 세 부분으로 분할되어 각각의 장을 따로 넘기면서 다양하게 글과 그림을 조합하여 독자가 새로운 이야기를 만들어 낼 수 있도록 고안된 독특한 형식의 그림책이다. 책장을 넘길 때마다 각기 다른 장면과 이야기가 조합됨으로써 새롭고 다양한 장면이 만들어진다. 이를 통해 학생들은 호기심과 흥미를 갖고 자신만의 상상력을 활용하여 끝없는 이야기를 만들 수 있다. 3분할 장면 표현하기를 통해 무한히 확장되는 이야기 속으로 빠져 보자.

내가 만드는 1000가지 이야기
막스 뒤코스 글 · 그림, 이주희 옮김, 국민서관, 2018

    이 그림책은 열 가지 장면이 위, 중간, 아래의 세 부분으로 분할되어 잘린 독특한 형식의 책이다. 각각의 장을 따로 넘기며 다양한 방식으로 그림을 조합할 수 있다. 원하는 장면을 선택해서 각기 다르게 펼쳐 가며 다양한 이야기를 만들어 낼 수 있다. 각각의 장면들 속의 문장을 조합하면 무려 1000가지 이야기가 가능하다. 독자가 마음껏 상상력을 발휘하여 주인공과 줄거리를 만들 수 있다. 이로써 전통적인 읽기 방법에서 벗어나 더 깊고 역동적인 독자의 참여가 가능하다. 축구장, 동화 속의 성, 우주 탐험 등 일상의 장면이 특별한 이야기의 배경으로 바뀌고 독자는 금세 상상 속의 모험 공간으로 초대된다.
    고정된 캐릭터와 결말의 제약에서 벗어나 자신만의 이야기를 만들도록 유도하는 이 책은 학생들에게 무한한 상상력의 놀이터가 되어 창의적인 자유로움을 느끼게 해 줄 것이다.

그림책 읽고 나누기

　그림책의 표지와 면지를 살펴보며 그림책에 대한 느낌을 말해 본다. 본문을 읽으며 3개의 부분을 각기 따로 넘기면서 어떤 이야기가 만들어지는지 읽어 본다. 첫 페이지에서부터 여러 가지 조합에 따라 새로운 이야기가 만들어지는 것을 경험할 수 있다. 10장의 그림이 3개로 나뉘어 조합되므로 $10 \times 10 \times 10$의 1000가지 이야기가 가능하다.

　함께 다른 페이지를 넘기면서 또 다른 이야기를 만들어 본다. 최대한 다양한 조합의 이야기를 만들며 그림책을 읽고, 그중에서 가장 마음에 드는 이야기 장면을 찾아본다. 그림들의 조합이 자연스러운 이야기도 찾아보고, 가장 어색한 조합도 찾아본다. 하나의 그림책이 장면에 따라 완전히 달라질 수 있고, 얼핏 개연성이 없어 보이는 이야기도 상상을 통해 다양한 인과관계를 만들 수 있음을 알게 된다.

나도 작가 되기

활동명　3분할하여 한 장면
준비물　A4 도화지(그림), A4 용지(문장), 풀, 가위, 채색 도구(색연필, 사인펜 등)

1단계　구상하기 및 준비하기

　학생들이 각자 3분할된 그림을 1장씩 만들어서 $20 \times 20 \times 20$의 8000가지 이야기로 그림책을 만들 수 있다. 개별적인 그림 3장으로 수많은 이야기가 만들어지는 경험은 학생들에게 흥미롭고 색다르게 느껴질 것이다. 이와 같은 그림책을 만들기 위해서는 먼저 그림의 주제와 장면을 구상하고 그림에 맞는 글의 내용을 생각해야 한다.

2단계　3분할 장면 표현하기

❶ A4 도화지를 가로로 길게 놓고 왼쪽 1.5cm 정도를 접은 다음, 나머지 부분을 가로로 3등분하여 선을 긋는다.
❷ A4 도화지에 각각 하늘, 땅, 바다 등으로 영역을 나누어 밑그림을 그린 후 색

연필, 사인펜 등의 채색 도구를 이용하여 각 부분을 채색한다.

❸ A4 도화지에 그림 장면이 완성되면, 3등분 선이 그어진 다른 A4 도화지에 해당 그림에 어울리는 문장을 쓴다. 이때 맨 위 문장을 '~에(서)'로 끝맺음을 하면, 한 권의 책으로 연결했을 때 다른 그림들과 자연스럽게 이어진다.

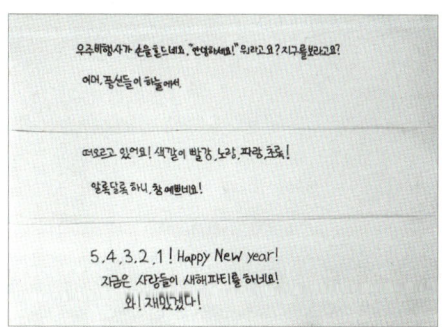

3단계 한 권의 책으로 연결하기

❶ 3분할된 연필 선을 따라 그림이 그려진 A4 도화지들을 모아 앞뒤 그림들을 보면서 장면의 흐름에 맞게 배치한다.

> **잠깐!**
> 이때, 각 그림 장면에 해당하는 문장이 적힌 A4 용지를 해당 그림의 앞 장에 오도록 배치하여 앞쪽 그림의 뒷면에 풀로 붙인다. 즉 앞면에는 그림, 뒷면에는 다음 그림에 대한 문장이 올 수 있도록 적절히 배치한다.

❷ 전체적으로 문장과 그림들의 연결과 배치가 자연스러운지 확인한 다음, 연필 선에 따라 가로로 길게 3조각으로 자른다. 이때, 왼쪽 1.5cm 접힌 부분은 나중에 풀칠하여 연결해야 하므로 자르지 않고 남겨 둔다.

❸ 그림 장면을 3분할로 자르고 나서, 하늘, 땅, 바다로 분할된 그림 장면을 각기 다르게 넘기면 새로운 이야기가 만들어진다. 한 장씩 넘기며 새롭게 만들어지는 장면과 이야기를 읽고, 수정하거나 보완해야 할 부분 등을 점검한다.

❹ 마지막으로 왼쪽 1.5cm 부분에 풀칠하고, 표지를 연결하여 책을 완성한다.

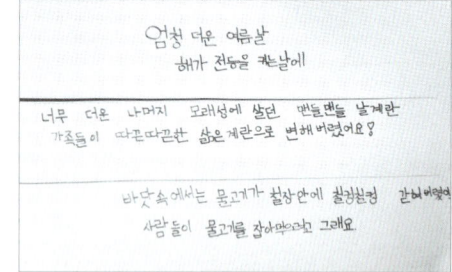

활동 더하기

'3분할 그림책'은 각자 3장의 그림 장면으로 다양한 이야기를 만들 수 있다. 학급 전체 학생들의 3분할된 그림책 장면을 모두 연결하면 헤아리기 어려울 만큼 수많은 이야기가 생겨난다. 함께 모은 그림 장면으로 얼마나 다양한 이야기가 만들어지는지 직접 경험해 보는 것이 좋다. 친구들과 함께 그림들을 조합해 가며 이야기를 만들어 보고, 만든 이야기 중에서 가장 인상적인 이야기를 찾아본다. 함께 만든 이야기를 주제로 전체 또는 모둠별로 함께 생각을 나누고 공유한다면 더욱 의미 있고 유익한 독서 경험이 될 것이다.

타공으로
한 장면

● 내 헤어스타일 어때?

『내 헤어스타일 어때?』는 파티에 초대받은 사자가 미용실에서 파티 전문 미용사 기린을 만나 여러 가지 머리 모양을 시도해 보는 타공 그림책이다. 타공 기법은 그림책의 표지나 내지에 구멍을 뚫어 여러 가지 효과를 내는 것이다. 구멍은 다음 페이지의 일부를 미리 보여 주고, 페이지를 넘겼을 때 전체를 보여 준다. 독자는 이 과정에서 다음 페이지가 어떤 내용일지 상상하고 확인해 볼 수 있다. 우리도 상상력을 발휘하여 타공 기법이 들어간 장면을 표현해 보자.

내 헤어스타일 어때?
키타무라 사토시 글·그림, 전정옥 옮김, 바둑이하우스, 2018

    이 책은 앞표지와 뒤표지뿐만 아니라 내지에도 타공이 모두 뚫려 있다. 구멍은 사자의 얼굴 부분에 뚫려 있는데, 사자의 표정은 세 단계로 바뀐다. 앞표지에서 무표정에 가까웠던 사자는 가운데 부분에서는 시종일관 놀란 표정으로 되어 있다가 뒤표지에서는 드디어 만족스러운 표정으로 변한다. 사자의 표정이 이렇게 달라진 이유는 무엇일까? 이 책은 사자가 파티에 참석하기 위해 미용실에 가는 이야기를 담고 있다. 사자가 기린 미용사의 제안에 따라 다양한 머리 모양을 시도해 보고, 결국 마음에 드는 머리 모양을 찾는다는 내용이다. 사자가 덩치가 큰 동물인 만큼 이 책의 판형도 무척 크다. 구멍 크기도 커서 사자의 얼굴 부분에 얼굴을 넣어 보며 재미있게 즐길 수 있다.

그림책 읽고 나누기

글밥이 적은 이 그림책의 글은 대부분 기린 미용사의 대사이다. 따라서 그림책을 읽어 주는 교사는 자연스럽게 기린 미용사 역할을 하게 된다. 그리고 그림책을 듣는 학생들은 다양한 머리 모양으로 변신하는 사자가 된 듯한 느낌을 받는다. 이 책의 주요 등장인물은 사자와 기린 미용사, 사자와 함께 사는 강아지이다. 강아지도 사자를 따라서 미용실에 갔기 때문에 장면이 바뀔 때마다 그 배경에 맞게 변신한다. 처음에는 바뀌는 머리 모양에 집중해서 그림책을 봤다면, 그다음에는 강아지가 어떻게 달라지는지 주목해서 보는 것도 재미있다. 이 책을 다 보여 주고 나면 학생들은 자신도 종이에 구멍을 뚫어서 새로운 머리 모양을 꾸며 보고 싶어 한다.

나도 작가 되기

활동명 타공으로 한 장면
준비물 8절 도화지, 가위, 색종이, 채색 도구 등

1단계 구상하기 및 준비하기

우선 학생들이 실제로 해 보았던 다양한 머리 모양에 관한 이야기를 나눈다. '나도 나만' 놀이를 활용하면 미용실에 갔던 경험, 새로운 머리 모양을 해 봤던 경험을 재미있게 나눌 수 있다. "나는 단발머리로 잘라 본 적이 있어."라고 한 친구가 말하면 같은 경험을 했던 친구들이 "나도!"라고 말한다. "나는 빨간색으로 염색한 적이 있어."라고 말했는데 같은 경험을 한 친구가 없으면 그 말을 했던 친구가 "나만!"이라고 말한다. 이러한 놀이로 학생들이 파마와 염색, 투 블록 커트, 앞머리 등 다양한 머리 모양을 해 본 것을 알 수 있다. 구멍을 활용한 한 장면을 표현할 때는 현실에서 가능한 머리 모양뿐만 아니라 불가능한 머리 모양을 해도 된다고 알려 준다.

2단계 구멍 장면 표현하기

이 책의 앞표지에 뚫린 구멍을 활용하여 도화지에 구멍을 그린다. 도화지를 앞표지 뒷장에 놓고 연필로 구멍을 따라 그린다. 그러면 짧은 시간에 한 반 분량의 종이에 구멍을 그려 줄 수 있다. 고학년에게는 그림책에 낸 구멍 크기가 다소 작게 느껴질 수 있으므로 구멍을 더 크게 오려도 된다고 알려 준다. 구멍을 오릴 때는 칼보다는 가위를 사용하는 것이 좋다. 구멍 안쪽을 손가락으로 꼬집듯이 잡고 가위집을 낸 다음, 가위를 넣어서 둥글게 오리면 된다고 설명한다. 그러면 칼로 인한 안전사고의 위험을 줄일 수 있다.

색칠 도구는 색연필보다는 오일파스텔이나 마커가 훨씬 좋다. 색연필은 세밀한 표현은 가능하지만 색이 선명하지 않으므로, 선명한 재료를 사용하도록 미리 알려 준다. 색종이를 사용해 보는 것도 좋다. 색종이를 손으로 찢어서 붙이면 좀 더 다채롭고 입체적인 표현이 가능하다.

결과물을 보면 현실에서 시도해 볼 만한 머리 모양보다 그렇지 않은 머리 모양을 표현한 학생들이 훨씬 많다. 현실에서는 시도하기 힘든 머리 모양을 그림으로 표현하고 구멍에 자기 얼굴을 넣어 봄으로써 큰 재미와 해방감을 맛볼 수 있다.

3단계 수정하기 및 완성하기

그림을 완성한 다음에는 글을 써 본다. 어떤 상황에서 그 머리 모양이 잘 어울리는지를 생각하며 '~할 때 ~머리' 형식으로 글을 쓰도록 한다. 글은 종이 앞면에 마커나 매직으로 써도 되고, 종이 뒷면에 연필로 써도 된다. 종이 앞면에 글을 쓰면 그림은 달라도 글의 형식이 주는 통일감이 있어서 학급 그림책으로 묶을 때 좋다. 학급 그림책으로 묶을 때는 이렇게 글의 형식에 어느 정도 통일감을 주는 것이 더 낫다.

완성된 작품은 모둠 안에서 친구들과 함께 감상 활동을 한다. 자신이 표현한 그림을 보여 주고, 구멍으로 자기 얼굴도 넣어 보며 왜 이런 머리 모양을 그리게 되었는지 이야기해 준다. 그리고 감상 활동을 할 때 PMI(Plus, Minus, Interest) 기법을 활용하면 표현 활동을 할 때 잘된 점, 아쉬웠던 점, 흥미로웠던 점 등을 나눌 수 있다.

우울할 땐 젖은 머리

신날 땐 루피 머리

주목받고 싶을 땐 라푼젤 머리

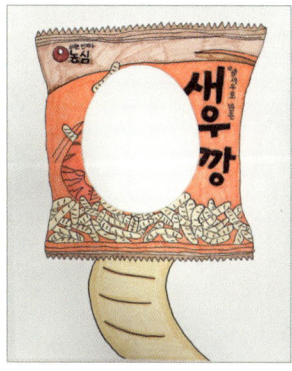
영화 볼 땐 새우깡 머리

튀고 싶을 땐 고등어 머리

심심할 땐 텔레비전 머리

활동 더하기

　학생들이 구멍에 자기 얼굴을 댄 상태로 역할 놀이를 할 수 있다. 미용실이나 파티, 학교 등 먼저 대화가 이루어지는 장소를 정한 다음, 자신이 그린 머리 모양을 한 사람이 되어 그 상황에 어울리는 말하기를 한다. 저학년일수록 역할 놀이에 흥미와 관심을 보인다. 비슷한 그림책으로는 『미용실에 간 사자』가 있다. 역시 타공 기법이 쓰인 그림책이다. 단, 이 그림책은 판형이 그리 크지 않은 보드북이다.

콜라주로
한 장면

● 너는, 너야?

내가 누구인지 주변의 다양한 사람들에 의해 정의 내려질 때가 있다. 『너는, 너야?』는 나를 바라보는 다양한 시선 속에서 진짜 나를 알아 가며 건강한 자아상을 찾아갈 수 있도록 도와주는 그림책이다. 친구들은 나를 어떻게 바라보는지, 나는 나를 어떻게 생각하고 있는지 내 모습을 표현해 보자.

너는, 너야?
크리스티앙 볼츠 글·그림, 김시아 옮김, 바람의아이들, 2023

우리는 자라면서 관계를 맺고 만나는 사람들을 통해 내가 누구인지 평가받는다. 자기 이해는 우리가 세상과 상호작용하며 형성되는 과정이다. 자신을 이해하는 것은 내면의 감정과 생각을 인식하고 받아들이는 것을 의미하며, 이는 자기 존중감과 성장에 중요한 역할을 한다. 주변 환경과의 상호작용으로 우리는 점차 자신을 더 잘 이해하게 되고, 그로 인해 더 나은 삶을 살아갈 수 있다.

"나는 누구인가?"라는 질문은 학생들에게 어려울 수 있다. 『너는, 너야?』는 이 어려운 일에 도전한다. 상황에 따라 다양한 친구들을 만나 긍정적, 부정적인 대답을 들으면서 "나는 정말로 누구일까?"라고 질문한다. 나를 소중하다고 생각하고 사랑해 주고 있다는 답은 건강한 자아를 만들어 가는 힘이 된다.

작가는 얇고 굵은 철사, 천 조각, 종이, 병뚜껑이나 동그란 구슬 등을 조합하는 콜라주 기법으로 이미지를 표현한다. 다양한 재료를 사용한 그림은 각자 개성을 드러내면서도 조화롭게 어우러진다. 아이들과 다양한 재료를 혼합해서 나를 표현하며 내가 누구인지 답을 찾아가 본다.

그림책 읽고 나누기

그림책을 읽기 전 친구들은 나를 어떻게 생각하고 있는지 활동을 통해 알아본다. 한 명당 한 장의 포스트잇에 친구를 어떻게 생각하는지 적는다. 적은 후 친구를 찾아가서 문장을 읽어 주고 포스트잇을 친구에게 붙인다.

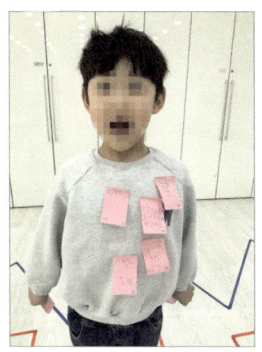 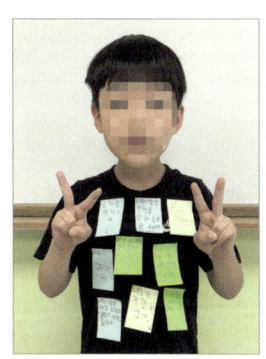

포스트잇 활동 1   포스트잇 활동 2

그림책 표지를 보고 주인공은 어떤 친구일지 이야기 나누고 책 내용을 상상해서 말해 본다. 그림책을 읽어 줄 때 주인공이 엄마에게 자신이 누구인지 질문하는 장면에서 엄마는 뭐라고 대답했을지 먼저 이야기를 나눈다. 책을 읽은 후 기억에 남는 장면이나 가장 마음에 드는 대답은 무엇인지 찾아본다.

나도 작가 되기

활동명   콜라주로 한 장면

준비물   8절 두꺼운 마분지, 얼굴 꾸밀 다양한 재료(눈알 스티커, 와이어 공예 컬러 철사, 천 조각, 병뚜껑, 동그란 구슬, 털실, 디스크 등), 채색 도구, 가위, 목공풀, 육각 보드

1단계 구상하기 및 준비하기

"나는 누구일까?"라는 질문에 대해 생각해 본 적이 있는지 경험을 나누고, 육각 보드에 자신의 답을 적는다.

내가 생각하는 "나는 누구인가?"

다양한 재료로 자신을 표현하는 활동이므로 준비된 재료를 충분히 탐색하도록 한다. 교사가 재료를 다양하게 준비하지만, 학생들이 표현하고 싶은 재료를 준비해 올 수도 있다. 먼저 나를 어떻게 표현할지 활동지에 계획한다. 계획할 때는 자신이 표현할 그림을 그리고 각각 어떤 재료를 사용할지 기록한다.

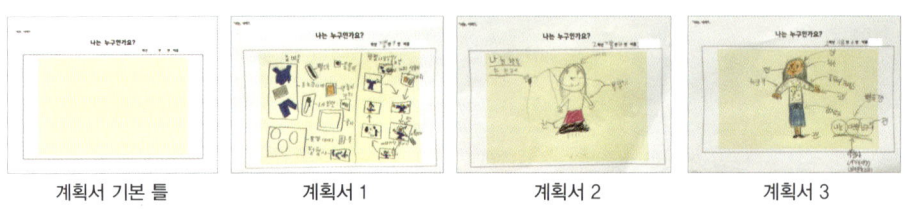

계획서 기본 틀   계획서 1   계획서 2   계획서 3

2단계 내 모습 꾸미기

계획서를 보면서 자유롭게 꾸민다. 그림책처럼 얼굴 모양을 철사로 만들거나 디스크를 이용할 수 있다. 옷은 다양한 천을 사용하거나 여러 재료를 활용하여 질감과 개성이 드러나도록 표현한다. 내 모습 전체를 꾸민 후 나는 나를 누구라고 생각하는지 적고 자유롭게 배경을 꾸민다.

새롭게 떠오른 아이디어를 적용하여 수정할 수도 있다. 재료를 붙일 때 주로 목공풀을 이용하지만, 재료에 따라 글루건을 이용할 수 있다. 글루건을 사용할 때는 사전에 안전 규칙을 숙지하고 화상 예방을 위해 보호 장갑을 착용한다.

작품 1

작품 2

작품 3

3단계 갤러리 워크 전시회

만든 작품, 친구들이 나에 대해 적어 준 포스트잇, 자신을 누구라고 생각하는지 적은 육각 보드로 책상 위에 나만의 전시회를 꾸민다.

전시회 1

전시회 2

전시회 3

미술관에 걸려 있는 미술작품을 관람하듯 다른 친구들의 작품을 살펴보는 갤러리워크로 감상한다. 이때 친구들의 작품을 보면서 느낀 소감을 포스트잇에 적어서 붙여 준다.

작품 감상 소감 쓰기

갤러리워크 1

갤러리워크 2

갤러리워크 3

활동 더하기

주인공의 감정 찾아보기

그림책에서 주인공은 상황과 상대에 따라 자신이 누구인지 다양한 답을 듣는다. 주인공이 상대방의 답을 들으면서 어떤 감정을 느꼈을지 감정 카드를 가지고 이야기 나눈다.

부모님께 나는 누구인지 질문하기

그림책 마지막에 주인공은 "나는 정말로 누구예요?"라고 엄마에게 질문하고 답을 듣는다. 책에 나온 것처럼 부모님께 나는 누구인지 질문하고 들은 답을 친구들과 나눈다.

그림책 전시회

내가 누구인지 듣고 싶은 대상에게 직접 대답을 들은 후 그 내용을 모아서 한 권의 그림책으로 만든다. 학생들의 작품을 모두 연결해서 긴 이야기로 만들어 벽에 붙여 전시회를 연다.

반원 네 개로
한 장면

● 네 개의 그릇

이보나 흐미엘레프스카 작가는 한 가지 모양으로 얼마나 다양한 이야기를 할 수 있는지 보여 준다. 학생들 역시 하나의 평범한 모양으로 특별한 내용을 표현하는 과정을 통해 각자의 상상력을 마음껏 표현할 수 있다.

네 개의 그릇
이보나 흐미엘레프스카 글 · 그림, 이지원 옮김, 논장, 2013

    오래된 종이로 오린 네 개의 반원이 자꾸 바뀌면서 상상의 세계가 펼쳐진다. 네 개의 반원은 빗속에서 우산이 되기도 하고, 쨍쨍한 날씨에선 선글라스가 되기도 한다. 바닷가에서는 거북이 등과 섬이 되었다가 '이상한 나라' 속 타조와 나무가 되기도 한다. 네 개의 그릇은 따로 또 합쳐져서 여러 가지 모양이 되며 자유자재로 이야기를 만들어 간다. 단순한 모양이 변화하며 새로운 내용이 되는 것뿐만 아니라 전쟁, 많이 가진 자와 너무 적게 가진 자를 이야기하는 등 인권과 관련된 내용도 등장하여 학생들과 나눌 이야깃거리를 다양하게 던져 준다.
    이 책은 도서관에서 오랫동안 아무도 빌려 보지 않아 버리는 책으로 만들었다. 버려지는 책의 페이지에서 필요한 부분을 오려서 붙이는 콜라주 기법을 활용했다. 버려지는 책들로 책 속에서 펼쳐지는 무한한 이야기를 표현하는 아이러니를 아주 잘 보여 주는 책이다. 또한 색이 누렇게 바랜 종이와 이미 책 속에 있는 오래된 그림을 오려서 표현함으로써 스케치로는 흉내 낼 수 없는 독특한 매력과 아름다움을 느낄 수 있다.

그림책 읽고 나누기

표지에는 누런 포장지를 반원 모양으로 오린 그릇 네 개가 있다. 그리고 첫 장에는 선반에 그릇 네 개가 놓여 있고 그것으로 무엇이든지 상상할 수 있다고 한다. 이 네 개의 그릇이 저마다 어떤 이야기를 만들어 갈 것인지 학생들과 나누며 그림책을 함께 읽는다. 어떤 이야기들이 나올지 상상하며 페이지를 넘기면 감탄과 탄성이 저절로 나온다. 왼쪽 문장만 보여 주고, 오른쪽에 어떤 장면이 나타날지 질문하며 읽어도 좋다. 책의 마지막 페이지에 버리는 책의 종이를 사용해서 만들었다는 문장을 본 뒤, 책의 처음으로 돌아가 버려진 종이들이 사용된 흔적을 찾아본다. 곳곳에서 ISBN, 쪽수, 알파벳, 도서관 글씨 등을 발견하는 재미도 느낄 수 있다.

나도 작가 되기

활동명 반원 네 개로 한 장면
준비물 도화지, 색종이(둥근 색종이), 가위, 풀, 채색 도구 등

1단계 구상하기 및 준비하기

"여러분은 그릇 네 개로 어떤 이야기들을 표현하고 싶나요?"라고 질문하며 표현하고 싶은 장면을 떠올리도록 한다. 책에 등장한 것과 비슷한 피자, 사람 얼굴, 달 등을 떠올리기도 하고, 수박, 학용품, 빙수, 아이스크림과 같이 자기 주변에서 쉽게 볼 수 있는 것들을 떠올리기도 한다.

자신이 표현할 것을 선택한 후, 어떤 색깔과 크기의 원으로 표현할지 결정한다. 반원을 직접 그려서 오릴 수도 있지만 편의성을 위해 시중에서 판매하는 둥근 색종이를 사용할 수 있다. 다양한 색깔과 크기의 원 모양 종이가 들어 있으므로 학생들에게 둥근 색종이 중 필요한 원을 두 개 고르게 한다.

> **잠깐!**
> 만약에 둥근 색종이에서 원하는 것을 고르지 못할 경우는 A4 용지에 원을 직접 그리고 오려서 뒤 사용해도 좋다. 그림책에서는 똑같은 크기의 반원 네 개를 사용했지만, 본 활동에서는 학생들의 상상력에 제한을 두지 않기 위해 크기가 다른 원 두 개를 고르는 것도 가능하다고 선택권을 준다.

2단계 반원 네 개를 이용하여 장면 꾸미기

❶ A4 도화지에 반원 네 개를 붙인다. 이때 따로 붙여도 되고, 원 모양으로 연결한 뒤 붙이거나, 겹쳐서 붙이는 것도 가능하다.

❷ 주변에 어울리는 그림을 그린다. 녹색 반원을 식물의 잎으로 표현하기로 했다면, 주변에 꽃과 화분을 그린다.

> **잠깐!**
> 학생들에게 표현의 자유를 주면 더 다양한 장면이 나온다. 예를 들어, 반원에 구멍을 뚫어 가위를 표현하거나, 빨간색 반원으로 커다란 해를, 검정색 반원으로 갈매기와 바다의 섬을 꾸며 일출 장면을 표현했다. 이렇듯 같은 해를 표현해도 주변의 배경을 어떻게 표현하느냐에 따라 전혀 다른 장면이 나온다. 모든 학생이 다른 소재를 표현하면 제일 좋지만 같은 것을 선택했더라도 각자 다른 장면이 표현되기 때문에 소재가 겹쳐도 허용한다.

❸ 스케치가 완료되면 색연필, 사인펜 등으로 채색한다.

반원 네 개로 장면 꾸미기

3단계 어울리는 문장 적기

❶ 네 개의 반원으로 장면 꾸미기가 마무리되었다면, 장면과 어울리는 문장을 적는다. 그림책에도 그릇 네 개로 표현된 장면을 부연 설명하는 짧은 문장이 있다. 그릇 네 개로 상상을 하면 책 속에서 무슨 일이 생길 수 있는지 장면을 설명하는 문장을 적는다.

> **예시**
> 일출을 표현한 작품에는 "그러다가 우리에게 아름다운 풍경을 선물하기도 해요.", 우주를 표현한 작품에는 "어쩌면 우리를 우주까지 보낼 수도 있답니다."라고 적었다.

❷ 글씨는 선명하게 잘 보일 수 있도록 사인펜이나 네임펜으로 적는다. 이 문장을 적음으로써 『네 개의 그릇』에서 말한 책 속에서 펼쳐지는 상상의 세계를 글로 확인할 수 있다.

❸ 완성된 장면은 게시판에 전시하거나 표지를 만들어 카드링이나 제본기로 제본하여 학급 책으로 만들어 보관한다.

활동 더하기

반원 네 개를 붙인 뒤 나머지 장면을 그림으로 표현하는 것 외에 작가가 활용한 콜라주 기법을 활용할 수 있다. 매년 도서관에서 폐기되는 책들이 많은데, 버리기 전에 수업에 활용하면 작가가 표현하고자 한 책의 무한한 가능성과 활용 방법을 확실히 체험할 수 있다. 버려지는 책뿐만 아니라 세월이 너무 흘러서 보지 않는 잡지나 신문을 모았다가 필요한 사진이나 그림을 오려서 붙이면 세심한 묘사가 필요한 부분을 표현해야 할 때 학생들에게 부담을 줄여 줄 수 있다.

색종이를 붙여
한 장면

● 놀자!

『놀자!』는 '졸라맨' 캐릭터를 닮은 '노란 아이'가 계속 나오는데, 페이지마다 배경이 달라지면서 새로운 이야기가 펼쳐진다. 표지에도 노란 아이가 여럿 등장한다. 노란 아이는 레슬링 선수가 되기도 하고, 밀림의 타잔으로 변신하기도 한다. 가만히 보니, 킹콩도 노란 아이를 닮았다. 노란 아이 모양 종이를 콜라주 기법으로 붙여서 다양한 놀이 장면을 구성해 보자.

놀자!
박정섭 글·그림, 책읽는곰, 2012

'놀자!'라는 제목이 은색 홀로그램으로 처리되어 반짝인다. 표지 그림은 마치 아이들이 그린 낙서를 연상시킨다. 표지를 자세히 보면, 자전거를 타고 있는 아이도, 우주선 안에 타고 있는 아이도 노란 아이이다. 책상에 앉아 공부만 하던 주인공 아이는 하고 싶은 것도 많고, 할 수 있는 것도 많다. 책의 마지막 장면에서 아이는 의자를 박차고 나가 "우리 같이 놀자!" 하고 외친다. 나 혼자 또는 여럿이 재미있게 노는 방법을 탐색한 뒤, 노란 아이 종이를 붙이는 콜라주 기법을 해 보자!

콜라주는 '풀로 붙인다'라는 뜻으로 회화 작품에 신문지나 벽지, 악보 등의 인쇄물뿐만 아니라 천, 캔 등 다양한 재료를 붙이는 것을 말한다. 이 기법은 학교 미술 시간에 자주 사용되는데, 저학년부터 고학년에 이르기까지 누구나 손쉽게 활용할 수 있다. 잡지의 그림이나 사진을 오려서 도화지에 붙이면 직접 그리지 않아도 멋진 작품을 완성할 수 있고, 특히 군중 장면을 콜라주로 표현하면 효과적이다. 이 그림책에서는 다양한 자세를 취하고 있는 노란 아이를 책의 한 장면에 제시함으로써 콜라주 기법으로 그림책의 장면을 따라서 표현해 볼 수 있게 해 준다.

그림책 읽고 나누기

　그림책을 읽어 줄 때 먼저 표지 그림을 자세히 살펴보면서 곳곳에 숨어 있는 노란 아이를 찾아본다. 이 그림책은 앞 면지와 뒤 면지의 그림이 달라지기 때문에 두 부분을 비교해서 살펴본다.

　처음에는 교사가 글을 읽는 동안, 학생들에게는 그림을 자세히 살펴보도록 안내한다. 두 번째 읽어 줄 때는 콜라주 기법에 주목하여 다시 살펴본다. 노란 아이의 자세는 같지만 방향을 달리하여 표현한 점이나 연속 동작을 표현하기 위해서 같은 자세의 노란 아이를 여러 개 붙인 점 등을 눈여겨본다. 이러한 과정을 통해 학생들은 콜라주 기법으로 다양한 놀이 장면을 손쉽고 재미있게 표현할 수 있다는 것을 깨닫는다.

나도 작가 되기

- 활동명　색종이를 붙여 한 장면
- 준비물　A4 도화지, 색종이, 채색 도구 등

1단계　구상하기 및 준비하기

　작가는 이 그림책에서 놀이를 주제로 한 다양한 콜라주 작품을 보여 준다. 그림책 속 상상 놀이에는 현실에서 이루어질 수 있는 상상도 있고 그렇지 않은 상상도 있다. 그리고 혼자 할 수 있는 놀이 장면을 표현한 것도 있고, 여럿이 있어야만 할 수 있는 놀이 장면을 표현한 것도 있다.

　놀이 장면을 표현하기에 앞서서 짝과 함께 마인드맵으로 다양한 놀이를 떠올린다. 예를 들어, 놀이에 참여하는 사람의 수, 실현 가능성, 놀이하는 시대나 시기 등에 따라 구분할 수 있다. 먼저 교사가 예시를 보여 주고 짝과 함께 서로 다른 색깔의 사인펜으로 마인드맵으로 표현한다. 마인드맵은 학생들이 표현할 놀이 장면에 대해 떠올리고 구체화하는 데 도움이 된다. 이러한 활동 없이 표현 활동을 진행하면 학생들이 "선생님, 뭘 표현해야 할지 모르겠어요."라고 어려움을 호소할 수 있다. 따라서 반드시 구상하기에 시간을 충분히 들인다.

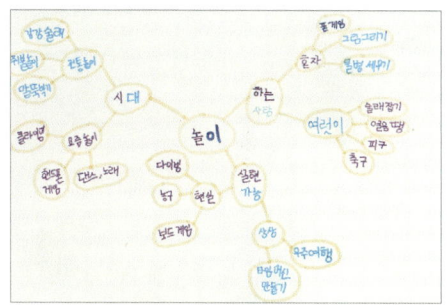 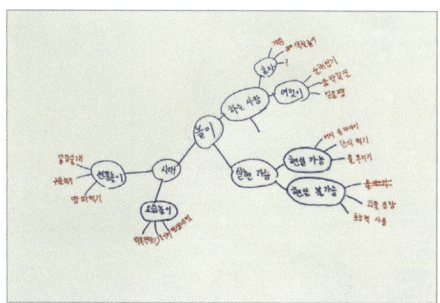

마인드맵 예시

2단계 놀이 장면 콜라주로 표현하기

어떤 부분을 콜라주로 표현할지 정한다. 그림책에 다양한 자세의 노란 아이가 나오는 장면을 제시하여 학생들이 활용할 수 있도록 한다. 노란 아이를 직접 색종이로 오려서 붙여도 된다. 같은 자세의 노란 아이가 여러 장 필요할 때는 색종이를 겹쳐서 똑같은 모양을 여러 개 오리는 방법도 알려 준다.

콜라주로 표현해야 하는 부분을 제외하고는 학생들에게 선택권을 부여한다. 장면에 글을 넣어도 되고, 넣지 않아도 된다. 그림은 가로로 해도 되고, 세로로 해도 된다. 깊은 바닷속처럼 깊이감을 표현할 때는 종이를 세로로 두고 하는 것이 좋다. 그리고 어두운 밤하늘이나 우주 공간을 표현하려고 하면 검정 도화지나 스크래치 페이퍼를 제공하여 좀 더 쉽게 작품을 만들 수 있다.

색종이를 콜라주에 활용
투호 놀이를 글 없이 표현

그림책에 나온 노란 아이를 콜라주에 활용
'무궁화꽃이 피었습니다' 놀이를 표현

| 계단 게임 | 스카이다이빙 | 잠수 놀이 |

3단계 수정하기 및 완성하기

 완성된 작품은 모둠 안에서 함께 감상한다. 어느 부분에 콜라주 기법을 활용하였는지 보여 주고, 자신이 표현하기로 한 주제나 내용도 설명한다. 노란 아이를 하나 붙인 경우와 여러 명 붙인 경우, 어떻게 효과가 다른지도 살펴본다. 다양한 자세의 노란 아이를 붙여서 여러 가지 놀이 장면을 표현한 학생도 있고, 다양한 자세의 노란 아이를 붙였지만 한 놀이 장면 안에서 연속 동작을 표현한 학생도 있었다.

꿈에서라면 나는
발레리나도 역도선수도 될 수 있지.

무중력 상태에서는 다이빙도 어렵지 않지.

활동 더하기

학생들의 작품을 보면, 콜라주 기법을 제대로 이해하고 표현에 적극적으로 활용한 것을 알 수 있다. 그리고 놀이를 주제로 표현할 때, 놀이가 일어나는 공간도 다양하게 나타냈다. 놀이공간이 땅 위나 물속, 하늘이나 우주까지 확장되기도 한다. 전지 크기의 종이에 다양한 배경을 배치한 다음, 놀이를 주제로 한 협동 작품을 콜라주 기법으로 제작할 수도 있다. 이때 다양한 자세의 노란 아이 종이를 많이 준비해서 학생들이 자유롭게 화면을 구성하고 배치해 봄으로써 콜라주 기법의 장점을 확실히 파악하게 한다. 협동 작품이 완성되면 학급 게시판에 부착하여 모두 함께 감상하며 이야기를 나눈다.

스크래치로
한 장면

● 마지막 도도새

『마지막 도도새』는 도도새가 멸종되기까지의 과정을 스크래치 기법으로 긁어서 표현한 그림책이다. 검정 바탕에 긁힌 밝은색이 대비를 이루며 강렬한 인상을 준다. 검정 스크래치 페이퍼에 나무 연필을 이용하여 긁어내면서 작가의 표현 기법을 따라 해 보자.

마지막 도도새
이새미 글·그림, 책고래, 2022

    원주민과 도도새, 카바리아 나무가 함께 사는 평화로운 모리셔스섬이 있다. 먹을 것이 풍족한 원주민은 날지 못하는 도도새를 잡아먹지 않는다. 그러나 모리셔스섬이 포르투갈 군함의 공격과 네덜란드 사람들의 유배지로 이용되면서 도도새는 사람들에게 잡아먹히고 결국 멸종된다. 도도새의 위장을 통과해야 발아가 되는 카바리아 나무도 도도새와 함께 멸종 위기에 처한다.
    이 그림책은 스크래치 기법을 이용하여 도도새의 멸종 과정을 색의 대비로 강렬하게 표현하고 있다. 스크래치 기법은 여러 가지 색을 칠한 뒤 그 위에 검은색을 덧칠하여 칼이나 포크 등으로 긁어내는 표현 기법이다. 검정 바탕에 긁혀져 생기는 다양한 색들은 그림을 더욱 선명하게 만들고 나타내고자 하는 주제를 명확하게 보여 준다. 인간들에 의해 죽으며 흘리는 도도새의 눈물, 도도새가 살았던 평화로운 숲을 검정 바탕의 스크래치 페이퍼에 따라 그려 봄으로써 도도새의 마음에 공감하면서 작가가 주는 메시지를 느낄 수 있다.

그림책 읽고 나누기

표지에서 도도새를 찾는다. 도도새가 어떤 새인지, 왜 마지막 도도새가 되었는지 생각하면서 그림책을 읽는다. 신비해 보이는 나무와 그 나무 사이에 있는 도도새, 함께 살던 원주민이 어떻게 사라져 가는지를 보면서 인간의 행동과 동물의 멸종에 대해 이야기한다.

가장 인상 깊은 장면을 발표하고 그 장면에 대한 생각과 느낌을 나눈다. 그림책을 읽은 후 인터넷으로 실제 도도새 모습으로 추정되는 사진을 함께 본다. 아울러 도도새의 멸종으로 더 이상 발아를 하지 못하는 카바리아 나무에 대해서도 알아볼 수 있다. 동물과 식물 그리고 인간의 공생 관계 및 파괴의 과정이 스크래치 기법으로 표현되면서 인간과 도도새의 마음이 강렬하게 전해진다.

나도 작가 되기

활동명　스크래치로 한 장면
준비물　스크래치 페이퍼, 스크래치 전용 나무 연필(또는 이쑤시개)

1단계 구상하기 및 준비하기

도화지에 검정색을 제외한 다양한 색의 크레파스를 도화지 전체에 빈틈없이 색칠한 후 그 위에 검정색 크레파스를 칠하면 스크래치 페이퍼가 된다. 스크래치 페이퍼를 만드는 과정도 재미있지만, 긁어서 표현한 작가의 기법을 따라 해 보는 활동이므로 스크래치 페이퍼로 제작되어 판매하는 종이를 구입하여 이용한다. 스크래치 페이퍼의 크기는 다양한데 도도새의 장면을 섬세하게 따라서 표현해 보기 위해서는 A4 크기로 구입해서 활동하는 것이 좋다. 이때, 저학년은 크기가 작은 스크래치 페이퍼를 이용하여 긁어서 표현하는 부담을 줄여 준다. 학생들은 『마지막 도도새』의 인상 깊은 장면들 중에서 똑같이 표현해 볼 한 장면을 정하여 어떻게 따라 할 것인지 구상한다.

2단계 인상 깊은 장면을 선 따라 그리기

인상 깊은 장면을 따라 그리기 위해서는 각자 한 권씩 그림책을 가지고 활동하면 좋다. 그렇지 못한 상황에서는 학생들이 표현하고 싶은 장면을 복사해서 나누어 준다. 학생들은 자신이 그릴 장면을 보면서 스크래치 페이퍼에 따라 그릴 수도 있고, 복사해 준 종이를 스크래치 페이퍼 위에 놓고 그림의 테두리를 볼펜이나 연필로 따라 그릴 수도 있다.

스크래치 페이퍼 위에 종이를 놓고 따라 그릴 경우에는 위에 클립이나 테이프로 고정하고 따라 그려야 선이 이중으로 그려지는 것을 방지할 수 있다. 복사된 종이를 대고 선을 따라 그리면 스크래치 페이퍼에 희미하게 선이 그려진다. 희미하게 보이는 선을 따라가며 나무 연필로 한 번 더 그림의 윤곽을 긁는다.

그림책 한 장면

작품 보고 따라 그리기

3단계 스크래치로 면 표현하기

기본적인 테두리가 완성되면 면으로 표현할 부분과 선으로 표현할 부분 등을 생각하며 나무 연필로 긁는다. 면이라고 해서 모두 한 번에 두껍게 긁는 것이 아니라 긁힌 느낌이 나도록 검은 부분이 조금씩 남도록 긁는 것이 좋다. 면과 선의 경계가 잘 나타나게 표현하도록 안내하고, 선의 굵기에 따라 다양한 표현이 가능하므로 선의 굵기도 고려하도록 한다. 스크래치 기법에서 면을 표현할 때는 선을 짧게 긁는 것을 반복할 수도 있고 두껍게 긁을 수도 있는데, 표현 방법에 따라 같은 그림이라도 다르게 느껴진다. 얇은 선으로 표현할 때는 나무 이쑤시개를, 조금 두꺼운 선으로 표현할 때는 스크래치 전용 나무 연필을 사용하는 것이 좋지만 일반적으로 스크래치 전용 나무 연필을 추천한다.

학생들이 가장 많이 표현한 한 장면은 도도새와 카바리아 나무가 행복하게 함께 살아가는 장면이다. 멸종되기 전에 자연 속에서 살아가는 도도새를 다시 살리고 싶은 마음을 작품에 담았다고 학생들은 말한다. 스크래치 기법으로 도도새를 표현하니 더 간절하게 도도새가 보고 싶어졌다고 말하는 학생도 있었다.

활동 더하기

다른 배경의 종이에 붙이기

스크래치 페이퍼에 그린 그림을 그대로 전시할 수도 있지만 스크래치 페이퍼에 표현한 그림을 오려서 다른 배경의 종이에 붙일 수도 있다. 이때 스크래치 페이퍼에 표현한 느낌과 대비를 이루는 색깔의 종이를 선택하면 더 강렬하게 이미지를 전달할 수 있다.

전자책 만들기

작품을 한데 모아 책으로 묶을 수도 있고 북크리에이터를 이용해서 전자책으로 만들 수도 있다.

홀로그램으로
한 장면

● 무지개 물고기

『무지개 물고기』는 아름답게 반짝이는 비늘을 가진 무지개 물고기 이야기이다. 처음에는 자신의 반짝이는 비늘을 자랑하기만 했지만, 나중에 친구들에게 하나씩 나눠 주기 시작하면서 모두가 행복함을 느끼게 된다. 나만의 무지개 물고기를 그리고 반짝이는 비늘도 붙여 멋지게 홀로그램 작품으로 표현해 보자.

무지개 물고기
마르쿠스 피스터 글 · 그림, 공경희 옮김, 시공주니어, 1994

『무지개 물고기』는 자신의 반짝이 비늘을 나눠 주는 무지개 물고기를 통해 우정, 나눔, 용기를 일깨워 주는 그림책이다. 몸에 반짝이 비늘이 많은 무지개 물고기는 예쁜 것을 뽐내기만 하고 반짝이 비늘을 원하는 친구에게 나누어 주지 않는다. 그러다가 자신을 가까이하는 친구가 없어 외로워지자 자기 잘못을 깨닫고 반짝이 비늘을 친구들에게 하나씩 나눠 준다. 그러면서 나눔의 기쁨을 알게 되고 모두가 행복해진다. 자기보다 부족한 친구를 깔보는 마음을 가지고 좋은 것을 혼자만 독차지하려고 하면 결국 자기도 괴롭게 된다는 메시지를 전하는 책이다.

홀로그램 특수 인쇄로 표지부터 무지개 물고기의 비늘이 예쁘고 입체적으로 표현되어 손가락으로 촉감을 느낄 수 있다. 아름다운 무지갯빛 빛깔도 잘 표현되어 있다. 무지개 물고기와 친구들의 바닷속 세상의 이야기를 읽으면서, 우정, 나눔의 기쁨, 인내, 평화 등의 생각을 나누고 자신만의 무지개 물고기를 표현해 보자.

그림책 읽고 나누기

책을 읽기 전에 표지를 보고 이야기를 나눈다. 표지에는 알록달록 아름다운 비늘을 가진 무지개 물고기가 있다. 무지개 물고기의 어느 부분이 반짝이는지 같이 확인하고 색깔은 어떤지 이야기를 나눈다. 그림책의 내용과 관련해서 학생들에게 질문을 한다.

"내가 무지개 물고기라면 어떤 생각이 들까?"라는 질문에 "다른 물고기가 없는 반짝이는 비늘을 가지고 있어서 기분이 좋을 것 같다.", "다른 친구들은 빛나는 비늘이 없는데 혼자 빛나는 비늘이 있어서 어울리기 힘들 것 같다.", "사람들 눈에 띄면 금방 잡혀갈까 봐 도망을 다녀서 싫을 것 같다."라는 등의 답변이 나왔다.

"내가 무지개 물고기처럼 빛났던 때가 언제지?"라는 질문에는 학예회 등에서 무대에 올라가서 작품을 발표할 때, 친구들과 생일 파티를 할 때, 달리기에서 일등 할 때, 시험 점수가 좋았을 때 등의 대답이 나왔다.

그림책을 다 읽은 뒤, "무지개 물고기처럼 다른 사람들과 나누고 행복했던 때는 언제였나요?"라는 질문에는 동생에게 장난감을 빌려 주었을 때, 친구에게 학용품을 빌려 주었을 때, 불우이웃돕기 성금 모금에 참여했을 때, 부모님 심부름을 했을 때, 아픈 친구를 보건실에 데려다주었을 때, 편의점이나 문방구에서 친구가 원하는 것을 사 주었을 때 등의 답변이 나왔다.

이 책은 그림이 아름다워서 미술 시간에 '무지개 물고기 표현하기'를 해도 좋고, 국어 시간에는 '경험한 일 표현하기'도 좋다. 도덕 시간에는 우정, 배려, 나눔, 진정한 용기 등의 주제를 다룰 때 활용 가능하다.

나도 작가 되기

활동명　홀로그램으로 한 장면
준비물　A4 도화지 1장, A4 OHP 용지 1장, 연필, 지우개, 투명 테이프, 12색 네임펜, 홀로그램 스티커 등

1단계 구상하기 및 준비하기

나만의 무지개 물고기를 그리고 꾸밀 것이기 때문에 그림책을 보면서 어떤 물고기를 선택해서 표현할지 생각한다. 무지개 물고기를 선택해도 되고 바다에 살고 있는 다른 물고기나 다른 생물인 문어, 말미잘, 조개 등을 선택해도 된다. 그림책에 없는 다른 바다 생물도 가능하다.

홀로그램 스티커는 하트 모양으로 큰 사이즈(19mm 정도)를 준비한다. 여유가 있다면 하트 모양 보석 스티커도 준비한다. 보석 스티커는 색깔도 아름답지만 입체적이고 반짝거리는 질감이 있어 실제 보석처럼 보이는 효과가 있다.

2단계 밑그림 그리기

자신이 선택한 바다 생물을 A4 도화지에 연필로 밑그림을 그린다. 한 장에 하나의 생물만, 도화지에 꽉 차게 크게 그린다. 진하게 그리면 수정하기 어려우니 연필을 비스듬히 잡고 연하게 그리고, 한 번에 그리기보다는 여러 번 선을 그어 크기와 형태를 갖추도록 지도한다.

 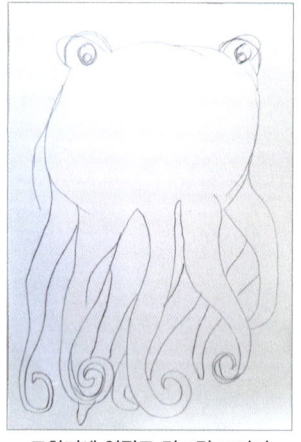 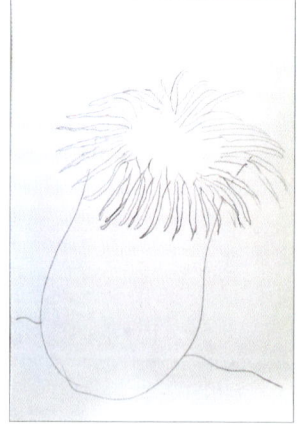

도화지에 연필로 밑그림 그리기

연필로 그린 밑그림 위에 A4 OHP 용지를 맞붙여 놓은 후 위쪽에 투명 테이프를 두 개 붙인다. 검정 네임펜으로 연필 밑그림을 따라 그린다.

 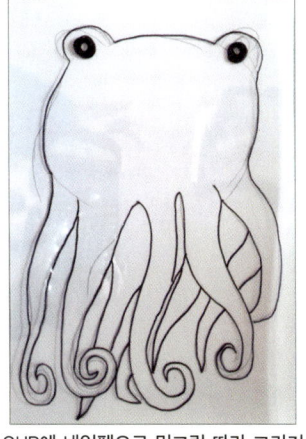 

OHP에 네임펜으로 밑그림 따라 그리기

3단계 작품 완성하고 친구들과 나누기

❶ 네임펜으로 밑그림을 그린 물고기를 홀로그램 스티커와 보석 스티커로 꾸민다. 무지개 물고기의 비늘같이 색깔 배열을 생각하고 어디에 붙일 것인지 생각하면서 붙인다. OHP 필름지에 붙이므로 혹시 잘못 붙이면 다시 떼어 붙일 수 있다.

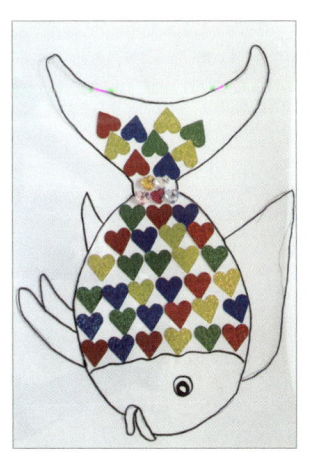  

홀로그램 스티커와 보석 스티커 붙이기

❷ 홀로그램 스티커와 보석 스티커를 물고기 비늘같이 예쁘게 붙이고 난 후, 비어 있는 곳은 12색 네임펜으로 알맞게 색칠해서 작품을 완성한다. 매직을 이용하여 바탕을 칠해도 좋다.

스티커 붙인 나머지 부분을 네임펜으로 꾸미기

❸ 이번에는 미덕과 연결하여 활동을 해 본다. 먼저 자신이 가진 미덕에는 어떤 것이 있는지 알아본다. 미덕 중에 '우정', '감사', '배려', '유연성', '창의성', '사랑', '봉사', '정직', '나눔', '용기' 등의 의미를 알려 주면서 교사가 칠판에 미덕의 이름을 쓴다. 학생은 칠판에 쓰여 있는 미덕 중에서 자신이 가진 것을 골라 네임펜으로 홀로그램 스티커 위에 쓴다. 학생 1명이 7개 정도 쓴다. 자신에게 미덕이 없다고 하는 학생들이 있으면, 갖고 싶은 미덕을 써도 된다. 이 스티커는 친구들에게 나누어 줄 것이므로 같은 미덕을 여러 번 써도 된다. 그리고 미덕이 쓰여 있는 홀로그램 스티커를 자신의 작품에 다른 스티커와 함께 붙인다.

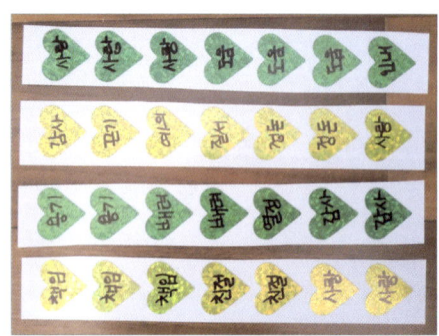 

홀로그램 스티커에 미덕 쓰기 　　　　미덕을 쓴 스티커를 작품에 붙이기

❹ 완성된 작품을 들고 친구를 만나서 작품을 소개하고 가위바위보를 한 후 진 친구가 이긴 친구에게 "나눠 줄게."라고 말하며 미덕을 쓴 스티커를 하나 준다. 이

긴 친구는 "고마워."라고 말하며 스티커를 받아서 자기 작품에 붙인다. 3명~5명의 친구를 만나서 게임을 하고 자기 자리로 돌아온다.

활동 더하기

활동이 끝난 다음, 느낀 점을 작품 뒤쪽 도화지에 정리한다. 예를 들면 "나는 정직, 봉사, 용기의 미덕을 친구들에게 나누어 주고 성실, 자신감의 미덕을 받았다. 자신감의 미덕을 받은 것이 좋았다."처럼 어떤 미덕을 주고받았는지, 내가 받은 미덕 중 어떤 것이 마음에 들었는지 등을 쓰면 된다.

뒷면 도화지를 떼고 작품이 그려진 OHP 용지는 창문에 붙여서 교실을 꾸민다. 햇빛이 들어오면 OHP에 그린 작품이 더 멋지게 보인다.

상상의 세계
한 장면

● 문이 열리면

『문이 열리면』은 버튼을 누르면 문이 열리고 그 뒤에 현실에서는 볼 수 없는 멋진 환상의 세계가 펼쳐진다는 흥미로운 스토리의 그림책이다. 가정에서 쉽게 구할 수 있는 물티슈 캡을 활용해 문이 열리면 나타나는 상상의 세계를 표현하여 그림책의 한 장면을 멋지게 연출할 수 있다.

문이 열리면
민 레 글, 댄 샌탯 그림, 노은정 옮김, 오늘책, 2024

　이 그림책은 엘리베이터 버튼 누르기를 좋아하는 주인공 아이리스의 이야기를 다룬다. 동생이 태어나고 엘리베이터 버튼 누르는 기쁨을 동생에게 빼앗긴 아이리스가 우울해하는 장면으로 이야기를 시작한다. 그러던 어느 날, 아이리스는 우연히 쓰레기통에 버려진 고장 난 엘리베이터 버튼을 자신의 방에 붙이고 눌러 보는데, 그 순간 눈앞에 상상도 못 할 일이 벌어진다. 문 뒤편으로 이국적인 정글, 환상적인 우주 공간 등이 펼쳐지며 어디로든 떠나고 싶었던 아이리스를 특별한 모험의 세계로 이끈다.
　『문이 열리면』에서 엘리베이터 버튼은 현실과 상상의 세계를 오갈 수 있는 특별한 장치이다. 엘리베이터 버튼을 누르고 '팅!' 소리와 함께 문이 열리면 어떤 경이롭고 놀라운 세계가 펼쳐질까 상상하며 읽는 즐거움이 있는 그림책이다. 또한 다양한 프레임을 활용한 만화적 구성으로 스토리를 전개하여 마치 애니메이션을 보는 것처럼 생동감이 느껴진다.

그림책 읽고 나누기

그림책의 표지를 살펴보고 책의 내용을 예상해 본다. 많은 학생이 제목을 보고 "문이 열리면 괴물이나 외계인이 나타날 것 같아요.", "좋아하는 아이돌의 무대가 펼쳐질 것 같아요.", "태풍이 불어올 것 같아요."라고 특별한 일이 생기기를 기대하는 듯한 답변을 한다.

책 속에서 문이 열리면 아이리스의 눈앞에 어떤 상상의 세계가 펼쳐질지 추측해 보고, 이야기를 나누며 상상의 즐거움을 느껴 본다. 그리고 시간의 흐름에 따라 주인공의 감정이 어떻게 변화하는지 살펴본다. 한 학생은 "처음에는 동생에 대한 질투로 화나고 우울한 마음이었는데, 상상 여행을 통해 동생에 대한 미움이 사라져 행복하고 즐거운 마음으로 가득해요."라고 말했다. 비슷한 일을 경험한 적이 있는지 떠올리며, 서로의 생각과 느낌을 공유한다.

나도 작가 되기

활동명 상상의 세계 한 장면
준비물 A4 도화지, 물티슈 캡, 양면테이프, 채색 도구

1단계 구상하기 및 준비하기

나에게도 주인공처럼 특별한 버튼이 있다면 어떨지 떠올리며, 문이 열리면 펼쳐지는 모험과 상상의 세계를 어떤 장면으로 연출하고 싶은지 계획한다. 장면을 구상할 때 학생들은 현실과 상상 세계의 대비가 클수록 반전의 재미가 있음을 이해한다. 자신이 표현하고 싶은 장면 중 도화지에 그릴 내용, 물티슈 캡 안에 그릴 내용을 어떻게 표현할지, 그리고 물티슈 캡은 어떤 문으로 표현할지 구상해 본다.

도화지에 그릴 내용 (현실)	물티슈 캡 위에 그릴 내용 (현실과 상상을 이어 주는 문)	물티슈 캡 안에 그릴 내용 (상상의 세계)
• 넘어져 아이스크림이 떨어진 장면 • 홀로 생일 파티를 하는 장면 • 무더위에 지친 학생의 모습 • 급하게 화장실을 찾는 장면	• 음료수 자판기 • 하트가 가득한 문 • 도서실 앞문 • 남자 화장실 문	• 신비한 가게 전천당 • 부모님의 서프라이즈 선물 • 차가운 겨울 왕국 • 놀이동산의 바이킹

2단계 스케치 및 채색하기

❶ A4 도화지에 문의 위치를 정하고 양면테이프를 이용해 물티슈 캡을 붙인다. 이때 물티슈 캡이 열리는 방향이 도화지의 그림을 가리지 않도록 유의하며 붙인다.

❷ 도화지 위에 더운 여름날 아이스크림이 땅에 떨어진 모습, 홀로 외롭게 생일 파티를 하는 모습 등 자신이 구상한 현실 세계 모습을 스케치하고 채색한다. 물티슈 캡 위에 문의 모양을 그릴 때는 네임펜을 이용하여 채색한다.

3단계 상상의 세계 표현하기

물티슈 캡을 열고 그 안에 자신이 상상한 세계를 그림으로 표현한다. 2단계 도화지에서 그린 현실 세계와 반전이 되는 내용으로 표현할수록 상상의 세계가 더욱 즐겁게 펼쳐진다는 것을 기억하고 작업한다.

4단계 문을 열고 이야기 나누기

문이 열리면 펼쳐지는 상상 속 이야기를 친구들에게 들려주고 서로의 생각과 느낌을 공유한다. "어느 여름날 무더위에 지친 나는 도서실을 찾았는데, 문이 열리고 내 눈앞에 새하얀 겨울 왕국이 펼쳐졌어." 이때 물티슈 캡을 열기 전에 어떤 장면이 펼쳐질지 퀴즈를 내고 맞혀 보는 활동도 즐거운 상상 놀이가 된다.

활동 더하기

문이 열리기 전과 후의 사진을 찍어 동영상으로 제작하여 감상하면 더욱 생동감이 느껴진다. 위 활동을 개인의 마음에 초점을 두고 '내 마음에 문이 열리면'이라는 활동으로 변형하여 겉으로 보이는 나의 모습이나 상황을 도화지에 그리고, 진짜 내면의 나의 모습을 물티슈 캡 안에 표현해 본다.

점묘법으로
한 장면

● 문장 부호

작은 점들이 모여 아름다운 하나의 형태를 완성한다. 멀리서 보았을 때와 가까이에서 보았을 때의 느낌과 보이는 것이 다르다는 것을 알게 된다. 무수히 찍힌 점들이 서로 연결되어 사물 고유의 느낌을 점묘법으로 표현해 보자.

문장 부호
난주 글·그림, 고래뱃속, 2016

    국어 시간에 배우는 문장 부호를 예술적으로 아름답게 표현한 그림책이다. 그림책을 무심코 보면 생태 그림책으로 보인다. 하지만 책장을 천천히 넘겨 보면, 숨은그림찾기 하듯 문장 부호를 찾는 재미를 주는 책이기도 하다. 땅 위에서 톡 떨어진 씨앗에서 발견되는 마침표, 씨앗에서 뿌리를 내린 모습에서 찾을 수 있는 쉼표 등 그림과 글 속에서 문장 부호가 연상된다.
    그림책에 사용한 미술 기법이 참 독특하다. 점묘법은 색을 섞지 않고 여러 색상의 점들을 조밀하게 배치하여, 보는 이로 하여금 거리에 따라 다양한 색을 느끼게 한다. 작은 점들을 하나씩 찍어서 그림을 완성하기 때문에 시간이 오래 걸릴 수 있으나, 완성하면 독특하고 생동감 있는 표현이 가능하다. 점묘법을 활용해 자연물의 색과 아름다움을 느껴 보자.

그림책 읽고 나누기

"그림책 표지에서 무엇이 보이니?"라는 질문으로 이야기를 나눈다. 학생들 눈에는 그림책 제목인 '문장 부호'라는 글씨가 제일 먼저 보인다. 그리고 제목 주변에 있는 다양한 생물들을 하나씩 탐색해 나간다. 우선 자신이 평소에 잘 알고 있어 친근한 나비, 무당벌레, 개미 등부터 말한다. 그리고 꽃이 보인다고 이야기하지만, 정확히 어떤 꽃인지 아는 아이들은 없다.

그림책의 내용은 바로 이 꽃의 씨앗에서 시작된다. 제비꽃이 씨앗에서 성장하는 과정을 작가는 점묘화로 보여 준다. 왼쪽에는 글이, 오른쪽에는 그림이 있으므로, 그림을 먼저 보여 주면 그림에 대한 몰입감이 생긴다. 그림만 보고 자기 생각을 문장으로 표현해 보는 활동도 학생들이 그림책을 재미있게 읽는 방법이다.

그림책을 다 읽은 후 그림책 속에 숨겨져 있는 문장 부호를 발표한다. 그림에 온전하게 집중했던 학생들은 어떤 장면에 문장 부호들이 있었는지 찾아낸다.

"그림책에 표현된 그림들은 어떻게 그렸을까?"라고 질문하니 학생들이 곰곰이 생각에 빠졌다. 작가가 작은 점들을 하나씩 찍어 그림을 표현했다고 하니 환호성을 지른다. "우리도 그림책 작가님처럼 우리 주변의 아름다운 자연물들을 점으로 표현해 보자."라고 안내한다.

나도 작가 되기

활동명   점묘법으로 한 장면
준비물   8절 도화지, 12색 네임펜, 연필, 지우개, 사진

1단계 구상하기 및 준비하기

자신이 점으로 표현하고 싶은 대상을 선택한다. 고학년 학생들은 자신이 표현하고자 하는 대상을 바로 도화지에 스케치할 수 있지만, 저학년 학생들은 대상을 구체적으로 표현하는 데 어려움이 있다. 이럴 때는 자신이 표현하고자 하는 대상의 사진이나 그림을 준비한다. 그림책 작가처럼 붓으로 점을 찍어 대상을 표현할 수도 있고 학

생들 수준에 맞게 활동을 변형하여 점묘법에 대해 이해할 수 있도록 재료를 바꿔 수업을 진행하는 것도 좋다. 예를 들어, 다양한 색의 마카나 네임펜을 사용하여 점을 찍거나, 스티커를 이용하여 점을 표현해 보면 점묘법의 원리를 쉽게 이해하고 적용할 수 있다. 이로써 모든 학생이 자신만의 독창적인 작품을 만들어 보는 경험을 즐길 수 있다.

2단계 글쓰기

A4 종이를 반으로 접고, 오른쪽에는 자신이 표현하고 싶은 자연물에 대한 글을 쓴다. 어떤 자연물을 표현할지 결정한 후, 자연물의 모습을 의성어나 의태어를 이용해 표현하도록 안내하면 내용이 더 풍성해진다. 처음에는 연필로 작성한 후, 더 이상 수정할 필요가 없을 때 네임펜으로 연필 선 위를 따라 쓰면 글씨가 선명해진다.

> **예시**
> 하늘을 보며 살랑살랑 몸을 흔드는 민들레
> 영차영차 먹이를 옮기는 개미
> 나풀나풀 하늘을 날며 친구를 찾는 나비
> 비가 와서 활짝 웃는 새싹

3단계 자연물 스케치하기

A4 종이의 왼쪽 페이지에는 글과 어울리는 자연물을 연필로 스케치한다. 스케치가 어려운 학생들은 미리 준비한 사진을 참고하여 대상을 표현한다. 스케치할 때는 수정하기 쉽게 연필을 사용하며, 수정 시 선이 남지 않도록 연하게 표현한다. 점묘법을 활용해 자연물을 표현하므로 대상을 너무 작게 그리지 않도록 안내한다.

또한, 자연물을 스케치할 때는 정지된 모습보다 좀 더 생동감 있는 그림이 좋다. 예를 들어, 나뭇잎을 표현할 때 가지와 잎이 바람에 자연스럽게 움직이는 모습을 그려 글과 시각적으로도 잘 어울리게 표현한다.

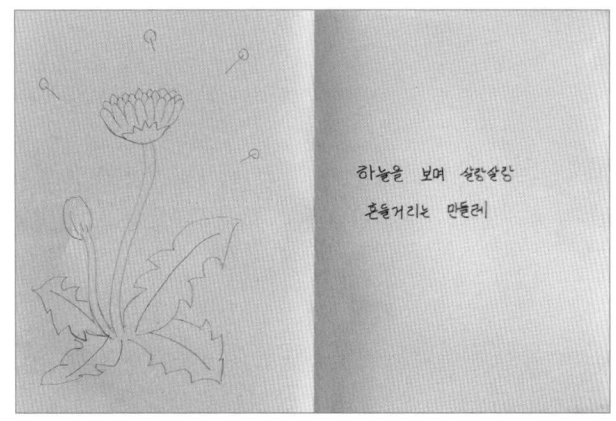

스케치하기

4단계 점묘법으로 장면 표현하기

자신이 그린 자연물을 네임펜으로 점을 찍어 표현한다. 두 가지 이상의 색상을 섞어 사용하면 더욱 풍부한 색감을 나타낼 수 있다.

> **잠깐!**
> 빨간색으로 표현해야 한다면 빨간색과 유사한 주황색이나 따뜻한 느낌을 주는 노란색을 함께 사용하여 표현한다. 점의 크기와 밀도를 조절하여 밝기와 명암을 표현할 수도 있다. 밝기를 높이고 싶을 때는 점을 적게 찍고, 어둡게 하고 싶을 때는 점을 더 촘촘히 찍는다. 이렇게 하면 자연물을 더 생동감 있고 입체적으로 표현할 수 있다. 점묘법에서는 다양한 색상과 밀도를 적절히 활용하여 그림의 깊이와 세부 묘사를 강조할 수 있다

나뭇잎을 그릴 때는 기본적으로 초록색 점을 찍고, 그 위에 연두색이나 노란색 점을 추가하여 하이라이트를 주는 방법이 있다. 나뭇가지나 나무줄기를 표현할 때는 갈색과 검은색을 적절히 혼합하여 어둡고 깊이 있는 느낌을 준다. 학생들이 점을 찍으며 자연스럽게 색상 혼합과 밀도 조절을 연습할 수 있도록 격려하고, 각자 자기 작품에 대한 자부심을 느낄 수 있도록 도와준다. 이 과정을 통해 색채에 대한 감각과 그림을 구성하는 기술을 발전시킬 수 있다.

점묘법으로 표현하기

활동 더하기

점묘법으로 각자 한 가지 주제를 선택하여 엽서를 꾸며 본다. 먼저 A4 도화지를 엽서 크기로 자른 후 가운데 선을 긋는다. 왼쪽은 그림을, 오른쪽은 글을 쓸 부분으로 사용한다. 왼쪽에는 자신이 원하는 그림을 스케치한 후 네임펜을 이용해 점묘법으로 대상을 표현한다. 그림을 그릴 때는 다양한 색상과 점의 밀도를 활용하여 생동감 있는 작품을 만들 수 있도록 안내한다. 예를 들어, 꽃을 그릴 때는 여러 가지 색으로 혼합하여 꽃잎을 표현하고, 밝기와 명암을 조절하여 입체감을 더할 수 있다.

그림이 완성된 후에는 오른쪽에 편지 내용을 작성한다. 부모님, 친구, 선생님 등 사랑하고 고마운 사람들에게 진심을 담아 글을 쓴다. 글쓰기의 즐거움과 의미도 함께 느낄 수 있다.

상상으로 한 장면

● 문제가 생겼어요!

『문제가 생겼어요!』는 실수로 생긴 다리미 자국이 다양한 것으로 변하는 과정을 재미있게 보여 주는 그림책이다. 이 책의 작가는 『금이 생겼어요!』에서 문제를 해결하는 것은 '상상력'이라고 했다. 우리도 상상력으로 문제를 예술로 승화시켜 상상 장면을 표현해 보자.

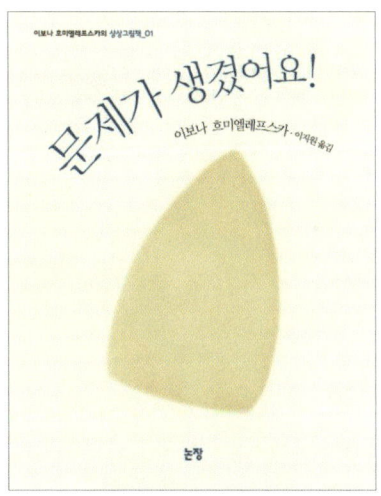

문제가 생겼어요!
이보나 흐미엘레프스카 글·그림, 이지원 옮김, 논장, 2010

　'문제가 생겼어요!'라는 제목과 함께 표지에 커다랗게 찍힌 노란 다리미 자국이 눈길을 끈다. 학생들에게 자국에 대해 물었더니 총알, 감자칩, 기타 피크 등 다양한 답변이 나왔다. 이 그림책의 주인공은 다림질하다가 잠깐 딴생각을 했는데, 엄마가 아끼는 식탁보에 다리미 자국을 만들어 버렸다. 주인공은 온갖 걱정을 하며 이 문제를 해결하는 방법을 골똘히 생각한다. 그 과정에서 눌어붙은 다리미 자국은 로켓이 되기도 하고, 역삼각형 모양의 힘센 사람, 세제 통이 되기도 한다. 다리미 자국은 또 무엇으로 변신할 수 있을까?
　이 그림책은 문제를 해결해 가는 과정과 상황을 간결하지만 상상력 넘치는 그림으로 그려 놓았다. 학생들은 아주 짧은 글과 단순한 그림에 담긴 작가의 창의력에 놀란다. 그리고 어느새 '나도 삼각형 모양의 다리미 자국을 다른 것으로 만들 수 있겠는데.' 하는 생각에 이른다. 학생들은 작가처럼 간결한 글과 단순한 그림만으로 자신의 상상력을 종이에 펼쳐 볼 수 있다. 종이와 간단한 색칠 도구로 상상 장면을 하나씩 만들고 이어 붙여서 우리 반 상상 그림책을 만들어 보자. 이러한 활동을 하면서 학생들은 불가능을 가능으로 만드는 놀라운 상상력과 예술의 힘을 경험할 수 있다.

그림책 읽고 나누기

　그림책을 두 번 반복하여 읽어 준다. 처음에는 앞에서부터 끝까지 중간에 멈추지 않고 설명 없이 읽는다. 두 번째 읽을 때는 글과 그림과의 연관성을 생각하며 다리미 자국이 어떤 형태가 되었는지, 작가는 왜 이런 이미지를 그려 놓았는지 살펴보도록 했다. 자세히 살펴보는 과정에서 학생들은 다리미 자국의 크기와 위치, 화면 배치 등이 달라지는 것을 발견한다. 또한 무엇을 표현하느냐에 따라 다리미 자국을 달리 배치할 수 있다는 것을 깨닫는다. 그림책을 여러 권 준비할 수 있다면 모둠별로 그림책을 한 권씩 제공하여 작가의 표현 기법을 탐색할 수 있도록 하면 더욱 좋다.

나도 작가 되기

　활동명　상상으로 한 장면
　준비물　A4 도화지, 색종이, 채색 도구 등

1단계 구상하기 및 준비하기

　다리미 자국 모양을 관찰한다. 다리미 자국의 형태에 주목하여 무엇이 될 수 있을지, 또는 다리미 자국의 색깔에 주목하여 어떤 것으로 변신할 수 있을지 떠올려 보아도 좋다. 다리미 자국이 무엇이 될 수 있을지 브레인스토밍으로 많이 떠올린다. 모둠 친구들과 떠올린 것을 돌아가며 말하면서 친구들은 어떤 것을 연상했는지 알아본다.

　모둠에서 앉은 순서대로 돌아가며 말하기를 해도 되지만 학생들은 놀이를 좋아하니 '쿵쿵따' 등의 말을 중간에 넣어서 돌아가며 말해 본다. 학생들은 '다리미 쿵쿵따', '올빼미 쿵쿵따', '마우스 쿵쿵따'를 외치며 다리미 모양과 관련되는 경험과 연상되는 이미지를 떠올리며 즐겁게 구상하였다.

브레인스토밍

2단계 상상 장면 표현하기

그림책은 글과 그림으로 이루어져 있다. 그림만으로도 그림책을 만들 수 있지만, 적절한 글은 그림을 더욱 풍성하게 해 준다. 글을 쓸 때는 그대로 설명하기보다는 그림에서 나타내지 않은 부분을 쓴다. 그림은 다리미 모양을 그리고 색칠할 수도 있지만, 좀 더 손쉽게 표현하기 위해 색종이를 사용한다. 먼저 색종이로 다리미 자국을 오린다. 같은 크기의 다리미 모양이 필요하면 색종이를 접어서 겹친 다음 오린다. 그러면 같은 크기의 색종이가 여러 장 나올 수 있다는 점을 알려 준다. 오려 낸 다리미 모양 색종이를 A4 크기의 도화지에 먼저 붙이고, 유성펜이나 네임펜으로 몇 개의 선만 그려서 이미지를 표현한다. 그림을 먼저 그리고, 글은 나중에 쓰는데, 글을 쓸 자리를 미리 정해서 남겨 둔다. 협동 작품으로 우리 반 그림책을 만들 때는 통일성을 위해서 글은 종이의 아래쪽에 쓰도록 정하는 것도 좋다.

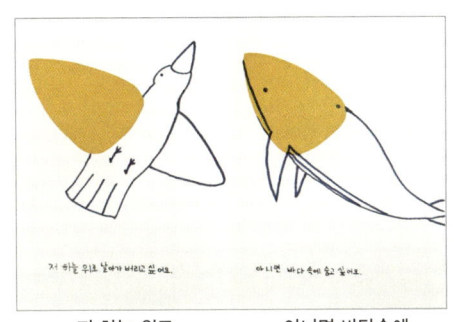

저 하늘 위로 날아가 버리고 싶어요.

아니면 바닷속에 숨고 싶어요.

이 얼룩을 보면 엄마가 버럭 화를 낼 거예요.

지금 당장이라도 우주로 도망치고 싶어요.

3단계 우리 반 상상 그림책 만들기

그림책처럼 다리미 자국이 무엇이 될 수 있을지 상상해서 그림과 글로 표현하라고 안내한다. 학생마다 이해의 정도가 달라 다양한 작품이 나온다. 그림책처럼 이어지는 이야기를 만든 학생도 있었고, 다리미 자국이 무엇이 될 수 있을지 다양한 생각을 표현한 학생도 있다. 전체 작품을 다 같이 살펴보면서 함께 묶을 수 있는 것끼리 분류한다. 그리고 함께 묶을 수 있는 작품들의 순서를 정한다. 순서대로 그림을 배치하고 앞장과 뒷장을 풀로 붙여서 책의 형태로 완성한다. 그림책의 표지처럼 표지를 만들고 싶다면, 앞표지와 뒤표지를 만들어서 감쌀 수도 있다.

엄마가 오는 소리가 들려요.   아무 구멍에 숨고 싶어요.

내가 한 부분이 되어 사라지는 건 어떨까요?   무서워서 머리가 돌아갈 것 같아요.

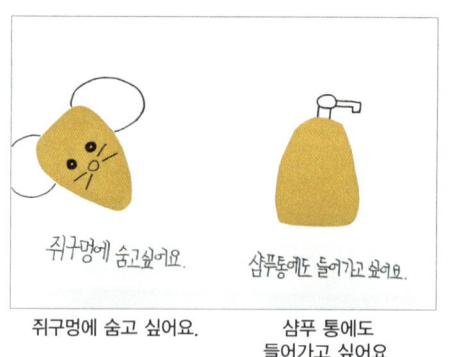

쥐구멍에 숨고 싶어요.   샴푸 통에도 들어가고 싶어요.

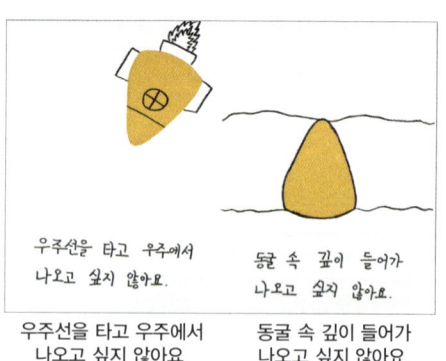

우주선을 타고 우주에서 나오고 싶지 않아요.   동굴 속 깊이 들어가 나오고 싶지 않아요.

활동 더하기

원, 사각형, 하트, 별 등의 모양이 무엇이 될 수 있을지 상상해 본다. 작가가 그림책을 만드는 과정처럼 섬네일을 먼저 그리고, 만들 수 있다. 우리 반 또는 모둠별로 협동 작품을 만들 수도 있고, 개별 그림책을 만들 수도 있다. 모둠별로 그림책을 만들 때는 친구들과 이야기를 만들고 이야기가 이어지도록 스토리보드를 먼저 작성한 뒤 모둠 그림책을 만든다. 학생들이 그린 그림은 스캔하여 파일로 그림책을 만들 수도 있다.

머리 모양
한 장면

● 바니의 사계절 미용실

『바니의 사계절 미용실』은 사계절 자연을 활용한 재미있는 머리 모양과 함께 아름다운 사계절 풍경을 잘 나타낸 책이다. 꽃, 과일, 그 밖의 다양한 식물 등을 이용한 특이한 머리 모양은 상상력을 키워 준다. 사계절의 자연물을 관찰하면서 창의적인 머리 장식을 꾸며 보자.

바니의 사계절 미용실
이은지 글·그림, 위즈덤하우스, 2020

봄, 여름, 가을, 겨울의 변화와 아름다움을 잘 나타낸 그림책이다. 나무늘보 누리는 예쁜 머리를 하고 싶어서 유명하다는 바니의 사계절 미용실로 향한다. 걸음이 느린 누리가 미용실로 가는 동안 봄에서 겨울로 계절이 바뀌는데, 이 과정에서 사계절의 변화가 아름답게 표현되어 자연의 변화가 주는 신비함을 한눈에 볼 수 있다. 동물들은 꽃, 열매, 잎사귀를 이용하여 머리를 꾸미고, 목걸이를 만들기도 한다. 이처럼 다양한 자연물로 머리를 꾸미는 동물들이 등장하고, 재미있는 상상력과 개성 있는 캐릭터, 재치 있는 대사와 유쾌한 이야기가 돋보인다.

그림책 맨 뒷장에는 주인공 누리의 머리를 꾸며 보는 활동이 함께 있다. 앞면지에는 봄과 여름의 자연물이 있고, 뒷면지에는 가을과 겨울의 자연물이 다양하게 그려져 있어서 활동할 때 참고할 수 있다. 계절의 변화를 공부할 때 각 계절의 자연물이 무엇인지 알아보고 자세히 관찰하여 주인공 누리의 머리를 멋지게 꾸며 보자.

그림책 읽고 나누기

학생들과 책을 읽기 전에 봄, 여름, 가을, 겨울 각 계절을 대표하는 자연물이 무엇인지 미리 확인해 보았다. 꽃과 나무 같은 식물, 곤충을 포함한 동물, 그 밖에 볼 수 있는 환경으로 나눠서 브레인스토밍을 하고, 우리가 찾은 것이 그림책에 몇 개나 있는지 그림책을 읽으면서 확인해 보았다. 주인공 누리처럼 천천히 걸을 수밖에 없는 상황일 때 어떤 마음이 들지, 예쁘게 머리를 한 동물들을 보면 어떤 마음이 들지 이야기를 나누었다. 반대로 나는 예쁘게 머리를 했는데 아직도 미용실에 가지 못한 누리를 보면 어떤 생각이 들고 어떻게 행동해야 할지도 의견을 나눴다.

이 책은 계절감이 잘 나타나 있어서 저학년 통합시간에 봄, 여름, 가을, 겨울 모든 계절을 공부할 때 이용할 수 있고, 미술 시간에 계절 표현하기를 주제로 할 때 활용할 수 있다.

나도 작가 되기

활동명   머리 모양 한 장면
준비물   8절 도화지 1장, A4 손코팅지 2장, 가위, 12색 네임펜, 매직 등

1단계 구상하기 및 준비하기

앞면지와 뒷면지를 보면서 각 계절의 자연물이 무엇이 있는지 확인한 후 각 계절마다 어떤 자연물을 이용하여 주인공 누리의 머리를 꾸밀지 생각한다.

사계절 누리의 머리 모양을 표현하고 한눈에 보기 위해 도화지를 접어 4칸으로 나눈다.

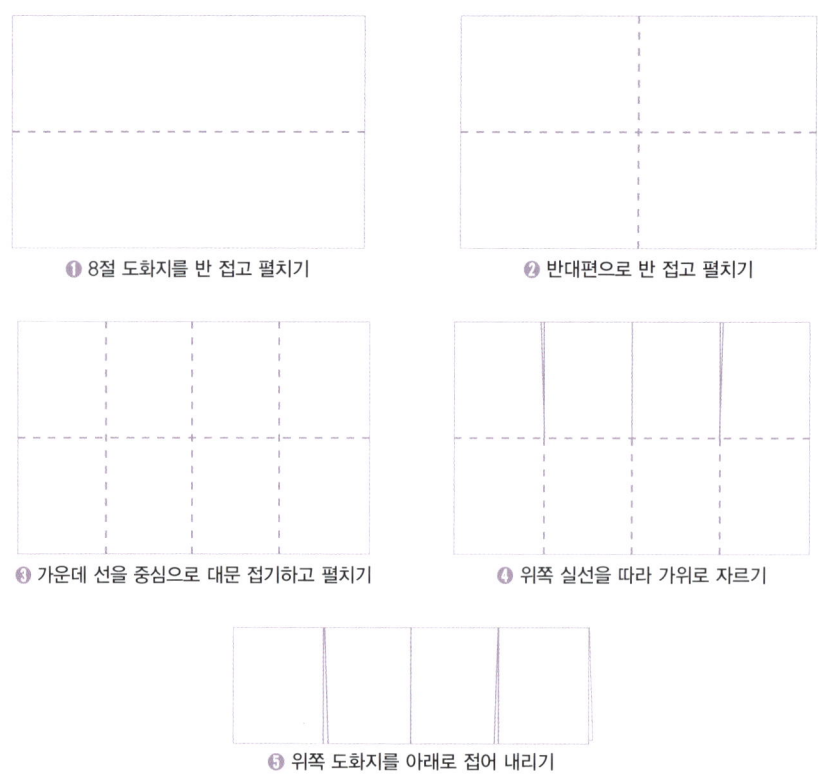

❶ 8절 도화지를 반 접고 펼치기
❷ 반대편으로 반 접고 펼치기
❸ 가운데 선을 중심으로 대문 접기하고 펼치기
❹ 위쪽 실선을 따라 가위로 자르기
❺ 위쪽 도화지를 아래로 접어 내리기

2단계 표지 꾸미기

다른 동물들처럼 봄, 여름, 가을, 겨울의 자연물로 누리의 머리를 꾸민다면 어떤 머리를 해 줄 것인지 상상하고 이름을 붙인다. 예를 들면 '봄 향기 가득 머리', '달콤한 여름 머리', '울긋불긋 가을 머리', '눈 송이송이 겨울 머리' 등으로 만든다. 그리고 1단계에서 준비한 도화지 한 칸마다 계절별 누리의 머리 모양 이름을 예쁘게 적는다.

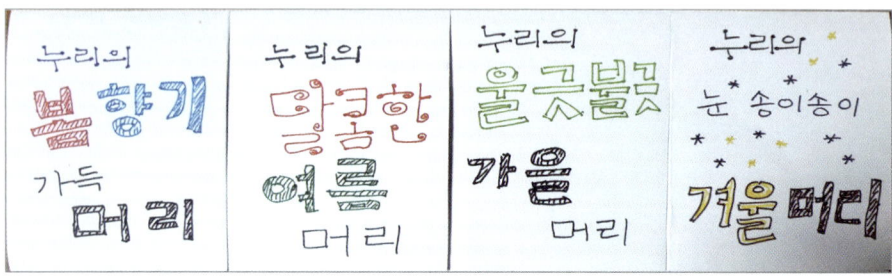

3단계 내용 꾸미기

❶ 누리의 모습과 자연물은 투명한 손코팅지를 이용하여 그림책에 대고 외곽선을 따라 그린 후 색칠하여 도화지에 붙인다. 손코팅지를 이용하면 그림을 그려야 하는 부담을 덜어 주고 자연물의 그림을 잘 관찰하면서 그릴 수 있다. 그리고 누리의 머리를 꾸며 줄 때 자연물을 겹쳐 붙여 다양한 모습이 연출되는 장점이 있다.

❷ 손코팅지를 반 접어 잘라 A5 크기로 만든다. 양면 중 어느 쪽이 종이에 붙는 곳인지 꼭 확인한다. 그림책 마지막 페이지에 있는 누리 모습 위에 손코팅지를 대고 네임펜으로 외곽선을 따라 그린다.

손코팅지를 누리 그림 위에 놓고 외곽선 따라 그리기

손코팅지 남는 곳에 면지의 자연물 따라 그리기

❸ 손코팅지의 남는 곳에는 앞면지와 뒷면지의 자연물을 따라 그리고, 네임펜 또는 매직으로 색칠한다.

누리와 자연물 색칠하기

❹ 손코팅지에 그린 그림을 가위로 알맞게 오려서 1단계에서 준비한 도화지 안쪽에 붙인다. 누리 모습을 본뜬 그림을 먼저 붙이고, 누리의 머리 위에 계절별 자연물을 본뜬 그림을 오려 붙여 완성한다.

누리의 봄, 여름, 가을, 겨울 머리 모양 작품 완성

활동 더하기

그림책에 나오는 다양한 동물 중에서 누리가 아닌 다른 동물 하나를 고른다. 그 동물의 머리를 사계절 자연물로 꾸민다.

아래처럼 입체 작품을 완성해 본다.

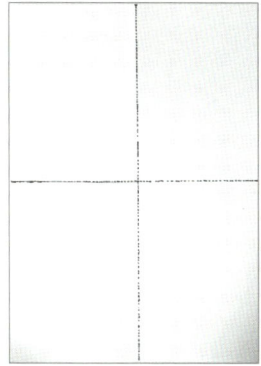

❶ A4 도화지를 긴 쪽으로 반 접어 펴고 짧은 쪽으로 반 접어 펴기

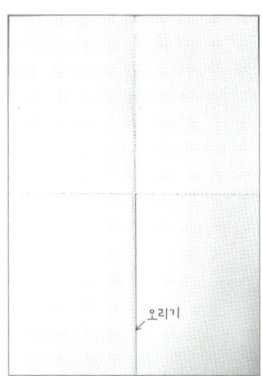

❷ 아래쪽 선을 따라 가운데까지 가위로 오리기

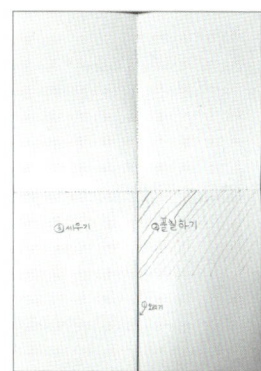

❸ 오른쪽 아래에 풀칠을 하고 왼쪽 종이를 오른쪽 종이 위로 잡아당기기

❹ 입체 북 완성하기

❺ 작품을 붙여 입체 북 완성하기

❻ 여름의 모습 뒤쪽에 풀칠을 하고 가을의 모습 뒤쪽과 붙여서 연결하기

이미지 융합
한 장면

● 붙여 볼까?

『붙여 볼까?』는 서로 다른 두 대상을 융합하여 새로운 제3의 사물을 만들어 내는 그림책이다. 두 개의 낱말을 합쳐서 만드는 새로운 단어를 통해 말놀이의 즐거움도 느낄 수 있다. 학생들은 두 개의 사물을 붙여서 만드는 창작 활동에 주도적으로 참여한다.

붙여 볼까?
카가미 켄 글·그림, 상상의집, 2022

    이 책은 한마디로 창의·상상 그림책이다. 작가의 상상력과 창의성이 독자를 유쾌하게 한다. 전혀 다른 두 대상을 붙여서 하나의 그림으로 만든 후, 두 단어를 붙여서 그 이름에 어울리는 이름을 짓는다. 4면이 1세트로 구성되어 있는 그림책 『붙여 볼까?』에는 작가가 만든 10개의 창조물이 있다. 작가의 아이디어가 독자 창작의 기폭제가 되는 그림책이다.
    세상에 존재하지 않은 사물을 만들어 내고 그에 맞는 이름을 짓는 활동은 학생들을 창작자로 만들어 준다. 학생들이 〈아이디어 슝슝 발명송〉 노래를 부르면서 이 활동에 참여하도록 진행하면 아이디어 발산 측면에서 효과적이다. 창의성은 타고나는 재능이 아니라 학습을 통해 키울 수 있기 때문이다. 상상력과 언어 감각을 고취시켜 즐거운 그림 놀이와 말놀이로 창의적인 경험을 쌓을 수 있다.

그림책 읽고 나누기

『붙여 볼까?』는 학생들과 활발하게 대화를 주고받으며 읽을 수 있는 그림책이다. 예를 들어, '사과 + 안경 = ?'에 관한 내용이 앞면에, 두 단어를 붙여서 이름 지은 '사과경과 그 그림'이 뒷면에 배치되어 있으므로, 앞면을 보여 주고 상상력을 발휘해 보도록 안내한다. 이후 뒷면을 확인하면서 함께 책을 읽는다.

이 책을 읽을 때 유의할 점은 정답보다는 생각이 더 중요하다는 것이다. 『모두가 참여하는 수업에는 법칙이 있다』에서는 "우리 교실에는 정답이 없다. 오직 우리 나름의 생각이 있을 뿐이다."라고 말한다. 이 내용을 언급하면서 책을 읽으면 학생들의 참여를 독려할 수 있다. '병아리 + 강아지'의 경우, 작가는 '강아리'라고 말하지만 학생들의 답변 중에는 '병아지'도 있었다. 아이들의 대답을 모두 긍정하며 읽다 보면, 나만의 융합 그림책을 만들고 싶은 마음을 키울 수 있다. 또한 이 정도면 나도 할 수 있겠다는 희망을 자연스럽게 갖게 하는 책이다. 작가가 독자에게 함께 그림을 융합하고 그 그림에 맞는 말을 만들어 내는 일에 초대하는 분위기이다. 학생들은 기꺼이 즐거운 마음으로 작가가 된다.

나도 작가 되기

활동명   이미지 융합 한 장면
준비물   Book & I 8면 1장(4면 2장), 사인펜, 색연필, 스카치테이프

1단계 구상하기 및 준비하기

'Book & I' 8면 자료를 활용하면 이 그림책을 모방한 그림 놀이와 말놀이 활동을 개별적으로 진행할 수 있다. 책 2권이 연결된 모양의 이 자료는 앞면 4쪽, 뒷면 4쪽으로 구성되어 있다. 'Book & I' 4면 자료를 활용할 경우에는 2개를 이어 붙여 사용할 수도 있다. 활동을 시작하기 전에 미리 융합할 2개의 이미지를 선정하고 융합한 이후의 이름을 창의적으로 짓도록 한다. 이후 융합된 이미지가 이름에 맞게 표현되도록 상상해 본다.

'Book & I' 8면   'Book & I' 4면

2단계 이미지 융합 그림 그리기

'Book & I' 8면을 기준으로, 앞면 1쪽에는 두 사물을 '+' 기호로 그림과 낱말을 합치는 장면을 배치하고, 2쪽에는 '?' 부호를 제시한다. 본인의 궁금증 정도에 따라 물음표를 1개 이상 배치한다.

3쪽은 1쪽의 두 낱말을 붙여서 만든 제3의 이름을 쓰고 4쪽에는 그 이름에 맞는 그림을 그린다. 글자는 사인펜을 사용하여 선명하게 쓰고, 색칠은 색연필을 이용하는 것이 시각적으로 좋지만, 학생의 선택을 존중하도록 한다. 배경에 대한 것도 학생 개개인의 취향에 맡기는 편이 좋다. 'Book & I' 4면 자료를 활용하는 경우라면 두 개를 이어 붙인 후 같은 방식으로 진행한다. 2가지의 이미지를 선택하여 융합하는 활동을 어려워할 때, 2개의 사물을 융합하여 만든 '커터칼가위'나 '콜라병 모양의 바코드' 등의 예시를 주면 사고의 활성화를 도울 수 있다.

앞면 1쪽   앞면 2쪽   앞면 3쪽   앞면 4쪽

활동 더하기

 개별로 만든 융합 그림책을 모둠이나 분단 등 그룹별로 이어 붙여서 아코디언 모양으로 만들 수도 있다. 이때 종이 접기 선이 분명해야 아코디언 형태도 잘 잡히기 때문에 자료를 정확하게 접도록 유의한다. 이후 교실에 전시하여 친구들과 걸어 다니면서 작품에 대한 이야기를 주고받는 갤러리 워크 활동으로 소감을 나눈다.

빛이 비치는 한 장면

● 빛을 찾아서

판화 기법을 사용하여 군청, 은색, 금색의 한정적인 색만으로 어둠 속의 한 줄기 빛을 표현하는 그림책이다. 늘 제한된 색채 안에서 보는 사물들을 다른 방식으로 표현하고 있는 이 그림책은 실크 스크린 판화 기법에 디지털 작업을 더한 결과물로써 학생들이 직접 스크래치 페이퍼를 만들어 원하는 빛의 색을 만들 수 있다.

빛을 찾아서
박현민 글·그림, 달그림, 2022

한밤중에 빛을 찾아 나서는 두 사람의 모험 이야기를 담고 있다. 두 사람은 실체를 알지 못하는 '빛'을 찾는 과정에서 멋진 도시의 야경을 만나고, 환상적인 빛의 실체를 보고 돌아오는 길에는 더 멋진 도시의 아침을 맞는다. 짙푸른 군청, 그 어둠 속에 스며 있는 은색, 황홀한 금색의 세 가지 색과 여백으로 도시의 깊고 푸른 밤 풍경을 감각적으로 표현하고 있다.

먼저 원하는 어둠과 빛의 색채를 만들기 위해 자신이 표현하고 싶은 색을 베이스에 칠한다. 이때 빛의 색은 강렬한 노란색, 또는 금색과 은색 등도 가능하다. OHP 용지 위에 세제를 섞은 검은색 아크릴 물감을 덮어서 만든 스크래치 페이퍼를 제작하여 '나만의 빛'을 표현해 본다.

그림책 읽고 나누기

　제목을 가린 채 그림책의 표지를 살펴본다. 학생들은 '도시의 밤', '도시의 불꽃놀이'같이 표지의 빌딩을 보고 도시를 추측했다. 또한 책을 다 읽고 나서 표지의 제목을 붙여 보는 활동을 한다. 책을 읽고 난 후에는 표지의 제목인 '빛'을 넣어서 답하는 학생들이 꽤 많다. 책을 읽으면서 작가가 사용한 색을 장면마다 확인한다. 이 과정에서 학생들은 작가가 단 3가지 색으로 그림책을 만들었다는 점에 놀라워한다. 또 도시의 어둠 속에 스며든 은색의 느낌에서 점차 찬란하게 빛나는 금색이 황홀하게 퍼지는 장면에서는 탄성이 절로 나온다.

　간절하게 빛을 찾아 나선 두 친구의 여정을 함께하다 보면 그 기다림의 마음에 공감이 된다. 아울러 빛의 근원을 찾았을 때 작가가 표현한 색채의 눈부신 장면은 보는 이에게 희열감마저 준다. 학생들에게 "어두운 밤에 집을 나서려면 용기가 필요하지. 함께할 수 있는 친구, 나에게 힘이 되는 빛을 어떻게 표현하면 좋을까?"라는 작가의 말을 과제로 제시하며 책을 만들 준비를 한다.

나도 작가 되기

활동명	빛이 비치는 한 장면
준비물	A4 도화지, OHP 용지 또는 두꺼운 투명 비닐 용지, 주방 세제, 검정 아크릴 물감, 수채물감, 수채 붓, 나무젓가락 스틱

1단계　구상하기 및 준비하기

　자신이 표현하고 싶은 빛의 색채를 정하고, 나에게 힘이 되는 빛에 대해 생각한다. 또한 이때 작가의 작품을 여러 권 가지고 와서 모둠별로 나누어 보면서 작가의 작품 세계를 이해하는 활동을 더하면 학생들의 창작 아이디어가 풍부해진다. 특히 박현민 작가는 주로 독특한 색채와 판형, 단순한 색채를 사용하여 작업하므로, 작가의 다른 그림책을 살펴보면서 그를 훨씬 더 깊이 이해하고, 작품의 의도, 주제에 대해 파악하고 이를 표현 방식에 적용할 수 있다.

2단계 빛이 되는 바탕화면 만들기

A4 도화지에 크레파스를 이용해서 내가 표현하고 싶은 빛의 색을 칠한다. 이때 빈칸 없이 진하게 칠한다. 만약 빛의 색을 다양하게 하고 싶은 경우에는 여러 가지 색을 알록달록하게 칠해도 되고, 『빛을 찾아서』에서 작가가 제한적인 색을 사용했다는 점을 고려하여 색을 정하여 칠한다.

빛이 되는 바탕화면 크레파스로 칠하기

3단계 스크래치 페이퍼 제작하기

팔레트 위에 검은색 아크릴 물감과 주방 세제를 1:1의 비율로 잘 섞는다. 이때 주의를 기울이지 않으면 책상이나 학생들 옷에 아크릴 물감이 묻으므로 앞치마를 사용하고 너무 많은 양의 물감과 세제를 사용하지 않도록 안내한다. 교사가 미리 적절한 농도로 준비한 세제와 물감을 준비해도 좋다. OHP 용지 위에 세제 섞은 물감을 도포한다. 이때는 가능한 한 두꺼운 붓을 사용한다. 물감을 바를 때는 왼쪽에서 오른쪽, 또는 위에서 아래 등 일정한 방향으로 붓질을 여러 번 반복한다. 또한 서너 번 마를 때를 기다려 계속 두껍게 덧칠한다. 다 칠한 후 하루 정도 바싹 말린다. 말릴 때에는 신문지 또는 이면지 등을 바닥에 깔아서 물감이 교실에 묻지 않게 한다.

스크래치 페이퍼 제작하기

4단계 나만의 빛 표현하기

  도화지 위에 OHP 용지를 대고 셀로판테이프로 가장자리를 고정한다. OHP 용지와 도화지가 서로 어긋나지 않도록 고정한다. 이때 테이프를 너무 많이 사용하면 작품의 예술성이 떨어지므로 네 귀퉁이만 고정한다.

  세제 섞인 물감이 잘 말랐는지 확인한 후 나무젓가락 스틱을 사용하여 긁어 본다. 손에 묻지 않고 잘 벗겨지면 나만의 빛을 그림으로 표현한다. 나무젓가락 스틱은 시중에 나와 있는 제품을 사용하는데 끝이 뾰족하므로 안전교육을 실시한다. 스틱을 사용하여 검은색 부분은 살살 긁어내면서 그림으로 표현한다. 한번 벗겨진 부분은 다시 수정할 수 없으므로 아이디어를 충분히 구상한 후 표현한다.

완성된 책의 모습

활동 더하기

교실 복권 만들기

학급에서 이벤트로 복권을 만들어 보는 것도 재미있다. 컬러로 출력한 이벤트 복권을 만들어 코팅하거나 두꺼운 셀로판테이프로 위를 코팅처럼 덮은 후 '꽝!', '급식 1등권', '자유 시간권' 등 이벤트가 적힌 칸을 세제 섞은 물감으로 칠한 후 말려 준다. 학생들이 동전으로 학급 복권을 긁어 상품을 확인할 수 있다. 이때 상품 내용을 학생들에게 정하게 하면 적극적으로 참여한다. 또 빛을 표현하는 스크래치 페이퍼를 만들 때 OHP 용지 대신 캔버스를 사용하면 색다른 느낌의 스크래치 작품이 된다.

솜으로 한 장면

● 숲속 재봉사와 털뭉치 괴물

『숲속 재봉사와 털뭉치 괴물』은 털뭉치 괴물이 숲속 재봉사와 동물들의 따뜻한 보살핌으로 더럽고 무서운 괴물의 모습에서 본래 자신의 모습, '나'를 다시 찾는 그림책이다. 털로 뒤덮인 강아지 쿵쿵이가 자신의 모습을 되찾아 행복한 쿵쿵이로 돌아갈 수 있도록 표현해 보자.

숲속 재봉사와 털뭉치 괴물
최향랑 글·그림, 창비, 2013

괴물 쿵쿵이의 모습은 그야말로 충격적이다. 몸집이 크고 더러운 것투성이다. 한때는 귀여운 강아지였지만 버림을 받고 여기저기 떠돌면서 털이 온몸을 뒤덮었다. 하지만 숲속 재봉사는 괴물의 목소리를 외면하지 않는다. 털뭉치 괴물이 옷을 만들어 달라고 했을 때 친절하게 다가가 살핀다. 숲속 재봉사로서의 일을 놓치지 않고 동물 친구들이 특기를 살려 털뭉치 괴물을 도울 수 있도록 진두지휘한다. 얼룩덜룩 더러운 털뭉치 괴물이 새하얀 강아지로 변했을 때 학생들은 쾌감을 느낀다. 털뭉치 괴물이 진정한 자신의 모습을 찾아가는 과정을 통해 학생들도 자신의 모습을 돌아보게 된다. 상황에 따라 때때로 다른 모습이 되지만 본래의 모습은 사라지지 않는다는 것을 알게 되며, 주변에 도움을 줄 수 있는 사람들을 찾아보면서 살아가는 힘을 얻는다. 또 도움이 필요한 사람들에게 도움을 베풀 수 있다. 작가는 솜, 털실, 종이 등을 이용하는 콜라주 기법으로 이미지를 표현한다. 다양한 재료를 사용하면서 쿵쿵이의 모습을 통해 나를 찾아가 보자.

그림책 읽고 나누기

그림책을 읽기 전 내가 생각하는 괴물에 대한 이야기를 나눈다. '괴물' 하면 떠오르는 것들을 마인드맵으로 표현한다.

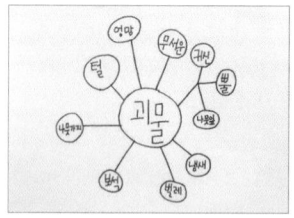 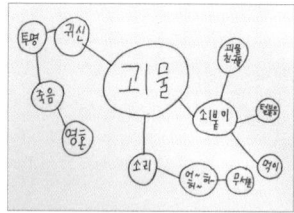 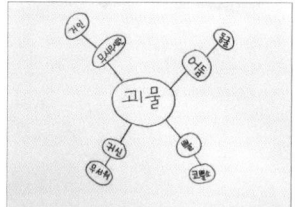

그림책 표지를 보고 주인공과 일어날 일에 대해 이야기를 나눈다. 그림책을 읽어 주면서, 외모를 보고 사람을 판단하거나 피한 적이 있는지, 나는 누구에게 어떤 것을 뜨개질해서 선물하고 싶은지를 이야기해 본다. 책을 읽은 후 기억에 남는 장면이나 가장 마음에 드는 장면은 무엇인지 찾아본다.

나도 작가 되기

활동명　솜으로 한 장면
준비물　6절 도화지, 솜, 폼폼이, 털실, 면봉, 천, 가위, 목공풀

1단계 구상하기 및 준비하기

숲속 재봉사와 동물들의 도움을 받기 전후, 쿵쿵이에 대해 생각해 보고 이야기를 나누어 본다. 쿵쿵이의 모습과 마음의 변화를 어떻게 표현하면 좋을지 생각해 보고 자신이 표현하고 싶은 쿵쿵이의 모습을 구상한다. 변화된 쿵쿵이를 표현하기 위해 다양한 재료를 충분히 탐색한다. 털실, 폼폼이 등의 주어진 재료를 활용하여 자신의 모습을 되찾아 즐거워하는 쿵쿵이의 마음이 드러나도록 계획하고 그려 본다.

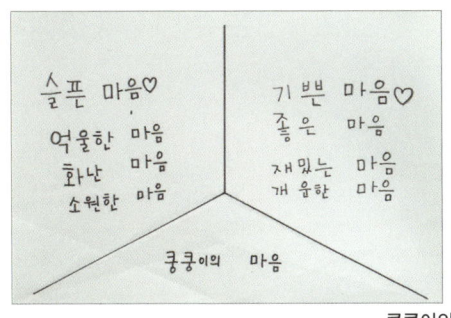 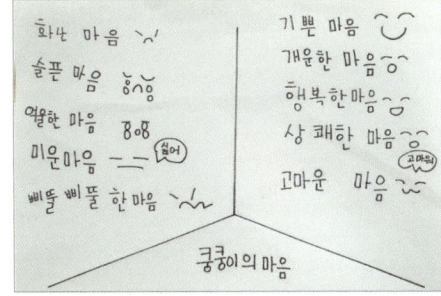

쿵쿵이의 마음 변화

2단계 쿵쿵이의 모습 꾸미기

솜뭉치를 손으로 만져 보면서 쿵쿵이의 감정 변화를 생각해 본다. 연필로 쿵쿵이의 모습을 연하게 스케치한다. 먼저 목공풀을 16절 종이에 바르고 솜을 잘 배치하여 쿵쿵이의 모습을 표현한다. 새하얀 털을 찾은 쿵쿵이의 모습을 털실과 폼폼이 등으로 자유롭게 꾸민다. 쿵쿵이의 다양한 감정을 나타내기 위해 폼폼이를 잘라 눈을 붙이거나 털실로 웃는 입을 표현해 볼 수 있다. 먼저 계획서를 바탕으로 하되, 새로운 아이디어가 있다면 추가하여 만든다. 다양한 재료를 적절히 사용해서 쿵쿵이의 모습을 통해 나를 찾아가 본다.

3단계 쿵쿵이의 행복한 모습 표현하기

❶ 쿵쿵이가 행복을 찾은 모습을 표현해 본다. 먼저 학생들에게 숲속 재봉사와 동물들이 친구가 된 모습을 보며 어떤 마음이 드냐고 물어본다. 서로 사이좋게 지내는 모습을 보니 안정감이 든다고 대답한 학생은 쿵쿵이가 자신의 모습을 되찾아 안정되고 편안한 강아지의 모습을 표현했다. 강아지가 사람처럼 뜨개질을 능숙하게 하는

장면을 재미있게 본 학생은 폼폼이에 털실을 촘촘히 감아 작은 실타래를 쿵쿵이 주변에 붙였다.

> **잠깐!**
> 털실을 감는 것이 어려우면 폼폼이나 면봉으로 표현할 수 있으며 면봉을 잘라서 뜨개질용 바늘로 보이게 할 수 있다. 마치 쿵쿵이의 자유로운 감정, 재밌는 감정, 개운한 감정, 행복한 감정이 뜨개질 실타래에 담겨 있는 듯 보인다.

❷ 친구가 된 동물 친구들의 모습을 표현함으로써 외롭지 않은 쿵쿵이의 모습을 표현한다. 숲속 재봉사에게 찾아가 "내게도 옷을 만들어 다오."라고 말한 쿵쿵이에게 "어떤 멋진 옷을 만들어 줄까?"라고 물을 수 있다. 쿵쿵이에게 옷을 만들어 주는 숲속 재봉사가 되어 쿵쿵이의 행복한 모습을 담아 본다.

활동 더하기

쿵쿵이는 괴물의 모습으로 나타나 옷을 만들어 달라고 한다. 숲속 재봉사는 쿵쿵이의 겉모습을 보고 쿵쿵이에게 필요한 것이 목욕임을 알아차리고 도와준다. 다른 사람의 말과 행동을 관찰하고 도움을 줄 수 있는 마음에 관해 이야기를 나눈다. 쿵쿵이가 변화할 수 있도록 도움을 준 동물들을 보면서 다른 사람이 어려울 때 도와준 경험을 나눈다. 모두 힘을 합쳤을 때 일어날 수 있는 일은 생각보다 크다. 작은 힘이지만 서로 마음을 모아 큰일을 이루어 본 경험도 함께 나눈다.

꽃으로 한 장면

● 숲속 재봉사의 꽃잎 드레스

『숲속 재봉사의 꽃잎 드레스』에서 숲속 재봉사는 "무슨 색깔 옷을 입을까?" 하며 찾아온 아이에게 색깔별 꽃을 재료 삼아 옷을 만들어 준다. 아이는 색깔이 다른 옷을 입을 때마다 느끼는 기분과 생각을 표현한다. 저마다 다른 색깔과 모양을 뽐내는 꽃들을 통해 색깔의 차이와 색깔이 주는 기분에 대해 생각해 보게 만드는 그림책이다. 입은 옷의 색깔이 바뀔 때마다 변하는 나의 마음을 들여다보고 옷을 입은 내 마음을 그림과 글로 표현해 보자.

숲속 재봉사의 꽃잎 드레스
최향랑 글 · 그림, 창비, 2016

우리는 색깔을 빨강, 노랑, 초록, 파랑, 흰색으로 부르지만, 자연에서는 빨간색이 한 가지만 존재하지 않는다. 미묘한 색깔의 차이를 보여 주는 것이 들판에 피어 있는 꽃들이다. 작가는 환경과 상황에 따라 기분이나 생각이 바뀌기도 하지만 색깔이 다른 옷을 입어도 달라진다는 것을 말하고 있다. 또한 색깔이 갖는 의미를 자연 속에서 찾고 나의 경험 속에서 느꼈던 색깔에 대한 느낌을 통해 색깔에 대한 탐구를 시작해 보게 한다.

책 속 아이들은 빨간색 옷을 입으면 춤을 추고 싶고 노란색 옷은 깔깔깔 웃음이 나게 한다고 한다. 그리고 초록색 옷을 입으면 마음껏 달리기를 하고 싶고 갈색 옷을 입으면 멋쟁이가 된 기분이 든다고 한다. 나아가 매일 다른 꽃이 피므로 매일매일 입고 싶은 옷이 달라진다고 한다. 이 그림책을 통해 우리 주변에 피는 꽃들의 색깔을 찾아서 옷을 만들어 입으며 색깔에 따라 다른 기분을 느끼는 나를 만날 수 있다.

그림책 읽고 나누기

 학생들이 좋아하는 색깔과 이유를 이야기하는 시간을 갖는다. 지금 입고 있는 옷에서 색깔을 찾아보며 색깔에 친숙해지도록 한다. 우리 주변의 꽃을 공부하고, 꽃 카드를 색깔별로 분류하는 활동을 하면서 다양한 꽃을 알아 본다. 꽃은 색깔과 모양이 다르다는 것과 우리 주변에 많은 종류의 꽃이 있음을 배울 수 있다. 꽃을 보았거나 꽃과 관련된 경험을 이야기하고 자신이 좋아하는 꽃과 색깔은 무엇인지 탐색한다.

나도 작가 되기

활동명 꽃으로 한 장면
준비물 꽃잎, 16절 도화지 2장, 색연필, 사인펜, 풀

1단계 구상하기 및 준비하기

 자신이 좋아하는 색깔을 정하고 그 색깔의 옷을 입으면 어떤 기분과 생각이 드는지 발표한다. 학생들이 정한 색깔로 자신의 옷을 칠할 수 있다. 꽃잎의 모양에 따라 다른 디자인을 꾸밀 수 있으므로 처음 계획과 준비한 꽃잎의 모양이 다를 경우는 변경할 수 있다는 것을 미리 알려 준다. 먼저 선택한 한 가지 색깔로만 옷, 신발, 장신구 등을 꾸며야 한다는 조건을 학생들이 잊기 쉬우므로 수시로 안내한다.

2단계 스케치하고 글쓰기

 이 그림책에서 표현한 장면처럼 한 가지 색깔의 옷을 입은 나의 모습을 그린다. 그림 아래에는 나의 동작에 맞는 글을 적어 놓는다. 먼저 16절 도화지에 얼굴과 몸을 스케치한다. 자신이 입고 싶은 색깔의 옷을 그린 후, 이미 정한 한 가지 색깔로만 옷을 색칠한다. 그림 아래에 '빨간색 옷을 입으면 ○○○ 하고 싶어.'처럼 글자를 쓴다. 다른 색깔의 옷일 경우, '○○색 옷을 입으면 ○○○ 하고 싶어.'라고 바꾸어 적는다. 그림의 주변에도 글과 어울리는 것을 그려 꾸민다. 또한 표현한 장면에서 기분과 생각이 잘 드러나도록 한다.

3단계 꽃잎으로 옷 꾸미기

❶ 꽃잎의 색깔과 어울리는 상황과 기분을 떠올린다. 꽃잎의 색깔이 그림 속 내가 입는 옷의 색깔이 된다.

❷ 16절 도화지에 연필로 스케치한다. 얼굴과 몸을 제외하고 옷, 신발, 장신구 등을 같은 색깔로 그린다. 꽃의 모양을 살려 소매나 바지, 치마에 이용할 수 있다.

> **잠깐!**
> 티셔츠나 원피스의 몸통 부분에 맞는 꽃잎이 없는 경우, 같은 색깔 계열의 색연필이나 채색 도구를 사용하여 색칠할 수 있다고 안내한다. 꽃잎의 곡선을 최대한 그대로 살려서 표현하지만, 신발 등은 가위를 사용한다. 꽃잎이 작아서 활용이 어려우면 꽃잎의 모양을 무늬처럼 사용하게 한다. 꽃잎을 한 장씩 뜯어 여기저기에 배치하면서 옷을 만드는 기쁨을 느낀다.

❸ 꽃잎을 어떻게 배치하는 것이 좋을지 생각하고 배치한다. 자연물이 작품의 좋은 재료가 될 수 있음을 배울 수 있으며, 꽃에 관심을 가지고 다양하게 활용하는 기회가 될 것이다. 이런 활동을 통해 학생들은 자연에서 다양한 색깔과 모양을 찾아낸다.

활동 더하기

옷을 한 가지 색깔로만 정하여 표현한 후, 두 가지 색깔로 표현해 볼 수도 있다. 꽃으로 다 표현할 수 없는 몸통 부분 등은 꽃과 어울리는 색깔의 색연필을 사용한다. 예를 들어 그림 아래에도 "빨간색 옷과 보라색 옷을 입으면 ○○○을 하고 싶어."처럼 두 가지 색깔을 적고, 자신의 기분이나 생각을 적어 본다. 또는 두 가지 색깔의 꽃잎을 활용하여 옷을 표현한다.

매일 피어나는 다양한 꽃잎 색깔을 찾아 표현함으로써 미묘한 기분과 생각을 탐색할 수 있다. 나아가 다양한 색깔의 꽃잎을 활용하여 생각과 기분을 담아 모은다면 자신만의 알록달록 꽃잎 드레스 책을 만들 수 있다.

자연물로 한 장면

● 숲속 재봉사의 옷장

『숲속 재봉사의 옷장』의 숲속 재봉사는 자연물로 동물들의 옷을 만들어 옷장에 넣어 둔다. 계절마다 동물들이 찾아와 자신에게 맞는 옷을 골라 입고 계절을 느낄 수 있는 숲에서 즐거운 시간을 보낸다. 우리 주변에서 볼 수 있는 꽃과 나무, 열매를 재료 삼아 식물의 모양, 질감, 무늬 등을 고려해 옷을 디자인한 그림책이다. 자연에서 꽃과 나뭇잎을 채집하여 각자 자신만의 개성 있는 계절의 옷장을 만들어 보자.

숲속 재봉사의 옷장
최향랑 글·그림, 창비, 2024

    숲속에는 여러 나무와 꽃이 피어난다. 숲속 재봉사는 봄, 여름, 가을, 겨울, 사계절 옷장을 갖고 있는데, 옷장 속의 옷은 신기하게도 입는 이의 몸에 꼭 맞게 커지고 작아진다. 각 계절의 옷장이 열리면 숲속의 동물들이 찾아오고 저마다 마음에 드는 옷을 꺼내 든다. 특별한 디자인의 망토와 치마, 반바지의 재료는 우리가 무심코 지나치는 꽃들이다. 숲속 재봉사의 손을 거치면 산철쭉은 드레스, 괭이밥은 망토, 민들레는 치마, 금낭화는 바지가 된다. 또한 열매는 망토의 방울끈이 되고 씨앗은 단추로 변신한다. 동물들은 의기양양한 포즈를 취하며 봄의 숲길을 걸으며 봄을 마음껏 즐긴다. 옷장에 찾아온 특별한 동물들의 기대감이 가득 전해진다.
    바쁘게 일상을 보내다 보면 언제 꽃이 피고 졌는지도 모를 때가 많다. 주변의 꽃이나 잎으로 옷장과 옷을 만드는 활동은 자연과 우리 주변을 바라보는 새로운 시선을 열어 준다. 같은 식물끼리 모여서 살고 있는 것, 다양한 색깔과 모양을 가지고 있는 것 등 자연의 신비함을 알게 된다. 자연에서 찾은 직선과 곡선을 접목하여 옷을 만들어 내는 숲속 재봉사처럼 옷을 관찰하고 만들어 나만의 계절 옷장을 꾸며 보자.

그림책 읽고 나누기

　자신이 알고 있는 꽃 이름을 말해 본다. 튤립, 장미, 개나리, 진달래 등 흔히 알고 있는 꽃을 이야기하고 더 나아가 애기똥풀, 각 과일나무 꽃 등도 떠올린다. 학교나 집 주변에 피는 꽃들을 사진으로 보여 주거나, 각 계절에 피는 꽃들을 정리하여 보여 주고 이름도 알려 준다. 알고 있는 꽃과 새롭게 알게 된 꽃의 생김새를 관찰하며 계절 옷장에 대한 관심을 일으킨다.

나도 작가 되기

활동명　자연물로 한 장면
준비물　계절별 식물 사진, 16절 도화지 1장, 꽃잎과 나뭇잎, 옷장 도안, 색연필, 사인펜, 수채화 물감, 붓, 목공풀

1단계　구상하기 및 준비하기

　먼저 계절에 따라 옷장 이름을 정한다. 예를 들면 봄의 옷장, 여름의 옷장, 가을의 옷장, 겨울의 옷장이다. 다음으로 자신이 표현해 보고 싶은 옷장의 색깔과 무늬를 구상해 본다. 그리고 옷장 주변에 붙여서 표현하면 좋을 꽃과 나뭇잎을 구상해 본다. 마지막으로 미리 집이나 학교 주변에서 채집해 온 꽃잎과 나뭇잎으로 어떤 옷을 만들지 구상해 본다. 채집하러 갈 때는 꽃이나 나뭇잎을 함부로 꺾지 않도록 지도하며 자연에 감사한 마음을 갖도록 한다.

2단계 계절 옷장 꾸미기

❶ 계절별 식물 사진을 참고하여 봄, 여름, 가을, 겨울 옷장 주변을 꾸밀 식물을 16절 도화지에 그린다. 세밀하게 그리기, 특징을 포착해서 그리기 등의 방법으로 자신이 표현하고 싶은 식물을 자유롭게 그리도록 한다.

❷ 식물을 색연필, 사인펜, 수채화 물감 등을 이용하여 색칠한다.

❸ 그려 둔 식물 그림이 훼손되지 않도록 주의하면서 가위로 자른다. 식물 그림 주변에 흰 여백을 조금씩 남겨서 잘라도 좋다.

❹ 옷장 주변에 식물을 잘 배치하고 풀로 붙이며 풍경을 꾸민다.

❺ 옷장은 대문 접기를 하여 문이 열리는 옷장을 만들어 둔다. 대문 접기는 16절 종이를 절반으로 접어 선을 만들고, 접은 선에 맞추어 네모로 마주 접는 방법이다.

❻ 옷장을 만든 후에 옷장 문과 내부를 색연필과 사인펜을 이용하여 꾸민다. 미리 잘라 둔 봄꽃을 옷장 문 주변에도 붙인다. 이때 옷장이 풍경과 잘 어울리도록 아이디어를 떠올리며 자신만의 옷장을 개성 있게 표현한다.

3단계 자연물로 옷 디자인하기

꽃잎과 나뭇잎으로 옷장에 걸 옷을 디자인한다. 꽃잎을 이용하여 만들 수 있는 옷을 떠올려 본다. 입었을 때 입체적인 모습과 옷걸이에 걸렸을 때 모습 등을 생각하면서 옷을 만든다. 옷의 모양이 잘 유지되도록 목공풀을 발라 옷장에 붙인다. 자연물로 만든 옷이지만 옷장에 걸려 있는 모습으로 나타내기 위해 적합한 옷걸이를 그려 준다.

  학생들은 여러 방법으로 자연물을 만지고 구상하면서 관찰력이 좋아지고, 문제를 해결하는 능력, 표현하는 능력을 기를 수 있다. 더불어 자신이 좋아하는 옷 스타일을 알게 된다. 또한 만든 작품을 발표하고 감상하면서 자기 작품에 대한 자부심을 느끼며 친구들의 작품을 관찰하고 수용한다.

작품 1

작품 2

활동 더하기

  계절이 바뀔 때마다 옷장 만들기 활동을 하면 계절에 따라 변하는 자연을 관찰하는 능력이 생긴다. 또한 계절마다 피어나는 꽃을 배운다. 꽃잎의 개수, 잎의 개수를 세어 보는 활동을 통해 자연수가 자연에서 온 수임을 알 수 있다. 꽃을 관찰하면서 주변에 함께 사는 여치, 벌, 잠자리에 대한 이야기도 나눌 수 있다.

숲속 작은 집 한 장면

● 숲의 시간

『숲의 시간』은 숲속 마을에 사는 동물들, 그들이 사는 집과 주변 나무들의 열두 달 생활을 보여 준다. 숲길을 따라가면 다양한 모양과 색으로 지어진 집이 있다. 그리고 각 집마다 문이 덧붙여 있어서 문을 열면 집 안의 모습을 들여다볼 수 있다. 숲속에 작은 집을 지어 내가 좋아하는 것들을 넣어 두는 나만의 즐거운 공간을 만들어 보자.

숲의 시간
윌리엄 스노우 글, 엘리스 멜빈 그림, 이순영 옮김, 북극곰, 2022

    숲속은 1년 열두 달, 날씨와 계절의 변화에 따라 다른 모습을 보여 준다. 숲속에서 생활하는 동물들도 1월에는 집에서 시간을 보낸다. 2월의 숲길은 아직도 춥고, 3월에는 고슴도치가 깨어난다. 숲속 마을 숲길을 따라가면 숲속에 살고 있는 숲쥐, 회색 다람쥐, 고슴도치, 토끼, 여우, 오소리, 붉은다람쥐, 겨울잠쥐, 수달이 각자에게 어울리는 집에서 살고 있다. 동물들이 오순도순 집에 모여 사는 모습과 제철에 맞게 생활하며 행복을 느끼는 모습은 숲속 생활에 대한 궁금증을 자아낸다.
    나무는 항상 같은 자리에 서 있지만 계절에 따라 모습이 다르다. 가을이 되면 열매가 열리고 동물들은 집 주변 밭에서 수확한 열매로 잼을 만든다. 이렇듯 책은 생활에서 일어나는 변화를 보여 준다. 또한 낮과 밤의 길이 변화, 새벽의 숲, 밤의 숲 등 변화하는 자연의 모습을 알게 된다. 숲에서 살고 있는 동물들의 집과 생활을 보면서, 살고 싶은 숲속의 집을 생각하고 나만의 숲속 작은 집을 꾸민다.

그림책 읽고 나누기

숲, 하면 떠오르는 것을 육각 보드에 적어서 생각을 나눈다. 숲과 관련된 경험을 친구들과 이야기 나눈다. 학생들은 계곡에서 놀았던 일, 사슴벌레를 잡았던 일 등을 발표하고 들으면서 숲에 대한 생각을 확장시킨다. 또한 우리 주변에 흔히 볼 수 있는 나무들에 대해 알아본다. 숲의 소중함과 숲에서 하고 싶은 일을 이야기하고 숲에서 보내는 즐거움을 공유하며 숲속의 작은 집에 대한 기대감을 갖는다.

나도 작가 되기

활동명　숲속 작은 집 한 장면
준비물　16절 도화지 1장, 집 도안, 색연필, 사인펜, 풀, 육각보드

1단계　구상하기 및 준비하기

먼저 그림책을 살펴보고 학생들이 그리고 싶은 집을 정한다. 예를 들면 5월의 집, 10월의 집 등이다. 다음으로 자신이 표현해 보고 싶은 집과 집 내부의 모습을 떠올려 본다. 그리고 집 주변의 숲속 풍경을 구상한다. 내가 숲속에서 하고 싶은 일이 있다면 집 주변에 함께 그려서 표현할 수 있다.

2단계 집 꾸미기

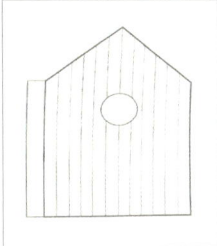 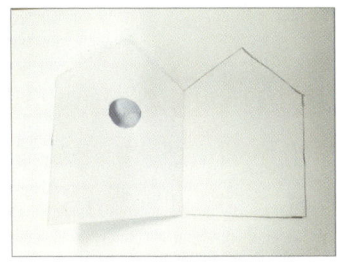 

❶ 집 도안을 색연필, 사인펜으로 색칠하여 꾸민다.

❷ 선을 따라 가위로 오린다. 창문은 세로로 접어서 원 모양의 창문을 잘라 낸다. 16절 도화지에 집을 붙일 부분을 정한다.

❸ 집 도안을 대고 연필로 집을 그린다. 풀칠을 위해 마련해 둔 부분에만 풀칠하고 집을 고정한다. 집이 열릴 수 있도록 16절 도화지에 고정하여 붙인다.

❹ 문을 열어 둔 상태에서 집 안에 침대, 책상, 소파, 의자 등을 그려 넣는다. 큰 가구를 먼저 그리고 액자, 악기 등 숲속 집에 두고 쓸 물건들을 그린다. 색연필, 사인펜 등으로 색칠한다. 이때 아이들이 자신만의 숲속 작은 집에서 하고 싶은 일을 상상하며 집의 내부를 꾸밀 수 있다.

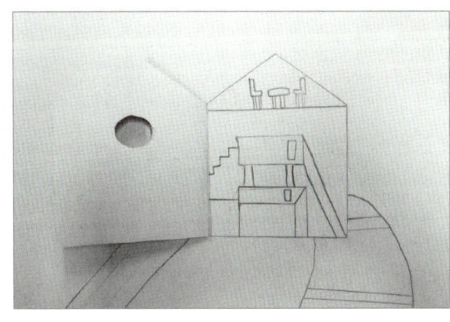 

> **3단계** 집 주변의 숲속 풍경 표현하기

나무 위에 지은 집이므로 집을 받쳐 줄 나무를 그린다. 그림책처럼 집을 받쳐 주는 나무 아래에 그네를 달거나 집으로 올라오는 계단을 그릴 수 있다. 계단을 미끄럼틀로 변형하여 그리는 등 자신만의 집을 디자인할 수 있도록 안내한다. 관찰력이 뛰어난 학생들은 숲속 식물을 연필로 세밀하게 표현한다. 한편 세밀하게 나타내는 것보다 자신이 살고 싶은 숲속 풍경이나 취향과 기호에 맞추어 즐겁게 숲속 나만의 작은 집을 만들 수 있도록 한다.

이러한 활동을 통해 학생들은 자연에서 뛰어노는 간접 경험을 할 수 있으며 자신만의 공간을 꾸미고 좋아하는 것들로 채우는 기쁨을 누릴 수 있다. 집을 구성하는 가구와 물건들에 관심을 가지게 되며 한정된 공간에 자신이 소중하게 생각하는 것들을 넣으면서 문제 해결력도 키울 수 있다. 집의 문이 닫혀 있을 때와 열려 있을 때를 비교해 보기도 한다. 문에 뚫린 작은 구멍을 통해 호기심이 더해지며 친구들의 집에 궁금증을 가진다. 친구의 그림을 통해서 숲속 길을 걷다가 숲속 마을 친구의 집을 마주한 기분을 느끼기도 하고, 숲속에 자신만의 집을 지은 듯한 뿌듯함과 성취감도 느낄 수 있다.

작품 1

작품 2

작품 3

활동 더하기

나무는 계절이 바뀔 때마다 모습이 달라진다. 나무가 계절에 따라 바뀌는 모습을 공부해 보고 실제 나무의 사진을 오려서 콜라주 기법으로 숲을 꾸며 본다면 실제 숲의 모습을 상상하고 그리는 데 도움이 된다. 또 날씨와 온도, 태양의 고도에 따라 자연과 숲, 우리의 생활이 달라지는 것을 살펴보며 사람들의 생활 모습이나 생활 도구와 연관 지어 생각해 보거나, 집의 내부와 외부를 꾸밀 수 있다. 더불어 숲에 사는 동물들의 1년 생활을 살펴보며 겨울잠을 자거나 겨울을 준비하기 위해 열매를 모으고 저장하는 등의 동물의 생활도 함께 나누고 그릴 수 있다.

거대한
한 장면

● 시장에 가면~

『시장에 가면~』은 노래 <시장에 가면~>을 따라 부르며 전통 시장 구석구석을 살필 수 있는 그림책이다. 답사나 체험, 견학을 다녀온 뒤 보고 듣고 느낀 것을 담아 펼쳐지는 그림책을 만들어 보자.

시장에 가면~

김정선 글 · 그림, 길벗어린이, 2023

아침에 일어나 아이가 '무언가'를 찾는다. 집에서 찾지 못해 길을 나선 아이는 숨바꼭질 놀이하듯 '무언가'를 찾으러 서울 전통 시장을 구석구석 돌아다닌다. '무언가'를 찾으러 다니는 여정이지만 독자들에게는 서울의 거리와 전통 시장을 소개한다. 아이가 찾는 '무언가'는 무엇일까? 시장마다 색다른 풍경은 호기심을 갖고 감상하게 한다. 익숙한 노래를 흥얼거리며 그림 속 숨은 주인공을 찾는 재미가 있다.

이 책은 시장의 고유한 특색을 잘 드러내기 위해 커다란 판형과 세로로 펼쳐지도록 제본하고 5개의 펼침면으로 구성하였다. 시장이라는 큰 공간을 표현하기 위해 그림책 물성을 적극 활용하여 독자들의 눈을 사로잡는다. 답사나 체험, 견학을 다녀오면 기행문이나 결과 보고서를 쓴다. 그때 보고 듣고 느끼고 알게 된 것을 색다른 방법으로 표현하고 싶다면 『시장에 가면~』에서 사용한 넓은 판형과 펼침면을 활용할 수 있다. 작가는 전통 시장을 답사하고 자신의 시선으로 전통 시장을 소개한다. 자기만의 경험을 불어넣어 표현하는 과정은 나를 둘러싼 공간에 애정을 갖고 탐구하게 하여 학생들의 창의성과 독립성을 성장시킨다.

그림책 읽고 나누기

그림책을 보고 평소에 보던 그림책과 무엇이 다른지 찾아본다. 학생들은 다른 그림책보다 크기가 크고 위로 여는 책이라고 말한다. 아이가 애타게 찾는 '무언가'가 무엇인지 짐작하면서 읽도록 안내한다. 5개의 펼침면을 열어 읽으며 펼침면이 주는 느낌이 어떠한지 이야기 나눈다. 큰 펼침면이 주는 압도감과 해방감을 느낄 수 있도록 충분한 시간을 준다. 아이가 시장에 들어가고 나오는 과정 동안 몇 쪽으로 어떻게 구성되어 있는지 알아보게 한다. 시장 입구가 등장하고 중간에 들어간 펼침면을 찬찬히 살펴볼 기회를 제공한다.

나도 작가 되기

활동명 거대한 한 장면
준비물 A3 또는 8절 도화지, A4 용지, 색연필, 사인펜 등 채색 도구, 풀

1단계 구상하기 및 준비하기

『시장에 가면~』은 큰 판형의 그림책이다. 학생들도 평소보다 큰 크기의 종이에 그림을 그리면서 크기가 주는 압도감을 느낀다. 체험이나 견학 다녀온 곳을 기록하는 목적으로 『시장에 가면~』에서 작가가 표현한 기법을 따라 그림책을 만든다. 먼저 체험이나 견학한 시간 순서대로 그림책을 구성할지, 순서와 상관없이 다른 특징을 고려하여 구성할지 정한다.

> **잠깐!**
> 이 책은 넓은 펼침면이 책의 주요한 파라 텍스트이므로 펼침면에 중심이 되는 장면을 그려 넣어야 한다. 어느 부분을 펼침면에 넣을지 충분히 이야기한다. 가장 인상적인 장소를 펼침면에 넣는 것이 좋다. 인상이 깊은 만큼 기억하는 것도 많고 찍은 사진이 가장 많은 장소일 것이다. 견학이나 체험하면서 찍은 사진을 보면서 그릴 장면을 선택해도 좋다.

그림책 구성 예시	
표지	
1쪽	구청 정문
2쪽	구청 내부 안내도
3쪽~4쪽〈펼침면〉	민원동
5쪽	견학하기
6쪽	구청 후문

2단계 스케치하고 글쓰기

❶ 전체 학생들과 의논하여 각자 그릴 장면을 정한다. 학생의 수준에 따라 한 장면씩 맡을 수 있으나 평소보다 큰 크기의 종이에 그림을 그리므로 짝 활동을 권한다.

❷ 그릴 장면을 정한 뒤 견학하면서 찍은 사진이나 네이버 지도 등 인터넷 지도 사이트에서 제공하는 거리뷰를 보면서 그릴 장면을 A4 종이에 간단하게 스케치한다. 스케치할 때는 실제로 그릴 크기의 종이보다 작은 크기의 종이를 준다. 실제로 그릴 장면에 집중할 수 있도록 스케치는 단순하게 하라고 안내한다. 스케치한 그림을 모아서 만들어질 그림책이 어떤 모습인지 살펴보면 실제 장면을 그릴 때 도움이 된다.

❸ 간단하게 그린 스케치지만 채워야 할 부분이 있는지, 들어가야 할 내용 중 빠진 것이 있는지 등을 살펴본다.

❹ 본보기로 만들어진 그림책을 넘겨 보면서 장면에 어울리는 글을 쓴다. '○○에 가면 ○○이 있고'처럼 글을 쓰거나, '○○에 가면 ○○을 볼 수도 있고', '○○을 느낄 수도 있고' 등 어미는 다양하게 바꾸어 쓰라고 안내한다. 학생들이 '~ 있고'로 끝나는 글로만 쓰기 때문이다.

❺ 스케치한 장면을 보고 글을 쓸 위치도 생각한다.

장면 스케치하기

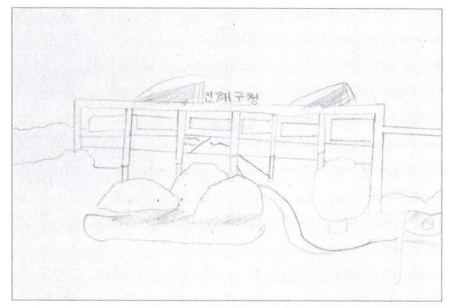
장면 스케치하기

3단계 장면 그리고 색칠하기

❶ 스케치한 장면을 보고 큰 종이에 장면을 그린다. 큰 종이에 그림을 그릴 때는 전체 구도를 먼저 정하고 그림을 그린다.

> **잠깐!**
> 작은 부분부터 그리면 한쪽으로 치우치거나 나중에 그릴 공간이 부족할 수 있다. 짝끼리 함께할 때 한 학생이 전체적인 구도를 정한 뒤 그리고, 다른 학생은 장면에 들어갈 작은 부분을 그리면 된다. 이때 전체를 그릴 사람과 부분을 그릴 사람을 나누어서 동시에 그린다. 함께 그림을 그리면 서로의 의견을 주고받아야 하기에 의사소통 능력을 기를 수 있고 협업하면서 동료애를 느낄 수 있다.

❷ 장면을 그린 다음 색연필, 사인펜 등으로 채색한다. 작가는 노량진 수산시장을 그릴 때 빨간색으로 장갑과 앞치마, 파란색으로 수조만 색칠하고 나머지 부분은 색을 채우지 않았다. 작가의 표현 방식대로 한두 개의 색을 골라서 중요하다고 생각되는 부분에만 색을 칠한다.

❸ 완성한 그림을 모아 그림책으로 만든다. 그림책처럼 앞, 뒷면이 모두 있는 책은 아니지만 함께 만들었다는 보람을 느끼기에 충분하다.

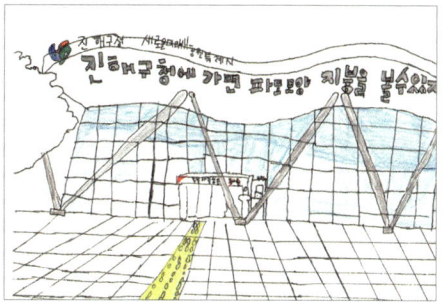

활동 더하기

그림책에 재미 요소 넣기

학급에서 함께 만든 그림책에 재미 요소를 더해 놀이 활동을 추가할 수 있다. 『시장에 가면~』에는 아이의 장바구니에 몰래 들어간 문어가 있다. 아이와 강아지가 잘 다니고 있는지 지켜보는 언니도 자세히 보지 않으면 찾지 못한다. 작가가 책에 숨은 그림책 찾기 같은 재미 요소를 숨겨 놓았듯, 학생들에게 재미 요소를 추가하자고 안내한다. 학급 전체가 함께 만든 결과물이므로 학급을 상징하는 캐릭터와 같은 상징

물이 있다면 작게 그려 넣을 수 있다.

> **판형에 따라 달라져요!**

큰 판형의 그림책 표현 기법을 따라 하기가 쉽지 않다. 어려운 것에 도전하고 성공한 경험은 어려움에 닥쳤을 때 피하지 않고 다시 도전하게 한다. 학생들이 그린 장면을 이미지 파일로 만들고 크기를 줄여 작게 출력한 뒤 실제 크기와 비교하여 살펴본다. 그림책 판형의 차이를 느낄 수 있고 크기에 따라 그림과 이야기가 주는 느낌이 달라짐을 체감할 수 있다. 이렇게 판형을 비교하는 활동은 학생들이 자기만의 그림책을 만들 때 그림과 이야기에 어울리는 판형 선택에 도움이 될 것이다.

줌 아웃 한 장면

● 아름다운 실수

『아름다운 실수』는 그림을 그릴 때 실수로 생긴 작은 얼룩 한 점이 어떻게 변할 수 있는지 보여 주는 그림책이다. 그리고 실수는 실패가 아니라 또 다른 시작이라는 메시지를 독자에게 전해 준다. 또한, 이 그림책에 사용된 줌 아웃 기법은 화면이 어떻게 확장되는지, 처음 그림에서 점차 넓어지는 세계를 효과적으로 보여 준다. 우리도 줌 아웃 기법을 활용하여 확장되는 세계를 장면으로 표현해 보자.

아름다운 실수
코리나 루켄 글 · 그림, 김세실 옮김, 나는별, 2018

표지에 '아름다운 실수'라는 제목이 은색으로 반짝인다. 그런데 '실수'라는 글자는 아래로 꺾여 있고, 잉크가 두 방울이 떨어져 있다. 실수인가? 실패인가? 앞면지 역시 흰 바탕에 까만 잉크가 두 방울 떨어져 있다. 실수로 떨어진 잉크 두 방울이 뒷면지에서는 어떻게 달라질지 궁금해진다. 처음에 아이의 얼굴을 그리다가 한쪽 눈을 크게 그리는 실수를 한다. 동그란 안경을 씌웠더니 감쪽같다. 뾰족하게 그린 팔꿈치에는 장식을, 너무 길게 그린 목에는 레이스를 더 그려 넣는다. 그리고 개구리 같기도 하고, 고양이 같기도 한 동물은 그 위에 수풀 그림으로 가린다. 이 그림책은 그림을 그릴 때 동반될 수밖에 없는 실수를 작가가 어떻게 해결하는지 보여 준다. 실수는 또 다른 시작, 새로운 아이디어의 시작이 될 수 있다. 떨어진 잉크 방울이 무엇이 될 수 있을지 다양하게 표현하고, 줌 아웃 기법으로 사진도 찍어 보자.

그림책 읽고 나누기

아이의 머리 위에 떨어진 잉크 한 방울은 아이의 모자가 된다. 이 그림책은 앞부분에서 실수가 어떻게 달라질 수 있는지를, 뒷부분에서는 본격적으로 줌 아웃 기법을 보여 준다. 줌 아웃 기법은 영화에서 많이 쓰이는 기법으로, 카메라를 고정하고 줌 렌즈의 초점 거리를 조절하여 피사체에서 멀어져 가는 것처럼 보이게 하는 촬영 기법이다. 작가는 뛰어가는 아이, 나무에 오르는 아이를 시작으로 아이들의 놀이터가 되는 커다란 나무를 보여 준다. 점차 줌 아웃 되면서 나무 놀이터에서 노는 많은 아이들과 다양한 색의 풍선이 보인다. 그림책의 화면은 훨씬 많은 것을 보여 주면서 나무 놀이터는 구석에 작게 보인다.

처음에는 아무 설명 없이 그림책을 읽어 주며, 학생들에게 그림을 보도록 한다. 두 번째 읽어 줄 때는 '줌 아웃'이 무엇인지 간단하게 설명하고, 그 효과가 이 그림책에 어떻게 나타나는지 주목하여 그림을 보여 준다.

나도 작가 되기

활동명 줌 아웃 할 장면
준비물 A4 용지, 네임펜, 카메라, 채색 도구 등

1단계 구상하기 및 준비하기

이 그림책에서 반복적으로 나오는 떨어진 잉크 자국이 무엇의 일부가 될지 생각하며 종이를 고르도록 한다. 용지는 잉크 자국이 3개 떨어진 것, 2개 떨어진 것, 1개가 떨어진 것을 준비한다. 그리고 잉크 자국이 1개 떨어진 것은 떨어진 위치를 달리하여 제시한다. 학생들에게 자유롭게 고르도록 했더니, 잉크 자국이 3개인 것은 그리기가 어렵다고 판단하였는지 대부분 잉크 자국이 1개 그려진 것을 골랐다.

> **2단계** 줌 아웃 장면 표현하기

  네임펜을 기본 도구로 사용한다. 왜냐하면 이 그림책은 하얀 종이에 잉크와 수채 물감을 사용하여 여백의 미를 강조했다. 따라서 네임펜으로 인물과 그 인물의 배경을 그리는데, 줌 아웃 될 것을 생각하여 그림은 세밀하게 그린다. 그리고 마지막에 색칠을 하고 싶은 사람은 전체를 칠하기보다는 강조해야 할 부분만 색칠하도록 한다. 그랬더니 학생들이 대부분 색칠하지 않는 방법을 택하였다. 첫 번째 예시 작품에서, 잉크 자국은 해가 된다. 두 번째 작품에서는 잉크 자국이 꽃의 가운데 부분이 된다. 컬러링처럼 빼곡하게 표현하여 원래 있던 잉크 자국을 찾기가 쉽지 않다. 그 밖에 잉크 자국은 트럭 바퀴가 되기도 하고, 문어가 뿜은 먹물이 되기도 한다.

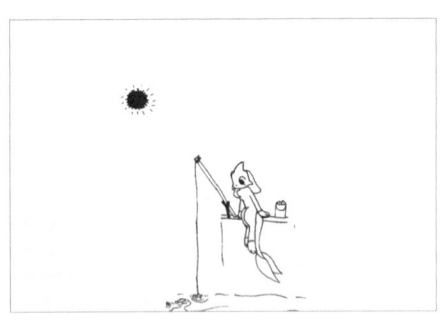 

 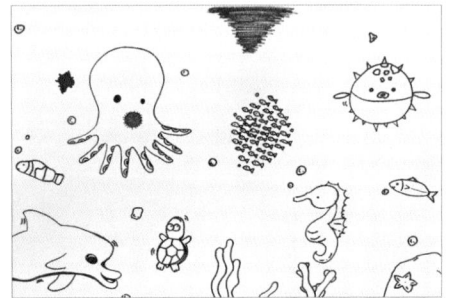

3단계 수정하기 및 완성하기

줌 아웃 기법의 효과를 좀 더 확실하게 보기 위해 휴대전화의 카메라를 사용한다. 두 장의 사진을 찍도록 하는데, 한 장은 맨 처음 제시한 잉크 자국이 있는 부분만 확대하여 찍는다. 그리고 다른 한 장은 화면 전체가 나오도록 찍는다. 촬영한 사진을 왼쪽과 오른쪽에 나란히 놓고 보면서 줌 아웃 기법을 사용하였을 때, 화면이 확장되는 것을 확인한다. 모둠 친구들과 서로의 작품을 보면서 감상한다. 감상 활동을 할 때는 맨 처음 잉크 자국이 무엇이 되었는지, 친구가 화면 전체에 어떤 세계를 표현하였는지 주목한다.

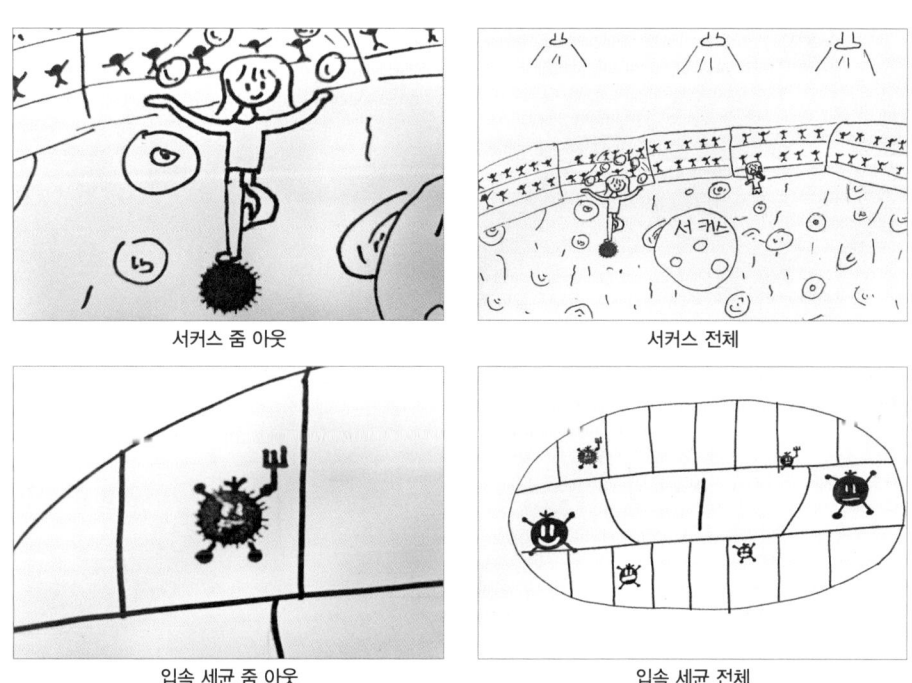

| 서커스 줌 아웃 | 서커스 전체 |
| 입속 세균 줌 아웃 | 입속 세균 전체 |

활동 더하기

두 장의 사진 가운데 먼저 확대하여 찍은 사진만 친구들에게 보여 준다. 그리고 자신이 무엇을 표현한 것인지 친구들에게 문제를 낸다. 친구들이 답을 말하면 전체를 찍은 화면을 보여 준다. 모둠 안에서 먼저 하고, 모둠별로 대표작을 제출하여 반 전체에 보여 주며 모둠별 점수를 부여하는 방식으로 놀이를 한다.

그리고 사진을 점차 줌 아웃 되도록 해서 두 장보다 더 많이 찍어 보는 것도 좋다. 그 사진을 옆으로 붙여서 병풍 책 형식으로 엮어도 좋다.

맨 마지막 페이지에서 "실수는 시작이기도 해요."라고 나온다. 학생들에게 실수는 무엇이라고 생각하는지 비유적 표현을 사용하여 표현하도록 한다. 학생들의 그림에 실수에 대한 문장을 쓰고, 그 결과물을 실수를 주제로 한 학급 그림책으로 엮을 수 있다.

티슈페이퍼로 한 장면

● 아주아주 배고픈 애벌레

『아주아주 배고픈 애벌레』의 삽화들은 티슈페이퍼를 활용한 콜라주 기법을 사용하여 밝은 색상과 독특한 질감을 느낄 수 있다. 표현하고 싶은 이미지를 다양한 티슈페이퍼를 활용하여 독창적인 작품을 만들어 보자.

아주아주 배고픈 애벌레
에릭 칼 글·그림, 김세실 옮김, 시공주니어, 2022

표지에 등장하는 커다란 애벌레의 모습이 인상적인 그림책이다. 다양한 색깔을 사용해 표현된 애벌레의 모습에 생동감이 느껴진다. 요일마다 조금씩 성장해 나가는 애벌레의 모습은 마치 학생들의 모습과 비슷하다. 요일마다 다른 음식을 먹으며 성장한 애벌레는 고치로 들어가 마침내 나비가 되어 세상 밖으로 날갯짓하며 나온다. 책 페이지마다 꽉 찬 그림들은 그림책에 더욱 몰입하게 만든다.

『아주아주 배고픈 애벌레』의 작가인 에릭 칼은 독특한 패턴을 입힌 티슈페이퍼로 콜라주 기법을 사용하여 그림책 일러스트를 제작하였다. 티슈페이퍼는 얇고 부드러운 종이로 여러 색상과 패턴이 있어 예쁜 포장이나 공예 활동에 자주 활용된다. 티슈페이퍼에 콜라주 작업을 하여 각 부분을 조각내고 합쳐 나가는 과정에서 작품에 독특한 매력을 더할 수 있다. 이 기법을 활용하면 아름답고 생동감 있는 이미지를 표현하는 멋진 기회를 만날 수 있다.

그림책 읽고 나누기

그림책을 읽고 난 후, 학생들과 다양한 주제에 관해 이야기해 볼 수 있다. 먼저, 요일에 관해서 이야기를 나누면서 서로 각 요일에 하는 일과를 묻고 답해 본다. 또한, 그림책에 등장하는 애벌레가 나비가 되기까지의 과정을 학생들과 함께 살펴본다. 책을 읽은 후, 나비의 성장 과정을 퀴즈 형식으로 맞혀 보며 책의 내용을 다시 되새길 기회도 얻는다. 이렇게 하면 책의 내용을 더욱 깊이 이해할 수 있다.

나도 작가 되기

활동명　티슈페이퍼로 한 장면
준비물　아크릴 물감, 8절 도화지, 붓, 팔레트, 질감 표현 도구(빨대, 클립 등)

1단계　구상하기 및 준비하기

애벌레가 나비로 변한 모습을 상상하면서 자신만의 나비를 연필로 스케치한다. 이때, 스케치를 너무 작지 않게 그리도록 지도하여 티슈페이퍼를 붙이는 작업을 손쉽게 하도록 도와준다.

다양한 질감을 표현할 수 있도록 여러 재료를 준비하는 것이 좋다. 예를 들어, 솜, 빨대, 면봉 등 다양한 재료를 사용하여 다채로운 질감을 표현한다. 또한, 학생들이 자신들이 표현하고 싶은 재료를 추가로 준비할 수 있도록 유도하여 창의성을 발휘할 수 있는 환경을 제공한다.

2단계　티슈페이퍼 만들기

❶ 8절 도화지를 접어서 4등분으로 만든다. 접힌 선이 잘 보이지 않을 경우, 연필로 살짝 선을 따라 그려 표시해 주는 것이 좋다.

❷ 자신이 표현할 나비의 모습을 구상한 뒤, 나비와 어울릴 만한 색상을 4가지 선택한다. 선택한 색상으로 도화지의 4등분된 각 부분을 아크릴 물감으로 색칠한다. 아크릴 물감으로 색칠을 마친 후, 질감을 표현할 물건들(빨대, 클립 등)을 준비한다.

❸ 물감이 마르기 전, 도화지에 칠한 색과 다른 색의 물감으로 질감을 표현할 물건들을 칠한다. 물감을 칠한 물건들을 도화지에 찍거나 눌러서 다양한 질감을 표현한다.

❹ 물감이 완전히 마를 때까지 기다린다.

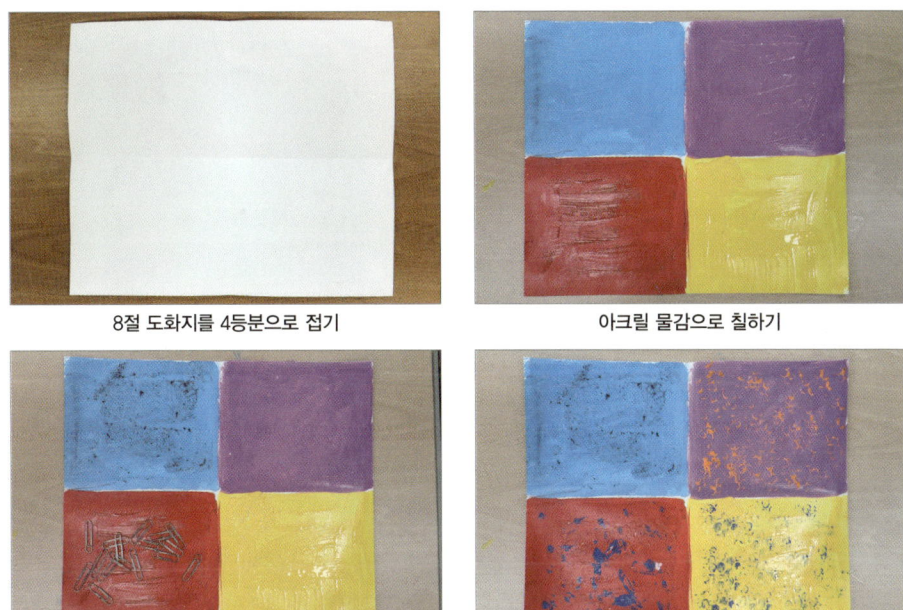

| 8절 도화지를 4등분으로 접기 | 아크릴 물감으로 칠하기 |
| 물건을 찍어 질감 표현하기 | 말리기 |

3단계 나비 표현하기

❶ 미리 그려 놓은 나비 그림은 선을 따라 가위로 잘라 낸다. 잘라 낸 나비 조각이 각각 어떤 부분인지 간단하게 글씨를 쓴다(예: 날개, 몸통, 더듬이 등).

❷ 잘라 낸 나비 조각들을 미리 준비해 둔 티슈페이퍼 위에 대고, 그림을 따라 그린다.

❸ 티슈페이퍼는 선을 따라 가위로 잘라 낸다. 티슈페이퍼 조각들을 도화지에 한 조각씩 차례로 붙인다.

❹ 나비의 전체적인 형태를 완성해 나간다. 나비의 기본 모양이 완성되면, 남은 티슈페이퍼를 다양한 모양으로 잘라서 나비 위에 붙여 더욱 화려한 모습의 나비를 표현한다.

❺ 이 과정을 통해 학생들은 창의적인 생각을 시각적으로 표현하는 경험을 한다. 또한, 다양한 재료를 활용해 미술 작품을 완성하는 재미도 느껴 본다.

나비 패턴 만들기

패턴 따라 그리기

도화지에 자른 모양 붙이기

나비 완성하기

활동 더하기

마스킹 테이프로 표현하기

아크릴 물감 대신 종이 마스킹 테이프를 활용하여 더욱 독창적인 작품을 완성해 본다. 종이 마스킹 테이프는 가위를 사용하지 않고 손으로 쉽게 자를 수 있으며, 다양한 색상이 있어 표현하고자 하는 대상의 색감을 풍부하게 나타내는 데 유용하다. 게다가 마스킹 테이프는 여러 겹으로 붙였을 때 다른 색상과 질감이 나타나는 장점이 있다.

❶ 구상한 작품을 도화지에 간단히 스케치한다.
❷ 필요한 색상의 종이 마스킹 테이프를 준비하여 스케치 위에 손으로 찢거나 자

르면서 붙여 나간다. 각 부분에 어울리는 색상을 선택해 붙이면서, 색상이 겹치도록 테이프를 여러 겹 붙여 새로운 색과 패턴을 만든다.

❸ 마스킹 테이프를 이용해 세부적인 부분까지 섬세하게 표현하고, 테이프의 끝부분이 들리지 않도록 잘 눌러 붙인다.

마스킹 테이프로 표현한 해바라기

풍경을 무늬로 한 장면

● 아피야의 하얀 원피스

『아피야의 하얀 원피스』는 인물이 만나는 풍경이 입고 있는 하얀 원피스에 그대로 그려지는 마법 같은 그림책이다. 종이에 멋진 포즈의 사람을 그리고, 옷 부분을 칼로 오린 후 어울리는 풍경 배경의 사진을 찍으면 그 풍경이 무늬가 된 옷을 만들 수 있다.

아피야의 하얀 원피스
제임스 베리 글, 안나 쿠냐 그림, 김지은 옮김, 나는별, 2021

『아피야의 하얀 원피스』는 표지가 이지스킨 코팅으로 되어 있어 촉감이 부드럽다. 옷감을 만지는 듯한 느낌을 살리기 위한 작가의 의도가 느껴진다. 검은 피부의 아피야가 입고 다니는 하얀 원피스는 그녀가 걸어가는 주변의 풍경이 그대로 그려지는 신기한 옷이다. 아피야는 밤마다 원피스를 깨끗이 빨아 말려서, 아침이면 다시 입고 새로운 탐험을 즐긴다. 자메이카의 글작가와 브라질의 그림작가의 협업으로 탄생한 이 그림책은 아피야의 예술적 체험 과정을 아름다운 색채와 독창적인 상상력으로 표현한다.

풍경이 하얀 원피스에 그려지는 작가의 상상력은 샤메크 블루위 기법과 연계하여 표현할 수 있다. 도화지 위에 그린 드레스의 일정 부분을 오려 내고 종이를 주변 경관에 대어 보면, 그 풍경이 드레스의 무늬가 된다. 찰나의 장면을 핸드폰으로 찍은 사진을 보면서 학생들은 새로운 표현 기법에 대한 배움의 즐거움을 느낄 수 있다. 하나의 그림으로 여러 배경을 찍어 공유하는 과정에서, 서로 협력하고 활동하는 기쁨도 경험한다.

그림책 읽고 나누기

『아피야의 하얀 원피스』를 읽을 때 먼저 책표지를 만져 보고 촉감을 이야기하면서 시작하는 것이 좋다. 이지스킨 코팅 기법으로 제작된 표지가 옷감을 만지는 것처럼 부드러운 느낌을 주어 신기하고 이색적이기 때문이다.

'아름다운 검은 피부'라고 표현된 문구는 하나된 지구 시민의 입장에서 '미'에 대한 개념을 재정립하는 기회를 준다. 자연과 더불어 생활한 흔적이 원피스의 무늬가 된다는 작가의 상상력은 학생들을 즐거운 배움으로 초대한다. 뒷면지에 홀로 걸려 있는 하얀 원피스가 독자들에게 참여하도록 손짓하는 듯하다. 책을 덮는 순간 2단계 활동으로 자연스럽게 이어 갈 수 있다.

나도 디자이너 되기

활동명   풍경을 무늬로 한 장면
준비물   A4 도화지, 가위나 풀, 핸드폰(사진 촬영용)

1단계 구상하기 및 준비하기

『아피야의 하얀 원피스』는 주변 풍경을 옷의 무늬로 만드는 그림책이므로 먼저 활용하고 싶은 드레스를 생각하고 어떤 장면을 무늬로 표현할지 계획한다. 배경에 따라 무늬가 달라지므로 준비한 옷 그림에 다른 풍경의 사진을 찍어 무늬로 활용하면, 판화처럼 같은 그림으로 여러 개의 무늬를 가진 옷을 만들 수 있다.

❶ 표현하고 싶은 옷의 종류를 구상한다.
❷ 옷에 어울리는 풍경을 몇 군데 생각해 둔다.
❸ 풍경으로 채울 부분을 오려 낸 후에 서로 사진을 찍어 활동을 마무리할 짝꿍을 정한다.

이 활동은 그림을 그린 종이를 배경에 대고 3차원 공간에서 사진을 찍어 작품을 완성하기 때문에 두꺼운 A4 도화지를 추천한다. 특히 바람이 부는 날은 얇은 A4 용지가 바람에 날려 사진으로 작품을 완성하기가 어려우므로 용지 선택에 유의한다.

2단계 풍경 무늬 드레스 그리기

활용할 옷을 직접 그려도 되고, 기존 드레스 이미지를 내려받을 수도 있다. 원피스 외에도 우리나라 전통 한복이나 현대의 남자 복장을 활용해도 좋다. 오려 내지 않는 부분은 알맞은 색을 칠하거나 그림의 테두리를 선명하게 덧대어 그린다. 풍경으로 채울 옷 부분을 오려 낼 때는 가급적 가위를 사용하여 위험 부담을 줄이도록 한다. 면적이 너무 좁아서 칼을 사용할 수밖에 없을 경우에는 안전에 유의한다.

작품 드레스 직접 그리기

오려 내지 않는 부분 색칠

풍경으로 채울 부분 오리기

※ 두 번째, 세 번째 도안 출처: 인디스쿨

3단계 풍경 무늬 드레스 만들기

2인 1조가 되어 마음에 둔 배경에 종이를 대고 사진을 찍는다. 배경을 달리하여 여러 장 찍도록 사전에 안내한다. 한 학생이 종이가 기울어지지 않도록 유의해서 잡고, 다른 학생이 사진을 찍어 주면 활동을 원활하게 진행할 수 있다. 자연 풍경을 담은 야외 촬영을 주로 많이 하는 편이지만, 실내에서 게시판이나 그림책 앞표지 등을 배경으로 삼아 사진을 찍어도 훌륭한 드레스 무늬를 담아낼 수 있다. 여러 장의 사진을 짝과 함께 감상하면서 가장 마음에 드는 작품을 제출하여 전체 사진을 공유한다. 짝과 함께 작품에 대해 이야기를 나누면서 서로의 생각을 알게 되고, 작품을 선정하면서 상대방의 생각을 존중하고 인정하는 태도를 키울 수 있다.

※ 첫 번째~다섯 번째 도안 출처: 인디스쿨, 여섯 번째 도안 출처: 구글 이미지

활동 더하기

　풍경을 담은 드레스 사진을 학급밴드나 하이클래스에 공유하면 결과물을 언제든 감상할 수 있다. 또는 출력하여 교실에 전시하면, 온라인 활동과 병행하여 실제 주변 환경을 입체적인 학습 분위기로 조성할 수 있다. 학생들이 활동하는 모습과 결과물 사진을 모아 동영상으로 제작하여 공유해도 좋다. 드레스 그림 대신 동식물이나 생활용품 등의 그림을 활용하여 샤메크 블루위 기법으로 표현하는 방안도 고려해 볼 만하다.

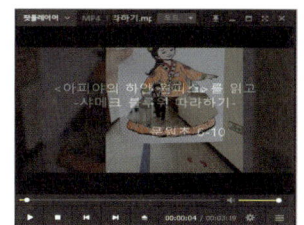

https://youtu.be/FGw58gbq044

타이포그래피
한 장면

● 여름 소리

글자를 시각화한 타이포그래피를 활용해 여름이 가진 고유한 소리를 생동감 있게 표현하는 그림 책이다. 여름에 들려오는 다양한 소리를 떠올리며 어울리는 의성어를 찾아보고, 타이포그래피로 '여름 소리'를 표현할 수 있다.

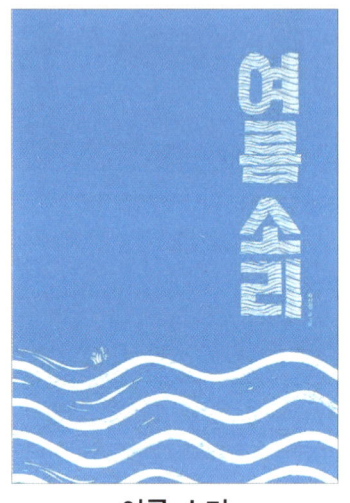

여름 소리
박선정 글·그림, 풀빛, 2023

『여름 소리』는 여름에만 들을 수 있는 소리를 다양한 의성어를 활용한 청각적 표현과 새로운 시각의 비유적 표현으로 담아내고 있다. '통 토옹 텅 딱'은 잘 익은 수박을 고르는 소리, '토독 토독토독'은 장마가 노크하는 소리, '매애애앵 맴맴맴'은 온 동네가 들썩이는 소리, '솨아아아아' 하늘이 구멍 난 소리다. 책을 넘길 때마다 재미난 여름 소리가 귓가를 두드린다.

이 책에서는 타이포그래피를 활용하여 여름 소리, 즉 청각을 시각화하고 있다. 페이지를 넘기면 아름답고 생동감 있게 그려진 여름 소리가 펼쳐져 무심코 흘려보냈던 자연 소리가 들리는 듯하다. 하얀 바탕 위에 고무 판화로 찍어 내어 선명한 원색으로 표현된 여름 소리가 여름의 맛과 추억을 가득 느끼게 해 준다.

그림책 읽고 나누기

❶ 그림책 표지에서 보이는 것이 무엇인지 나눈다. 학생들은 "시원한 여름 바다를 나타내고 있는 것 같아요.", "여름 장마철에 비가 많이 와서 빗물이 넘실대는 것을 표현한 것 같아요.", "시원한 느낌을 주려고 주로 파란색을 사용했다는 생각이 들어요.", "여름 소리 글자가 파도를 나타내는 그림처럼 보여요."라고 대답한다.

❷ 여름과 관련된 자기 경험을 말하고 그때 떠오르는 여름 소리도 함께 찾아본다. 캠프장에서 들리는 모깃소리, 더운 여름 창밖에서 우는 매미 소리, 여름휴가로 떠난 바닷가에서 들은 파도 소리 등을 떠올린다.

❸ 그림책을 읽으며 다양한 여름 소리가 이미지화되어 표현된 방식을 집중해서 살펴보고, 이처럼 글자를 그림처럼 시각화하여 표현한 것이 타이포그래피임을 이해한다.

나도 작가 되기

활동명 타이포그래피 한 장면
준비물 B5 또는 A4 도화지, 유성 마커펜, 검정 네임펜

1단계 구상하기 및 준비하기

자신이 표현하고 싶은 여름 소리를 정하고, 그에 어울리는 감각적 표현 '아삭아삭, 주룩주룩, 철썩철썩, 벌컥벌컥, 첨벙첨벙' 등을 떠올린다. 구상하기 전 친구들과 학교 주변을 탐방하며 직접 여름 소리를 수집해도 좋다. 자신이 찾은 의성어를 어떠한 배경에 타이포그래피로 어떻게 그려 낼 것인지, 이를 비유적으로 표현하기 위해 어떤 내용으로 글을 쓸 것인지 구상한다.

여름 소리 정하기	타이포그래피 표현 방법 구상	비유적인 표현 쓰기
철썩철썩	배경: 잔잔한 파도가 치는 여름 바닷가 표현: 파도를 '철썩철썩' 글자로 그리기	무더위를 이겨 내라고 응원하는 소리
벌컥벌컥	배경: 더운 여름, 음료수를 들이켜는 모습 표현: 수박 주스를 '벌컥벌컥' 글자로 그리기	무더위를 삼키는 소리

| 첨벙첨벙 | 배경: 비 오는 날 물웅덩이에서 노는 아이
표현: 물웅덩이를 '첨벙첨벙' 글자로 그리기 | 비가 와도 신나게 노는 소리 |

2단계 '여름 소리'를 타이포그래피로 표현하기

❶ 도화지에 자신이 정한 여름 소리를 담아낼 배경을 먼저 그리고, 타이포그래피로 표현할 부분을 그린다. 예를 들어 잔잔한 파도가 치는 바닷가와 하늘을 나는 갈매기를 그린 후, 파도 그림을 '철썩철썩' 글자로 변형하여 스케치한다.

❷ 타이포그래피로 표현한 후, 글자를 제외한 나머지 파도 그림의 테두리를 지운다.

❸ 채색할 때는 선명하고 생동감 있는 느낌이 들도록 유성 마커펜을 사용하고, 검정 네임펜으로 테두리를 해 주면 이미지가 더욱 돋보인다.

3단계 비유하는 글쓰기

자신이 표현한 타이포그래피에 어울리는 비유적인 문장을 적는다. 이때 글의 내용도 타이포그래피와 어울리는 색깔로 적고, 글자도 단순한 줄글 형태가 아니라 움직임이 느껴지도록 다양하게 배치한다. 아래 작품처럼 스캔하여 디지털화한 이미지에 다양한 컬러의 폰트를 선택해 입력하면 더욱 완성도를 높일 수 있다.

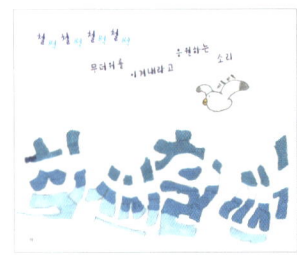  

활동 더하기

 한 명이 여름 소리를 퀴즈로 내고, 다른 친구들이 맞히는 시간을 갖는다. 학생 개인별로 완성한 원화를 모아 우리 반 '여름 소리' 창작 그림책을 제작해 보는 활동도 추천한다. 이는 학생들에게 작가가 되는 소중하고 의미 있는 경험이다. 이 활동을 다른 계절로 변형하여 봄의 소리, 가을의 소리, 겨울의 소리 등을 타이포그래피로 표현한다.

부딪치면 탄생하는 한 장면

● 우다다다, 달려 마을!

두 사물이 길 모퉁이를 향해 달려오다 꽝 하고 부딪치면 새로운 물건이 탄생하는 형식의 그림책이다. 부딪친 두 사물의 종류에 따라 새롭게 탄생하게 될 물건을 예측하거나 상상해 볼 수 있도록 그림책의 한 장면을 만들어 보자.

우다다다, 달려 마을!
야둥 글, 마이크 샤오쿠이 그림, 류희정 옮김, 한림출판사, 2021

    달려 마을의 주민들은 달리기를 좋아하여 달리고 또 달린다. 하지만 달리고 달리다 보면 꽝, 부딪친다. 보통 부딪친다고 하면 사고나 갈등을 예상하지만 이 마을에서 부딪침은 새로운 것을 탄생시킨다. 소시지와 빵이 우다다다 달리다 부딪치면 핫도그가 등장한다. 이 그림책은 두 가지 사물이 부딪치면 무엇이 될지 상상하며 읽는 재미가 있다.
    이 책에서의 부딪침은 새로운 대상의 탄생을 보여 주어 부딪침에 대한 사고 전환, 조금 다르게 생각해 보기를 가능하게 한다. 우다다다 달리다 부딪친 두 사물이 무엇으로 변할까를 궁금하게 하여 학생들의 상상력을 자극한다. 사물의 결합을 통해 새로운 것을 탄생시키는 형태의 책 만들기 활동에 적용이 가능하다. 자음과 모음을 활용해 글자를 만들 수도 있고, 발명 기법 중 더하기 기법을 활용하여 새로운 물건을 발명할 수도 있어 학생들에게 창의력의 씨앗을 제공하는 동시에 즐거움도 준다.

그림책 읽고 나누기

이 그림책은 사물들이 부딪치면 무엇이 될지를 예상하며 읽는 그림책으로 "선인장과 생쥐가 우다다다 달려요. 그럼 무엇이 될까요?"라고 묻고 충분히 답할 시간과 기회를 주며 그림책을 읽어야 한다. 학생들의 상상이 그림책의 내용과 같지 않더라도 틀린 것이 아니므로 그들의 생각을 격려하고 인정해 주는 분위기를 만들어야 다양한 생각을 들을 수 있다. 서로 연관성이 없는 두 가지 사물이 부딪치면 무엇이 될까를 생각하며 상상의 나래를 펼쳐 보도록 격려한다.

나도 작가 되기

활동명 부딪치면 탄생하는 한 장면
준비물 A4 도화지, 채색 도구 등

1단계 구상하기 및 준비하기

그림책을 만들기 전에 학생들의 생각을 자극하고 아이디어를 모으는 단계이다. 이때 활용할 수 있는 방법이 발명 기법 중 하나인 강제 결합법이다. 강제 결합법이란 전혀 관계 없어 보이는 두 가지 이상의 아이디어나 사물을 연결시켜 새로운 아이디어를 산출하는 방법이다. 교사는 다양한 예를 들어 아이디어를 산출해 보는 시간을 갖는다. 강제 결합법으로 탄생한 실제 물건들을 보여 주거나 찾아보는 것도 도움이 된다. '지우개 + 연필 = 지우개 달린 연필', '자동차 + 텐트 = 캠핑카' 등 다양한 물건을 찾아본 후 나만의 달려 마을 두 주인공을 고른다.

> **예시**
> 강제 결합법으로 찾은 아이디어
> 바퀴 + 신발 = 롤러스케이트
> 양말 + 고무 = 미끄럼 방지 양말
> 의자 + 바퀴 = 바퀴 달린 의자
> 휴대폰 + 지갑 = 카드 수납 휴대폰 케이스
> 슬리퍼 + 걸레 = 청소용 슬리퍼

2단계 대문 접기 형태로 종이접기

  그림책은 각기 다른 방향에서 달려오는 두 사물이 부딪치기 직전의 장면과 부딪친 후 새롭게 등장한 사물을 표현하는 장면으로 구성되어 있다. 앞뒤 장에 각각의 장면을 나누어 그려도 되지만 학생들이 상상해 보고 직접 열어 보는 재미를 더하기 위해 종이 접기 방법 중 대문 접기를 이용해 본다. 직사각형의 종이를 가로로 두고 반 접은 후 다시 펼쳐, 가운데 접은 선을 기준으로 양 끝의 종이를 접어 주는 방식이다.

반 접었다 펼치기

가운데 선을 기준으로 마주 보게 접기

3단계 사물 그리기

❶ 대문 접기가 완성되었다면, 문을 접은 상태에서 양쪽 문에 달려오는 사물을 각각 그린다. 문이 열린 상태에서 안쪽 종이의 가운데 부분에는 두 사물이 부딪혀 생긴 새로운 사물을 그린다.

❷ 문이 닫힌 상태와 열린 상태에서 사물을 스케치하였다면 채색 도구를 활용하여 색칠한다. 예를 들어, 문이 닫힌 상태에서 왼쪽 문에는 풍선을 그리고, 오른쪽 문에는 바구니를 그린다. 문을 열면 풍선과 바구니가 부딪쳐서 생긴 열기구를 그린다. 열기구 옆에 원하는 배경 등을 함께 꾸며도 좋다.

❸ 그림에 '풍선이 우다다다', '바구니가 우다다다'라고 쓰면 무엇을 표현했는지 더 잘 이해할 수 있다.

우물이 우다다다
손잡이가 우다다다

꽝~! 물컵이 생겼어요.

캐리어가 우다다다
집이 우다다다

꽝~! 가방형 인형의 집이 생겼어요.

활동 더하기

학생들이 완성한 책으로 '우다다다 달려 마을 퀴즈 대회'를 해도 좋다. 학생들이 한 명씩 나와 자신이 만든 책을 소개한다. 문이 닫힌 상태에서 다른 친구들에게 두 사물이 부딪쳐 무엇이 나올지 맞혀 보게 하면서 자신이 책을 소개한다. 학생들의 상상력을 자극하는 즐거운 놀이 활동이 된다.

편지 봉투로
한 장면

● 우리 집에 용이 나타났어요

『우리 집에 용이 나타났어요』는 용을 만난 소년 레군이가 용과 잘 지내기 위해 여러 전문가들과 편지를 주고받는 과정을 담은 그림책이다. 그림책의 지면에 편지 봉투가 포함되어 있고, 그 안에 편지가 들어 있어서 독자들이 봉투 속 편지를 직접 꺼내서 읽을 수 있다. 이렇게 책 속의 편지를 읽고 쓰는 활동은 독자와의 상호작용을 끌어내는 독특한 독서 경험을 제공한다. 학생들이 그림책의 이야기 속으로 오롯이 빠져들 수 있도록 편지 봉투가 있는 그림 장면으로 표현해 보자.

우리 집에 용이 나타났어요
엠마 야렛 글·그림, 이순영 옮김, 북극곰, 2018

용을 기다리던 레군이의 집에 정말 용이 나타났다. 하지만 불을 뿜는 용과 함께 사는 것은 쉽지 않다. 레군이는 다섯 명의 전문가들에게 편지를 보내 도움을 청했고, 마침내 답장이 왔다. 다섯 명의 전문가들이 보낸 편지는 책 속에 그대로 들어 있는데, 독자들로 하여금 서둘러 편지를 꺼내 읽고 싶은 충동을 느끼게 한다. 전문가들이 보낸 독창적이고 엉뚱한 제안은 이야기를 더욱 풍부하게 만들고, 그 과정에서 드러난 레군이와 용의 따뜻한 우정은 흐뭇하다. 이 책은 레군이가 받은 전문가의 편지를 소재로 독자의 자발성을 끌어낸다. 즉, 독자는 편지 봉투 속 편지를 꺼내 읽음으로써 이야기에 적극적으로 동참한다. 이는 독자의 기대와 호기심, 상상력을 자극함과 동시에 진정한 우정과 동행의 의미를 생각해 보는 기회를 제공한다.

그림책 읽고 나누기

상상 속의 동물, 용에 관한 생각이나 느낌을 이야기 나눈다. 어떤 모습일지, 무엇을 먹고 어떻게 생활할지 자유롭게 상상해 보고 각자가 상상한 용에 대해 마음속으로 이미지를 그려 보게 한다. 그러고 나서 그림책을 함께 읽는다. 편지를 읽기 전에 내용을 상상해 보는 것도 좋다. 학생들에게 가장 인상 깊었던 장면이나 궁금한 점 등에 대해 질문하고 그림책을 읽은 소감을 나눈다. 또, 책 속의 주인공 레군이처럼 실제로 용이 나타난다면 어떤 고민을 하게 될지 상상해 보고, 그 해결책도 생각해 본다.

나도 작가 되기

활동명   편지 봉투로 한 장면
준비물   A4 도화지 한 장, 다양한 편지 봉투와 편지지, 풀, 가위, 색연필, 사인펜

1단계 구상하기 및 준비하기

❶ 어떤 내용으로 편지 그림책을 만들 것인지 친구들과 함께 생각한다.

❷ 누군가에게 편지를 쓰거나 적절한 답장을 받는 상황을 구상한다. 그림책의 경우처럼 용이 나타났다는 설정도 가능하고, 괴물이나 유령 등도 좋다.

❸ 주인공과 그림책의 배경, 사건 등을 설정한 다음, 다른 등장인물 등에 대해서도 구체적으로 토의한다. 또한, 상상의 캐릭터를 정하고, 그 캐릭터와 함께 생활할 때 어떻게 해야 할지, 어떤 도움을 줄 수 있을지 생각해 본다. 예를 들면, 용이 나타났을 때 생길 수 있는 여러 어려움과 고민들, 문제 해결 방법 등에 대해 모둠 친구들과 나눈 다음, 그림책 장면으로 구상한다.

  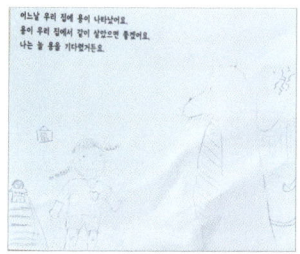

2단계 편지 봉투가 있는 장면 표현하기

❶ A4 도화지를 반으로 접은 다음 왼쪽 페이지에는 용과 함께 사는 방법에 대해 친구들에게 조언을 구하는 내용으로 짤막한 글을 쓰고, 그에 어울리는 그림을 그린다. A4 도화지의 오른쪽 페이지에는 색종이로 편지 봉투를 접어 미리 붙여 둔다.

❷ 편지 봉투가 있는 장면이 완성되면, 학생들의 작품을 모두 모은 다음, 무작위로 친구의 그림을 선택한다. 다른 친구의 편지 봉투 그림을 받고 나면, '용과 함께 지내는 법'에 대한 조언, 또는 제안하는 편지글을 써서 넣어 준다.

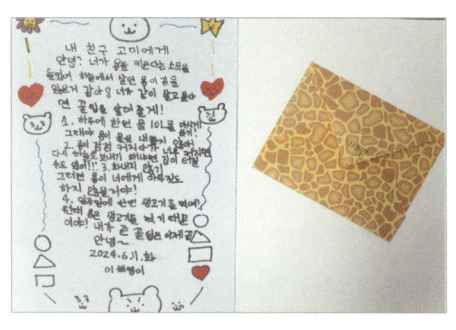

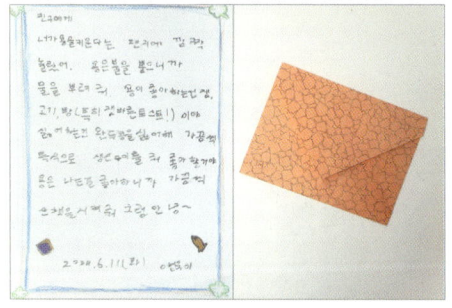
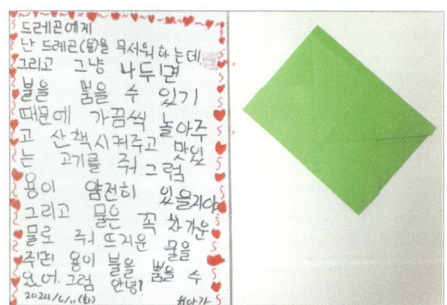

활동 더하기

다양한 편지지와 봉투

편지 봉투가 있는 장면으로 표현할 때는 학생들에게 다양한 편지지와 편지 봉투를 만들어 보는 기회를 충분히 제공한다. 재료와 형태, 접는 방법 등을 달리하여 자유롭게 꾸미고 만들면서 마음껏 창의력과 상상력을 발휘할 수 있다.

모둠별 역할극 하기

그림책의 한 장면을 완성한 뒤, 각 장면을 연결하여 학급 그림책으로 만들어 간단한 역할극을 해 볼 수 있다. 주인공 레군이와 용, 그리고 여러 친구들로 역할을 나누어 모둠별로 역할극을 진행하면 더욱 생동감 있게 읽을 수 있다. 이를 통해 더욱 실감 나고 재미있는 그림책 세계로 빠져들게 될 것이다.

책 얼굴로
한 장면

● 이 그림책을 ??하라

『이 그림책을 ??하라』는 책에 대한 고정관념을 깨뜨려 주는 책이다. 아무도 읽지 않는 책이 진짜 책일지 질문을 던지며 책을 구석구석 살펴보고 책으로 다양하게 활동하면서 책과 친숙해지게 한다. 나의 책은 어떤 마음일까? 그림책의 얼굴을 만들어 보자.

이 그림책을 ??하라
케리 스미스 글·그림, 김여진 옮김, 우리학교, 2023

어떤 사람은 이 책을 좀 불편해할지도 모른다. 책에 접근하는 방법이 조금 색다르기 때문이다. 책장을 넘기며 책과 이야기를 나누고 함께 놀다 보면 어느새 책을 사랑하게 만드는 그림책이다. 너무 소중해서 펴 보기조차 아까워 책꽂이에 꽂혀만 있다면 책의 역할을 다한 것일까? 책은 누군가 온갖 방법으로 읽어 주길 바라는 비밀 소원이 있다고 한다. 그 소원을 함께 이루기 위해 기발하고 파격적인 제안을 한다.

아이들은 책을 흔들고 문질러서 깨운 후, 책장을 만지고 냄새를 맡으면서 책과 놀이를 시작한다. 책을 접어 보고, 색깔도 살피면서 다양한 소리를 내 본다. 감각을 깨운 후에는 책에 옷을 입히고, 파티를 열어 책과 함께 상상의 나래를 펼친다. 책과 함께 다양하게 활동하고 책의 마음을 만나면서 책을 사랑하는 새로운 경험을 한다. 책과 신나게 놀며 책의 얼굴을 상상하고 나만의 책 얼굴 꾸미기를 하면서 책을 더 가까이하게 될 것이다.

그림책 읽고 나누기

책을 읽기 전 '??'에 어떤 말을 넣을 수 있을지 이야기를 나누면서 책 내용에 대한 궁금증을 갖도록 한다. 학생들의 답이 단순해도 활동한 이후 다시 같은 질문을 하면서 생각의 확장을 확인해 볼 수 있다. 그리고 뒤표지에 "책을 펼치기 전에 있는 힘껏 책을 흔드시오."라고 쓰여 있는 이유를 생각해 보고, 문구를 따라 책을 마음껏 흔들어 본다. 책에 나오는 '책 읽기 규칙'과 자기 생각을 비교해서 말하고, 어떤 규칙을 만들 수 있을지 이야기해 본다. 책에 나오는 내용을 직접 해 보면서 읽으면 훨씬 흥미롭다.

책을 읽은 후 책으로 가장 해 보고 싶은 활동을 육각 보드에 적고 그중 하나를 골라서 직접 경험해 본다. 책과 함께 마음껏 놀이를 즐긴 후 책도 쉬고 싶을지, 책을 어떻게 사랑해 줄 수 있는지 이야기를 나눈다.

책과 해 보고 싶은 활동

나도 작가 되기

활동명　책 얼굴로 한 장면
준비물　책 1권, 4절 색도화지, 얼굴 꾸밀 다양한 재료, 채색 도구, 풀, 가위, 육각 보드

1단계 구상하기 및 준비하기

그림책에 등장하는 책들은 마치 사람처럼 얼굴을 가지고 있다. 책으로 옷을 입기도 하고, 책이 멋진 옷을 입거나 날개를 달고 여행을 떠나기도 한다. 그리고 사랑받고 싶고 쉬고 싶을 때도 있다. 책들은 다양한 표정을 짓는다. 책이 표현한 다양한 표정을 보여 주면서 어떨 때 그런 표정을 지을지 이야기 나눈다.

> **예시**
>
> 책 표정을 보고 이유 말하기
> - 화났다: 사람들이 책을 읽어 주지 않아서
> - 기쁘다: 사람들이 많이 읽어 주고 소중히 다뤄서
> - 편안하다: 따뜻한 옷을 입고 있어서
> - 기분이 좋다: 재미있는 모험을 많이 해서

책의 얼굴을 꾸미기 전 나에게 책이란 무엇인지 육각 보드에 적고 이야기 나누면서 어떤 표정의 책을 만들고 싶은지 생각해 본다.

 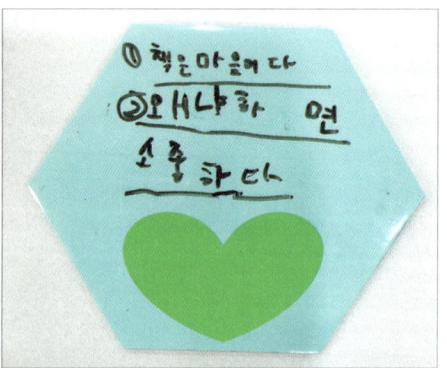

2단계 얼굴 모습 디자인하기

❶ 책 얼굴 꾸미기를 하기 전 어떤 표정으로 할지, 어떤 재료를 활용할 것인지 활동지에 계획해 본다. 학생들의 창의적인 생각이 들어갈 수 있도록 다양한 얼굴의 사진을 보여 준다.

❷ 다양한 소재들을 준비하고, 계획하기 전에 사용할 재료 탐색 시간을 갖는다. 재료는 다양한 질감의 종이, 색종이, 털실, 헝겊 조각, 눈알 스티커, 잡지 등을 사용한다. 사전에 꾸미기 활동에 사용하고 싶은 재료를 각자 준비해 오거나 재활용품을

활용하면 좋다.

❸ 활동지 책 모양에 얼굴을 그리고, 어떤 재료를 사용할 것인지 구체적으로 적는다. 그리고 자신이 꾸밀 책의 제목을 정하고 어떤 표정의 책을 만들 것인지 설명을 적는다.

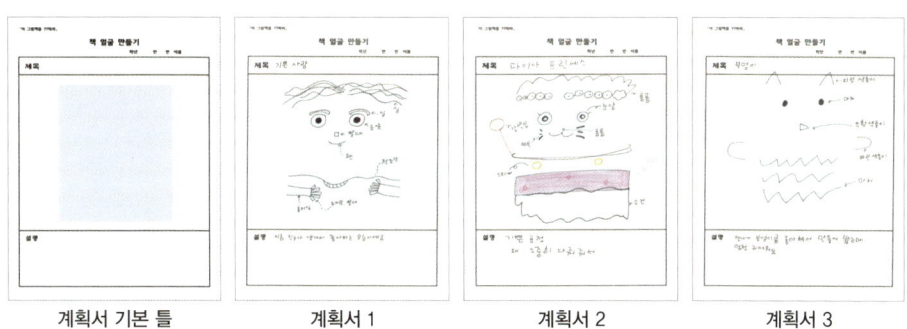

계획서 기본 틀   계획서 1   계획서 2   계획서 3

3단계 책 얼굴 꾸미기

사용하지 않는 책 중 표지가 두꺼운 것을 정해서 겉표지를 다양한 색지로 싼다. 책의 크기는 다양하게 하여 학생들이 자유롭게 고를 수 있게 한다. 자신이 만들고 싶은 크기의 책을 가지고 와서 직접 겉표지를 싸는 활동을 해도 좋다.

색지로 싼 책

계획서를 보면서 재료를 가지고 자유롭게 꾸민다. 계획을 했지만 만들면서 새롭게 떠오른 것을 적용하여 수정할 수 있다. 재료를 붙일 때는 투명 테이프보다 목공풀이나 글루건을 사용하는 것이 좋다. 글루건을 사용할 때는 사전에 안전 규칙을 안내하고 보호 장갑을 착용하도록 한다.

작품 1　　　　　　　　작품 2　　　　　　　　작품 3

4단계 책 얼굴 전시회

『이 그림책을 ??하라』에서 '??'는 무엇을 하자고 하는 것인지 그림책을 읽기 전에 했던 질문을 다시 한다. 처음에는 '따라', '생각' 정도로 말했는데, 활동 이후에는 '좋아', '정복', '고마워', '깨우게', '사랑', '맞춰', '명령', '기쁘게', '소중히' 등 다양한 답이 나왔다.

계획서, 만든 작품, 책 제목에 대한 생각 적은 것을 모아서 전시회를 꾸민다. 작품은 겉표지에 싼 책 그대로를 전시하고 갤러리 워크 형식으로 진행한다. 친구들의 작품을 감상한 이후 기억에 남는 작품, 활동하면서 느낀 점을 나눈다.

활동 더하기

책과 함께 활동하고 책 얼굴 만들기를 하면서 느꼈던 생각을 정리하여 '책 읽기 규칙'을 만든다. 책싸개 안쪽에는 나만의 코르크 인형 만들기 포스터가 있는데 인형을 만들어 '책 얼굴 전시회'에 함께 전시할 수 있다. 자기가 만든 책을 가지고 그림책을 다시 읽으면서 책에 나오는 활동을 다양하게 할 수 있다. 책에 나오는 활동 중 해 보고 싶은 것을 몇 가지 해 보거나, 모둠이나 개인적으로 하고 싶은 것을 해 보고 느낀 점을 나눈다. 전시회 대신 학생들이 만든 책을 보여 주면서 어떤 표정을 표현한 것인지 맞히거나 작품의 제목을 붙여 주고 제일 마음에 드는 것 하나를 선정할 수 있다.

색으로 표현하는
한 장면

● 이 색 다 바나나

『이 색 다 바나나』는 우리가 알고 있는 동물이나 사물 등의 대상을 다양한 색으로 보여 주는 그림책이다. 하나의 사물을 생각하면 떠오르는 대표적인 색이 있다. 하지만 이 그림책은 한 가지 색이 아닌 다양한 색을 보여 주어 서로 다름(다양성)에 대해 생각하게 한다. 나에 대해 생각해 보고 나를 색으로 표현하는 책의 한 장면을 만들어 보자.

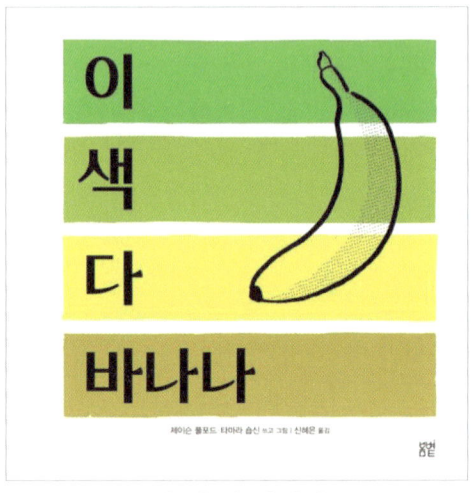

이 색 다 바나나
제이슨 풀포드 글. 타마라 숩신 그림. 신혜은 옮김. 봄볕, 2022

　하나의 대상을 표현하는 색은 한 가지가 아니라 다양할 수 있음을 보여 주는 그림책이다. 예를 들어 우리는 '바나나' 하면 노란색의 이미지를 떠올린다. 하지만 실제 바나나는 익기 전에는 초록색, 익어 가면서 점점 노란색으로 변하고, 시간이 흘러 더 익으면 갈색으로 변한다. '사과' 하면 빨간색을 떠올리지만 실제 사과는 품종에 따라 노란색, 빨간색, 초록색 등 다양하다. 이처럼 하나의 사물을 나타내는 다양한 색을 직관적으로 볼 수 있게 바둑판 형식의 네모 칸에 색으로 표현한 그림책이다.
　마지막 장면에는 다양한 인종의 피부색을 여러 색으로 표현하고 구멍 난 부분에 자신의 피부를 대어 보도록 제작되어 있다. 이처럼 작가가 만들어 놓은 장치를 통해 사물의 다양성에 대해 생각해 볼 수 있다. 우리는 보통 피부는 살색이라고 생각한다. 하지만 흑인, 황인, 백인 등 인종에 따라 다양한 피부색이 있고, 같은 인종이라도 유전적 요인이나 환경에 따라 서로 다른 피부색을 가진다. 그러나 우리가 가진 선입견이나 편견, 또는 다양성에 대해 충분히 고민해 보지 않고, 한 대상을 한두 가지 색으로 한정 짓는다. 이러한 틀을 깨고 서로 다름을 인정하고 다양성에 대해 나누기에 좋은 그림책이다.

그림책 읽고 나누기

 이 그림책은 하나의 대상을 다양한 색으로 표현하고 있어 실물 화상기를 통해 살펴보기보다는 실물 책으로 보면 색감을 느끼기에 더 좋다. 책에 제시된 사물이나 대상을 찾아보고 실제는 어떤 색인지 찾아보는 것도 좋다. 예를 들어, 책에 나온 장미를 인터넷 검색이나 도감 등을 통해 찾아보되 다양한 품종의 장미를 찾아보며 작가가 표현한 색과 일치하는지 등을 비교해 보는 것이다. 이어 이 책의 주제인 서로 다름에 대해 이야기를 나누고, 우리 반을 구성하고 있는 나와 친구들이 가진 다양성에 대한 탐구로 이어 간다.

나도 작가 되기

활동명 색으로 표현하는 한 장면
준비물 도화지, 채색 도구 등

1단계 구상하기 및 준비하기

❶ 그림책을 읽고 다양성에 대해 생각해 보았다면 우리 반을 구성하고 있는 나와 친구의 다양성에 대해서 생각하는 시간을 가진다. 하나의 대상은 여러 색으로 이루어졌음을 보여 주는 그림책처럼 나를 표현할 수 있는 다양한 색을 찾아본다. 이를 위해 나를 생각해 보며 스스로에게 질문하고 답하는 시간이 필요하다.

❷ 내가 좋아하는 것은 무엇인지, 나의 성격은 어떠한지, 나는 무엇을 할 때 행복을 느끼는지 나와 관련된 질문을 스스로에게 던지고 답을 찾으며 그 답에서 힌트를 얻어 나를 색으로 표현해 보는 것이다. 예를 들어 툭하면 눈물이 나고 얼굴이 빨개지는 나를 토마토 과즙이 툭 터지는 장면과 연결하여 빨간색으로 표현하는 것이다. 평소 푸른 잔디밭에서 뛰노는 것을 좋아하는 나를 연두색으로 표현할 수도 있다. 이런 방법으로 나를 나타낼 수 있는 색을 4가지 찾아 정리한다. 이때 색은 빨간색, 연두색, 노란색으로 단순히 표현하기보다는 토마토 과즙이 팡 터지는 색, 푸른 잔디를 닮은 연두색처럼 색이 주는 느낌을 함께 표현한다.

> **예시**
>
> 나를 색으로 표현하기
>
> 밤하늘에 홀로 뜬 달님색, 끝없이 펼쳐진 우주색, 깊은 바다 심해색, 첨벙첨벙 물색, 뾰족뾰족 가시색, 희망을 품은 노란 나비색, 멍든 보라색, 우리 반 반티색, 깜깜한 밤하늘의 빛나는 별색, 열정 마음색 등

2단계 나를 색으로 표현하기

❶ 4가지 색으로 찾은 나를 직접 색으로 표현한다. 크레파스, 사인펜, 마커, 색연필 등 다양한 채색 도구를 활용할 수 있지만, 색을 혼합하여 다양한 색을 표현하기에 좋은 재료는 물감이다. 물감은 기본색만으로도 혼합하여 나만의 색을 만들 수 있기 때문이다.

❷ 1단계에서 찾은 나를 표현하는 색을 떠올리며 물감을 혼합하여 나만의 색을 만든다. 이때 10색상환을 바탕으로 물감을 섞어서 만들 수 있는 색상의 혼합 원리를 간단하게 알려 줘도 좋다. 빨강과 노랑이 만나면 주황, 초록과 노랑이 만나면 연두가 되듯 이웃하는 두 색을 섞어 만들 수 있는 색을 알려 주어 물감의 양을 조절하며 나만의 색을 만든다.

❸ 네모가 4개 그려진 도화지에 나를 표현하는 4가지 색을 만들어 칠한 후 잘 말린다. 물감이 마른 후 4가지 색이 칠해진 네모 칸을 각각 잘라 둔다.

❹ 빈 도화지에 오린 것을 붙여서 나를 색으로 표현한 페이지를 완성한다. 물감을 사용하여 채색하기 때문에 네모 칸 밖으로 물감이 삐져 나가는 경우가 많다. 일단 학생들이 편하게 활동한 뒤, 이를 잘라 붙이게 하면 좀 더 깔끔하게 작품을 완성할 수 있다.

기본 틀이 그려진 도화지   나를 4가지 색으로 표현하기

3단계 나의 색 설명서 작성하기

❶ 오른쪽 페이지에는 나의 색을 설명하는 설명서를 작성한다. 예를 들어, '평화로운 하늘색'이라면 그렇게 표현한 이유를 써 보는 것이다. 나를 색으로 표현한 페이지의 오른쪽 페이지에 '평화롭게 하늘을 날고 싶기 때문이다'라고 설명글을 완성한다. 나를 표현한 색을 눈으로 확인하고 나면 그다음 마주 보는 페이지에서 그 이유를 읽게 되는 구조이다.

❷ 왼쪽 페이지의 색마다 '이', '색', '다', '○○○' 글자를 네임펜으로 써서 마무리한다. ○○○에는 나의 이름을 쓴다. 이는 4가지 색이 모두 나를 의미한다는 뜻이다.

 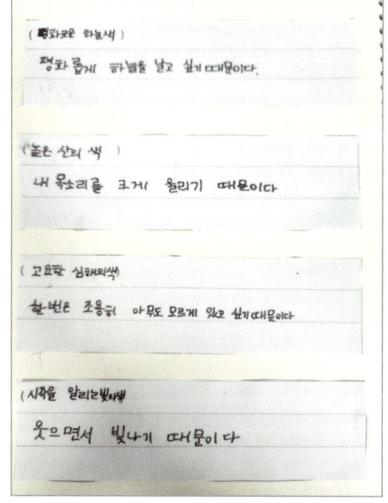

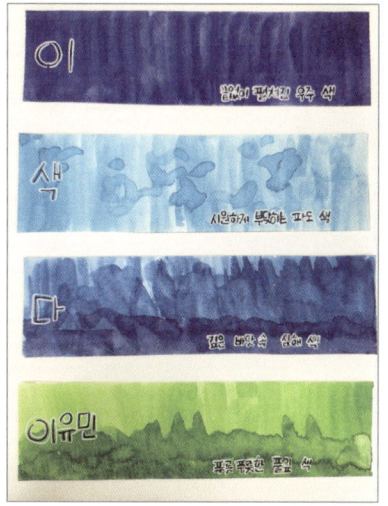 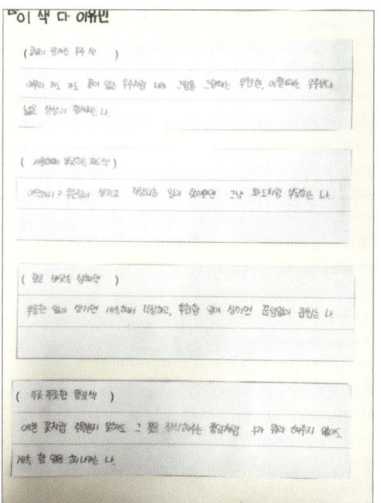

활동 더하기

물감 대신 색종이 활용하기

나를 색으로 표현하는 책 만들기 활동 시 물감 대신 색종이를 활용해도 좋다. 다양한 색이 많이 들어 있는 것을 활용하되 색종이를 3~4조각으로 잘라 미리 제공하면 자신을 표현할 수 있는 색을 찾아 붙이고 위와 같은 방법으로 활동할 수 있다.

시집 『이 색 다 우리 반』 만들기

4가지 색으로 나를 표현한 글의 어미 정도만 가다듬고 연과 행만 나누면 나를 표현하는 훌륭한 시가 된다. 학생들이 쓴 글을 모아 『이 색 다 우리 반』을 완성해 본다.

접고 펼치는 한 장면

● 이렇게 접어요

『이렇게 접어요』는 다양한 형태로 그어진 빨간 점선을 따라 책 모서리를 접거나 펼치면서 작가가 던지는 질문과 선택에 대해 생각해 보는 철학 그림책이다. 그림책 페이지의 일부분을 다양한 방법으로 접거나 펼쳐 보며 그림책에 담긴 다양한 이야기 속으로 적극적으로 참여함으로써 창의성과 상상력을 키울 수 있다. 접힘은 그림의 특정 요소를 드러내거나 숨기는 역할을 하여 이야기의 한 부분에서 다른 부분으로 다양하게 전환할 수 있도록 해 준다. 새롭게 접거나 펼칠 때마다 그림 속 상황이 완전히 달라지기 때문에 더욱 독자의 관심을 자극한다. 종이의 한 부분을 다양한 방법으로 접거나 펼쳐 보는 활동으로 색다른 그림책의 묘미를 느껴 보자.

이렇게 접어요
이보나 흐미엘레프스카 글·그림, 이지원 옮김, 논장, 2021

이 책은 그림책의 모서리를 한 장 한 장 접으면서 철학적인 질문을 탐구한다. 책을 접을 때마다 다양한 이야기가 비유적으로 펼쳐진다. 편지 봉투를 접고, 아이스크림을 접는다. 부채질을 하거나 소년에게 햇빛을 가릴 모자를 씌워 주기도 한다. 이렇게 독자가 직접 종이접기를 통해 그림책의 페이지와 상호 작용하면서 일련의 장면들과 이야기가 펼쳐진다. 페이지를 접었다 펼칠 때마다 삶의 이중성을 반영하는 즐겁거나 암울한 장면이 나타난다. 종이를 접는 독자의 선택에 따라 원하지 않는 현실을 숨길 수도 있고 가혹한 진실을 드러낼 수도 있다. 책 모서리를 접을지 펼칠지 선택해야 하는 독자를 작가는 도와줘도 되지만 꼭 그래야 하는 건 아니라고 조언한다. 이 그림책은 독자의 적극적인 참여와 선택을 끌어내고 대화를 불러일으킨다. 또한 우리의 도덕적 선택과 그 선택이 타인의 삶에 미치는 영향을 생각해 볼 수 있다.

그림책 읽고 나누기

표지를 펼치면 고개 숙인 소년의 모습이 나온다. 표지 그림을 보며 떠오르는 생각 등을 함께 이야기 나눈다. 그림책을 읽으며 접는 선을 따라 책의 모서리를 접으면 그 속에서 다양한 선택의 상황이 드러난다. 종이를 접기 전과 접은 후의 변화, 달라진 이미지와 생각 등에 대해 학생들과 다양한 이야기를 나눈다. 그림책의 각 장면에 담긴 선택의 갈림길에서 결정은 쉽지 않다. 깊은 고민이 필요한 선택도 있고, 때로는 철학적인 물음을 담고 있기도 하다. 그림책의 특정 장면에 머물러서 학생들이 종이를 접거나 접지 않는 선택을 하게 하고, 어떤 선택을 할지, 그 이유는 무엇인지 토의해 본다.

나도 작가 되기

활동명   접고 펼치는 한 장면
준비물   A4 도화지, 풀, 가위, 색연필, 사인펜

1단계 구상하기 및 준비하기

그림책을 읽고 나서 어떤 주제와 내용으로 그림책을 만들고 싶은지를 친구들과 함께 협의한다. 『이렇게 접어요』는 종이를 접는 형태에 따라 다른 상황이 펼쳐지는 여러 장면을 담고 있으므로 이를 참고하여 적절한 상황을 생각해 본다. 다만, 그림책에서 다룬 철학적인 상황이 학생들에게는 어려울 수 있으므로, 학생들이 쉽게 떠올릴 수 있는 선택 상황을 상상해 본다. 즉, 접거나 펼쳤을 때 장면의 변화가 일어나는 다양한 상황을 떠올려 보고, 종이를 접는 여러 방법을 생각하여 접기와 펼치기의 효과를 극대화할 수 있는 그림 장면을 구상한다.

2단계 접고 펼치는 장면 표현하기

❶ A4 도화지에 접거나 펼쳐서 표현할 수 있는 다양한 상황을 생각하여 밑그림을

그린다. 종이를 가로 또는 세로 방향으로 선택하여 밑그림을 그리고 종이를 접을 위치와 방향, 크기 등을 고려하여 접는 선을 표시한다.

❷ 접었을 때 보이는 부분에 적절한 그림을 덧붙여 그린다. 이때, 원래의 그림과 접었을 때 나타나는 그림이 한 장의 그림처럼 자연스럽게 연결되도록 세심하게 주의하여 그림을 그린다.

❸ 밑그림이 완성되면, 색연필, 사인펜 등 적절한 채색 도구로 밑그림을 색칠한다.

3단계 장면에 어울리는 글쓰기

❶ 그림을 그린 종이를 접는 선에 따라 펼쳤을 때와 접었을 때 어떻게 표현되는지 확인하고, 그림 장면에 해당하는 글을 쓴다. 글을 쓸 때는 종이를 접거나 펼쳤을 때 글이 어떻게 보일지를 미리 생각하여, 글의 위치나 방향 등을 적절히 고려해야 한다.

❷ 주제에 맞게 순서를 정하여 그림 장면을 연결하여 책으로 묶어도 좋다. 학생들이 그린 그림들을 모아 주제와 이야기 속 상황 등을 고려하여 그림의 순서를 정한다.

❸ 전체적인 이야기의 구성, 짜임새 등을 살펴보고 수정하거나 보완해야 할 부분을 찾아 꼼꼼히 점검한 뒤, 그림책의 제목과 표지 그림 등을 완성하고 앞표지와 뒤표지를 붙여 그림책을 완성한다.

활동 더하기

　종이를 접거나 펼쳐서 원래의 그림 위에 다른 그림을 겹치는 방식을 이용하여 다양한 형태의 미술 작품을 꾸미거나 만들 수 있다. 종이를 접어서 색칠하는 것 이외에도 종이를 자르거나 오릴 수도 있고 다양한 재료를 활용한 콜라주도 가능하다. 또, 접기를 이용한 그림책을 함께 읽으며 그림책 상황에 따라 종이를 접을 것인지, 펼 것인지를 선택하고, 자신의 선택과 그 이유에 대해 친구들과 함께 이야기 나누는 토의 활동으로 진행한다.

자연물을 동물로 한 장면

● 이파리로 그릴까

『이파리로 그릴까』는 계절에 따라 피고 지는 주변의 다양한 꽃잎과 나뭇잎의 모양을 관찰하고, 그 특징들을 활용해 사물을 표현한 그림책이다. 학생들과 함께 여러 자연물을 채집한 후, 각자의 창의력을 발휘하여 자신만의 동물을 표현해 보자.

이파리로 그릴까
이보너 라세트 글·그림, 시금치, 2018

    봄, 여름, 가을, 겨울 계절마다 피어나고 변화하는 다양한 색깔의 꽃들과 나무들의 모습은 학생들의 무한한 상상력을 자극하기에 충분하다. 책 속에는 계절별로 관찰할 수 있는 다양한 자연물을 활용해 동물의 특징을 표현하는 다채로운 예시들이 담겨 있다. 예를 들어, 화려한 꽃잎으로 만든 귀여운 돼지, 싱그러운 나뭇잎으로 표현된 느긋한 거북이, 꽃잎과 나뭇잎이 조화롭게 어우러져 창의적이고 독특한 동물들의 모습이 생동감 있게 그려져 있다.

    일상에서 쉽게 접할 수 있는 자연물을 활용해 새로운 동물의 모습을 창조하는 과정은 상상력을 자극할 뿐만 아니라 자연에 대한 소중함을 느끼게 하고 생태 감수성을 함께 길러 준다. 이러한 활동은 단순히 그림을 그리는 것을 넘어, 평소 무심코 지나쳤던 자연물들을 다시 한번 자세히 관찰하고 탐구할 기회를 제공한다. 아이들은 꽃잎, 나뭇잎, 가지 등을 채집하며 자연의 미묘한 차이와 아름다움을 깨닫게 되고, 이를 바탕으로 자신만의 독창적인 동물을 창조해 나간다. 예를 들어, 다채로운 색의 꽃잎을 모아 화려한 깃털을 가진 새를 만들거나, 다양한 모양의 나뭇잎을 사용해 물에서 살아가는 개구리를 표현할 수 있다. 이러한 활동은 자연의 아름다움과 다양성을 깊이 이해하게 하며, 자기 상상력을 마음껏 펼칠 수 있는 계기를 마련해 준다.

그림책 읽고 나누기

❶ 그림책을 함께 읽은 후, 주변에서 보았던 나무와 꽃들에 관해 이야기 나눈다.

> **잠깐!**
> 마인드맵을 활용해 학생들의 생각을 시각적으로 표현한다. 학생들은 각자 떠오르는 나무와 꽃들의 이름을 말하며 이를 칠판에 적어 나간다. 예를 들어, 봄에 보았던 벚꽃, 여름에 피는 해바라기, 가을에 붉게 물드는 단풍나무, 겨울에 볼 수 있는 소나무 등 계절별로 다양한 식물들을 떠올릴 수 있다.

❷ 각자가 표현하고 싶은 동물에 관해 이야기한다. 자신의 마음속에 떠오르는 동물들을 이야기하며, 그 동물을 어떤 자연물을 사용해 표현할 것인지 생각해 본다. 예를 들면, "나는 강아지를 그리고 싶은데, 강아지의 귀를 나뭇잎으로 만들고 싶어." 또는 "나는 나비를 그리고 싶은데, 날개를 꽃잎으로 표현하면 좋을 것 같아." 등 아이들의 창의적인 아이디어를 존중해 주며 표현할 수 있도록 격려한다.

나도 작가 되기

활동명   자연물을 동물로 한 장면
준비물   동물 사진 또는 그림, A4 용지, 나뭇잎과 꽃잎, 목공풀

1단계 구상하기 및 준비하기

❶ 자신이 표현하고자 하는 동물의 사진을 보며 어떤 나뭇잎과 꽃잎으로 표현할지 미리 구상한다.

❷ 구상이 끝나면, 집이나 학교 주변에서 채집해 온 나뭇잎과 꽃잎 중 자신이 표현하고자 하는 동물과 어울리는 것들을 준비한다.

> **잠깐!**
> 이 과정에서는 꽃이나 나뭇잎을 꺾지 않고, 떨어진 것들을 주울 수 있도록 지도하여 자연을 소중히 여기는 마음을 기를 수 있도록 한다. 이렇게 만들어진 동물들은 자신만의 독특한 작품이 될 것이며, 이를 통해 상상력과 창의성을 발휘할 수 있다. 또한, 자연물의 다양성과 아름다움을 재발견하며, 자연을 보호하는 마음도 자연스럽게 배울 수 있다.

2단계 자연물 배치해 보기

❶ 동물 사진을 참고하며, 채집해 온 나뭇잎과 꽃잎을 선택한다.

❷ A4 용지에 자신이 표현하고 싶은 동물의 기본적인 윤곽을 연필로 스케치한다.

❸ 채집해 온 나뭇잎과 꽃잎을 사용해 동물의 윤곽에 맞추어 배치한다.

> **잠깐!**
> 이 과정에서 자연물을 활용해 독특하게 표현하는 다양한 방법들을 예시로 보여 주며 설명한다. 예시로 사용할 수 있는 기법에는 겹쳐서 표현하기, 방향을 바꿔 표현하기, 자르거나 찢어서 표현하기, 다양한 색상을 조합해 보기 등이 있다. 예를 들어, 새를 만들고 싶다면 나뭇잎을 길게 자르고 여러 겹으로 겹쳐 깃털을 표현한다. 사슴을 만들고 싶다면 가는 나뭇가지를 활용해 뿔을 만들 수 있다.

❹ 자연물을 활용한 창의적인 표현을 통해 작품이 완성되면, 공유하는 시간을 가진다.

3단계 글쓰기

❶ 동물 모습을 자연물로 적절하게 배치했다면, 자연물들이 움직이지 않도록 뒷면에 목공풀을 발라 A4 용지 위에 붙인다.

❷ 자연물을 고정한 후, 종이 위에 표현한 동물 이름을 쓴다. 또한, 자신이 표현한 동물을 좀 더 생동감 있게 표현하기 위해 동물 이름 앞에 동물의 모습을 자세히 묘사할 수 있는 낱말을 추가한다. 예를 들어, 나비를 표현했다면 '하늘을 나는 나비'처럼, 자신이 표현한 대상을 구체적으로 설명하는 표현을 추가한다.

> **잠깐!**
> 이러한 활동을 통해 자신의 창의적인 작품을 보다 구체적이고 생동감 있게 표현하는 능력을 기를 수 있다. 또한, 글쓰기를 통해 자연물을 관찰한 감상과 생각을 더 깊이 있게 표현할 수 있다.

하늘을 나는 여우

어슬렁 먹이를 찾는 사자

푸른 하늘을 나는 나비

친구를 기다리는 참새

활동 더하기

　자연물을 활용해 만든 책은 서로 이어 붙이다가 작품이 손상될 수 있으므로, 사진을 찍어 북크리에터로 책을 만들어 보자. 종이 위에 표현된 동물의 모습을 사진으로 촬영한 후, 북크리에이터 프로그램에 사진을 삽입한다. 그다음, 학생들이 쓴 글을 프로그램의 글씨 쓰기 기능을 이용해 추가한다. 이렇게 아이들 각각의 작품들을 모두 모아 한 권의 온라인 책을 만들면, 작품을 보존하기 편리하며 더 많은 사람들과 공유할 수 있다.

폴딩북으로 한 장면

● 접으면

『접으면』은 책의 펼침면 오른쪽 페이지의 절반을 접어서 왼쪽 장면과 맞물려 보는 그림책이다. 펼쳐서 볼 때와 접어서 볼 때 달라지는 그림을 통해 글과 장면이 완성된다. 접으면 새롭게 보이는 장면을 만들며 처음을 기억하고 작은 시작을 소중히 여기는 마음을 가져 보자.

접으면

김윤정 글, 최덕규 그림, 윤에디션, 2023

　울창한 숲도 나무 한 그루에서 시작하고 물을 가득 담은 호수도 물 한 방울에서 시작한다. 풍성한 열매도 작은 씨앗에서 시작된다. 이 책은 삶에서 당연하게 여겨지는 모든 것에 처음이 있고, 훌륭한 결과를 얻기까지 혼자만의 힘이 아닌 많은 이들의 도움과 협력이 있었음을 보여 준다. 세상은 사람과 사람이 만나고, 자연과 자연, 자연과 사람이 만나 더욱 풍성하고 아름다워진다는 것을 느낄 수 있다.

　『접으면』은 오른쪽 책장을 접으면 처음이 보이고 책장을 펼치면 미래가 보인다. 책의 종이를 독자가 직접 접어야 내용이 완성되며, 펼침면과 독자가 접은 종이가 만나면 새로운 이야기가 만들어진다. 오른쪽의 종이를 접어 맞대는 순간, 숨겨져 있던 풍성하고 아름다운 '처음' 모습이 나타난다. 이 책을 보며 학생들은 현재의 모습을 통해 과거를 떠올리고, 눈에 보이지 않는 것을 상상하는 힘을 키울 수 있다. 또한 어떠한 결과물이나 꿈꾸던 미래를 위해서는 처음의 시작과 도전이 중요하다는 것을 깨달을 수 있다.

그림책 읽고 나누기

『접으면』은 독자가 직접 종이를 접으며 읽는 책이므로 실물 화상기를 이용하여 책이 접히는 모양을 보며 읽는 것이 좋다. 뒷이야기를 상상하며 책을 읽으면 이야기에 더욱 몰입된다. 교사가 읽어 준 후에는 학생들이 직접 종이를 접으며 책을 읽어 볼 수 있도록 한다. 책을 읽고 나서 가장 마음에 와닿은 장면을 이야기하며 책이 주는 감동을 나눈다. 그런 다음 내가 꿈꾸는 모습이나 바라는 것이 무엇인지 떠올린다. "피아니스트가 되고 싶어요.", "친구들과 사이좋게 놀고 싶어요.", "수학을 잘하고 싶어요." 바라는 모습을 이야기 나눈 후에는 그 결과를 얻기 위한 첫 시작이 무엇일지 생각해 봄으로써 시작의 중요함을 느낄 수 있다.

나도 작가 되기

활동명　폴딩북으로 한 장면
준비물　A4 도화지 1장, 채색 도구 등

1단계 구상하기 및 준비하기

내가 바라는 것이나 꿈꾸는 미래의 모습을 떠올려 표현하고 싶은 장면을 생각한다. 그 장면의 첫 시작이 무엇일지 생각하여 작은 그림이 나오도록 구상한다. 종이의 오른쪽을 접었을 때 첫 시작을 의미하는 그림이 나오고, 종이를 펼쳤을 때 꿈꾸는 미래의 모습이 보이도록 한다. 종이의 왼쪽에 문장의 절반을 쓰고, 오른쪽에 나머지 문장의 절반을 써서 한 문장을 완성한다. 종이는 약간 두께가 있는 것을 사용한다.

내가 바라는 것, 꿈꾸는 미래	처음 시작
• 피아니스트	• 음표 하나
• 친구들과 사이좋게 노는 것	• 먼저 내미는 나의 손
• 수학을 잘하는 것	• 연산 연습
• 유명한 요리사	• 칼질 연습
• 부자가 되는 것	• 동전 하나
• 작가가 되는 것	• 글쓰기 연습

2단계 폴딩북 만들기

❶ A4 도화지를 절반으로 접은 상태에서 오른쪽을 절반만 바깥쪽으로 접는다.

❷ '처음 시작'에 해당하는 것을 접힌 종이의 가운데 지점에 그린다. 종이를 펼치면 처음 그린 그림이 펼침면의 양쪽에 나누어 그려진다. 이 그림을 확장하여 '내가 바라는 것, 꿈꾸는 미래'의 모습을 그린다. 이때 종이를 다시 접었을 때 첫 장면이 바뀌지 않도록 주의하며, 그림 그릴 공간을 연필을 이용하여 선을 그린 후 나중에 지우는 것도 좋다.

❸ 펼침면의 왼쪽에는 결과에 해당하는 문구를 쓰고, 종이를 접은 후 오른쪽 면에는 처음 시작에 해당하는 문장을 쓴다. 마지막으로 색칠 도구를 사용하여 알맞게 색칠한다.

종이를 접은 모습

처음 시작에 해당하는 그림을
가운데에 그린다.

처음 그린 음표를 이용하여 펼침면에 그린 그림
- 피아니스트

그림에 알맞게 문장을 써 넣는다.

 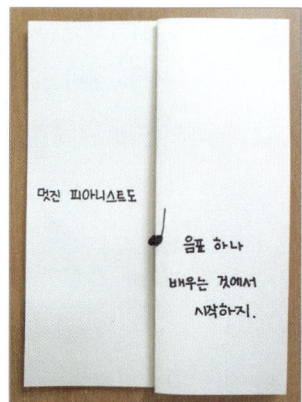

활동 더하기

 학생들이 만든 작품을 모아서 왼쪽을 스테이플러(또는 양면테이프)로 고정한 후 한 권의 책으로 만들 수 있다. 예를 들어, 종이를 접으면 작아 보이는 지렁이 한 마리가 종이를 펼치면 아주 기다란 실뱀이 되고, 작은 하트 하나를 펼치면 웃는 사람의 얼굴이 나온다. 이처럼 눈에 보이지 않는 모습을 상상하여 표현하거나, 고정관념을 깨뜨리는 장면을 넣을 수 있다. 이럴 경우 '접으면' 대신 '펼치면'을 제목으로 하여, 펼쳤을 때 달라지는 모습을 재치 있게 표현한다.

하늘 조각으로
한 장면

● 하늘 조각

『하늘 조각』은 호기심을 불러일으키는 정체를 알 수 없는 파란 조각이 나오는 그림책이다. 책장을 넘기면 풍경과 어우러진 멋진 하늘 조각을 만날 수 있다. 주위를 세심하게 살피고 어디에 하늘이 담겨 있는지 찾아보며 나만의 하늘 조각 책을 만들어 보자.

하늘 조각
이순옥 글·그림, 길벗어린이, 2021

 아빠와 놀러 갈 생각에 들뜬 아이는 파란 하늘이 건네는 다정한 인사를 받지 못한다. 하늘은 놀러 가는 아이를 따라가며 계속 말을 걸어 보지만 아이와의 눈맞춤이 쉽지 않다. 하늘은 아이와 마주 볼 수 있을까? 책장을 넘기며 무엇인지 알 수 없는 파란 조각의 정체를 추측하면서 자유롭게 상상하며 즐길 수 있다. 다음 장에는 산과 터널을 연상시키던 파란 조각이 건물과 물건에 합해지면서 우리에게 익숙한 하늘이었다는 사실을 알게 된다. 익숙한 것을 새롭게 바라보게 되어 창의성을 기르는 데 도움이 된다.
 이 책은 일상에서 만나는 하늘을 새롭게 바라보게 한다. 배경의 일부로 인식되는 하늘을 배경에서 떼어 내어 작은 파란 조각으로 책에 등장시켜 궁금증을 유발하고 다음 장에서는 그것이 무엇이었는지 알려 준다. 파란 조각으로 질문을 던지고 책장을 넘기면 파란 조각이 어디에 있는지 답을 알려 주는 형식으로 이야기를 진행한다. 하늘 조각이 어디에 있을까 생각하며 이야기를 만들면 상상력이 자극되어 확산적 사고를 촉진한다.

그림책 읽고 나누기

책을 보여 주기 전에 "하늘은 어디에 있나요?" 하고 묻고 책을 보여 준다. 책을 펼치기 전에 『하늘 조각』은 르네 마그리트의 그림 〈잘못된 거울〉을 오마주한 그림책이라고 알려 주고 그림을 감상한다. 표지를 살펴보며 〈잘못된 거울〉과 같은 점, 다른 점을 찾는다. 면지에 그려진 회색 그림이 무엇일지 예상해 본다. 책을 함께 읽으며 파란 조각이 무엇인지 유추해 보고 작가처럼 하늘 조각을 본 적이 있는지 이야기 나눈다. 예상하지 못한 장소에서 하늘을 본 적이 있다면 그때 느낌과 감정이 어떠하였는지 학급 전체와 공유한다. 책을 읽은 뒤 "하늘은 어디에 있나요?"라고 다시 묻는다. 처음에 하늘이라고 대답했던 아이들이 다양한 곳에 하늘이 있다고 대답할 것이다. 이 책은 익숙한 것을 낯설게 바라보게 하여 창의성을 키우고 새로운 아이디어를 발견하는 데 도움을 준다.

나도 작가 되기

활동명 하늘 조각으로 한 장면
준비물 A4 두꺼운 종이 2장, 가위, 송곳, 연필, 지우개, 채색 도구 등

1단계 구상하기 및 준비하기

하늘 조각을 본 경험을 떠올리거나 주위에서 찾아본다. 교실에서 하늘 조각 찾기가 어렵다면 운동장으로 나가 하늘을 보는 것도 좋다. 실제로 하늘을 보고 나면 하늘 조각을 본 기억이 되살아나기도 하고 어렴풋이 떠올랐던 아이디어가 좀 더 구체적인 모습으로 발전한다. 파란 조각을 먼저 그려 보자. 다음 장에는 파란 조각이 건물이나 산 등과 어울린 멋진 하늘 풍경이 그려져 있다. 그림책과 같은 느낌을 주기 위해서는 앞 장과 다음 장의 파란 조각을 같은 크기로 똑같은 위치에 그려야 한다.

> **같이!**
> 초등학생이 책처럼 파란 조각을 2장의 종이에 같은 크기로 그리고, 동일한 위치에 두고 표현하기는 어렵다. 파란 조각이 그려질 종이는 구멍을 뚫고, 다음 장의 파란 조각과 크기와 위치를 맞추면 좀 더 쉽게 그림책의 표현 방식을 따라 할 수 있다.

2단계 하늘이 있는 풍경 그리기

A4 크기의 종이에 색연필, 사인펜 등으로 하늘이 있는 풍경을 그린다. 학생 수준과 교육 과정에 맞추어 다양한 종류의 채색 도구를 활용한다. 미술 교과에서 수채화를 배우고 있다면 수채물감으로 그릴 수 있다. 하늘 전체를 그릴 수도 있지만 책 제목처럼 하늘을 부분으로 떼어 내어 조각으로 표현해도 된다고 안내한다. 네모난 창문으로 본 하늘을 직사각형 파란 조각으로 그리는 학생이 있다면 창문에도 다양한 형태가 있다는 것을 알려 주거나 온라인으로 다양한 형태의 창문을 찾아볼 시간을 준다. 처음 생각한 아이디어에서 몇 가지를 더해서 새로운 아이디어로 발전시킬 수 있다. 처음 그린 하늘이 쉽게 유추할 수 있는 형태라면 형태를 쪼개거나 다른 물건으로 가려서 형태를 바꾸어 그릴 수 있다.

직사각형으로 그린 하늘

물결을 넣어 바꾸어 그린 하늘

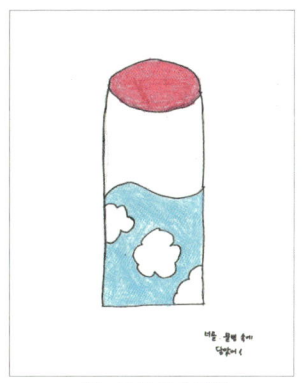
하늘이 들어간 물병

3단계 하늘 조각 구멍 뚫기

❶ 2단계에서 완성한 하늘이 있는 풍경을 그린 종이(종이 ①) 아래에 같은 크기 종이(종이 ②)를 놓고 구멍 뚫을 위치를 송곳으로 표시한다.

❷ 송곳으로 표시한 점을 연결하여 구멍을 뚫을 종이(종이 ②)에 잘라 낼 부분을 연필로 그린다. 칼을 이용하여 잘라 낼 수 있지만 학생들의 안전을 생각하여 가위

를 사용한다. 가위집을 내거나 밖에서 안으로 가위질하여 잘라 내고 종이 뒷면에 투명 테이프를 붙여 잘린 부분을 이어 연결한다.

❸ 그림이 완성되었다면 장면에 어울리는 글을 쓴다. 묻고 답하는 형식으로 이야기가 진행되므로 첫 번째 그림(종이 ②)에는 질문하는 문장을 쓰고, 두 번째 그림(종이 ①)에는 대답하는 문장을 쓴다.

| [종이②] 연필로 잘라 낼 부분 그리기 | [종이②] 하늘 조각이 보일 부분 자르기 | [종이] ②투명 테이프로 이어 붙인 부분 |
| [종이②] 구멍을 뚫은 종이 | 구멍이 뚫린 종이(종이 ②) 아래에 하늘이 들어간 풍경을 그린 종이(종이 ①)를 놓은 모습 | [종이①] 하늘이 들어간 풍경을 그린 종이 |

활동 더하기

학급 전체와 한 학생의 작품을 살펴볼 때 그 친구가 만든 하늘 조각을 어디에서 볼 수 있는지 상상하며 알아맞히는 형식으로 진행한다. 다른 사람의 작품을 유심히 살펴보는 기회를 제공하고 자기 경험과 비교하면서 작품에 공감할 수 있다. 바다나 구름 등 다른 소재로 바꾸어 그림책을 만들 수 있다. 학급에서 만들어진 작품을 모아서 한 권의 그림책으로 묶을 수 있다. 매 순간 달라지는 하늘을 붙잡아 그림책을 함께 만들었듯이 우리도 매 순간 열심히 생활하자는 의미를 전달해도 좋다. 학생 작품을 이미지 파일로 만들고 학급 전체 작품을 동영상으로 제작하여 학생과 학부모에게 공유할 수 있다.

색종이 콜라주 한 장면

● 행복한 네모 이야기

행복한 네모가 어느 날 갑자기 여러 조각으로 잘리고, 찢기고, 조각난 모습으로 변하지만 이를 극복해 나가는 모험 이야기를 단순하고 감각적인 이미지로 표현한 그림책이다. 다양하게 변신하는 네모의 색깔과 모습을 살펴보고, 색종이 콜라주 기법을 활용하여 자신만의 '네모 이야기'를 만들 수 있다.

행복한 네모 이야기
마이클 홀 글·그림, 글박스 옮김, 상상박스, 2012

    정사각형이어서 행복했던 네모에게 이상한 일들이 생기면서 이야기가 시작된다. 월요일이 되자, 네모는 여러 조각으로 잘리고 동그란 구멍들이 생겨서 흩어져 버린다. 이제 더는 정사각형이라고 할 수 없게 된 것이다. 하지만 네모는 좌절하지 않고 흩어진 조각들을 모아 물을 콸콸 뿜어내는 분수를 만든다. 한 주 동안 찢어지고 흩어지고 조각나는 일이 계속되지만, 네모는 오히려 그때마다 꽃이 가득한 뜰, 공원, 다리, 강물 등 더 아름다운 것들을 만들어 낸다. 힘든 위기의 순간들을 포기하지 않고 잘 극복한 네모는 이를 통해 더할 나위 없이 행복해진다.
    「행복한 네모 이야기」에서 네모는 조각조각 찢어졌을 때 그 조각들을 모아 꽃이 가득한 들판으로, 깨진 유리처럼 조각이 났을 때는 다리로 변신한다. 페이지를 넘길 때마다 빨간색 정사각형이 다양한 디지털 콜라주 기법으로 표현되어, 이를 보는 즐거움이 있는 그림책이다.

그림책 읽고 나누기

먼저 그림책의 제목을 살펴보며 이야기를 나눈다. "어떨 때 네모는 행복할까요?"라는 질문에 학생들은 "줄이 비뚤어지지 않고 반듯할 때요.", "하는 일이 완벽하게 마무리될 때요.", "자신이 계획한 대로 하루가 흘러갈 때요."라고 대답한다. 이어 페이지마다 네모에게 생긴 일들을 살펴보며 네모의 감정을 떠올려 본다. "어느 날 갑자기 모습이 변해 버린 네모는 슬프고, 당황스럽고, 두려운 마음일 것 같아요.", "자신의 흩어진 조각을 모아서 새롭고 멋진 모습으로 변신할 때는 뿌듯하고 행복했을 것 같아요."라고 네모의 감정 변화를 파악한다.

마지막 장면에서 변화의 과정을 극복하고 네모 스스로 정사각형의 틀을 깨는 모습을 통해 학생들은 자신에게 주어진 문제를 능동적으로 해결해 나가려는 의지가 중요함을 깨닫는다. 또한 책을 읽으며 네모가 어떤 모습으로 변신하게 될지 상상하며 읽는 즐거움도 느껴 본다.

나도 작가 되기

활동명 색종이 콜라주 한 장면
준비물 색종이, A4 도화지, 풀, 가위, 펀치 등

1단계 구상하기 및 준비하기

자신이 표현하고 싶은 '나만의 네모 이야기'의 감정을 정하고, 그에 어울리는 색종이 한 장을 선택한다. 자신이 선택한 색종이를 어떤 콜라주 기법을 활용해 표현할 것인지, 표현할 장면에 대한 설명을 구상한다. 이때 오리기, 찢기, 구기기, 펀치로 모양 만들기 등의 종이 콜라주 기법을 안내하고, 콜라주 기법을 활용한 다양한 작품을 감상한 후 활동을 진행하여 학생들의 이해를 돕는다. 그리고 활동 시 『행복한 네모 이야기』처럼 색종이 조각을 남기지 않고, 온전히 한 장을 다 활용하여 표현해야 한다고 안내한다.

감정과 색깔	색종이 콜라주 표현 기법	장면에 대한 설명
낭만적인	꽃 모양 펀치로 벚꽃을 표현 나무는 가위로 오려서 표현	따뜻한 봄날, 벚꽃으로 변신하여 낭만적인 마음이 된 네모
고요한	백조는 가위로 오려서 표현 물결은 손으로 찢어서 표현	평화로운 오후, 잔잔한 호수 위의 백조로 변신하여 고요한 마음이 된 네모
으스스한	유령은 손으로 찢고 구겨서 표현	어두운 밤, 유령으로 변신하여 으스스한 마음이 된 네모

2단계 '나만의 네모 이야기' 표현하기

색종이를 오리기, 찢기, 구기기 등 다양한 콜라주 기법을 활용하여 '나만의 네모 이야기'를 표현한다. 봄날의 핑크빛 벚꽃을 모양 펀치로 표현한 '낭만적인 네모 이야기', 푸른 연못 위의 백조를 가위로 오려 표현한 '고요한 네모 이야기', 어두운 밤 무서운 유령을 찢고 구겨서 표현한 '으스스한 네모 이야기' 등 다양한 색종이 콜라주 작품을 완성한다. 이때 양면 색종이를 활용하면 작품에 입체감을 더할 수 있으며, 필요한 부분은 직접 그려도 좋다.

낭만적인 네모 이야기

고요한 네모 이야기

으스스한 네모 이야기

3단계 | 나도 작가 글쓰기

　자신이 표현한 색종이 콜라주 장면에 어울리는 글을 적는다. 작품 아래에 손 글씨로 적어도 좋지만, 작품을 스캔하여 이미지 파일로 만들어서 작업하는 것을 추천한다. PPT 프로그램 등을 이용해 이미지 파일을 업로드하고 장면에 어울리는 배경색과 폰트를 선택해 내용을 입력하면 작품의 완성도를 높일 수 있다.

따뜻한 햇살이 가득한 봄날, 네모는 핑크빛 아름다운 벚꽃으로 변신했어요. 봄바람에 흩날리며 네모는 낭만적인 기분을 맘껏 느꼈어요.

평화로운 어느 오후, 네모는 잔잔한 호수 위의 백조로 변신했어요. 한없이 고요하고 평화로운 기분이 들었어요.

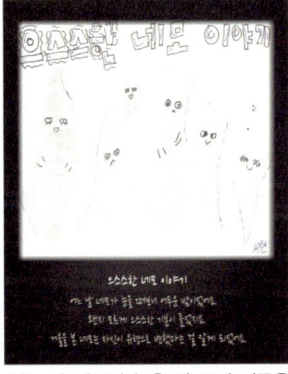
어느 날 네모가 눈을 떠 보니 어두운 밤이었어요. 왠지 모르게 으스스한 기분이 들었어요. 거울을 본 네모는 유령으로 변했다는 걸 알게 되었어요.

활동 더하기

　변형 활동으로 '행복한 우리 반 이야기' 시간을 운영한다. 언제 무엇을 할 때 행복한지 떠올리며 친구들과 행복한 경험을 나눈다. 그리고 그 행복한 순간들을 색종이 콜라주 기법으로 표현해 보고 교실에 전시하거나 이를 모아 『행복한 우리 반 이야기』 학급 책을 제작한다. 이를 통해 학생들은 행복은 특별한 순간이 아니라 가족들과 맛있는 음식을 먹을 때, 강아지와 산책할 때, 친구와 놀 때 등 일상에서 찾을 수 있는 것임을 깨닫는다.

판화로 한 장면

● 헤엄이

『헤엄이』는 친구 물고기들이 다랑어에게 잡아먹혀서 혼자 살아남게 된 까만 물고기 헤엄이가 새롭게 만난 친구 물고기들과 함께 힘을 합쳐 어려움을 이겨 나가는 그림책이다. 칼데콧 수상 작가 레오 리오니는 판화 기법과 콜라주 기법 등 다양한 방법으로 바닷속 풍경을 표현하고 있다. 작가가 되어 바닷속 세상을 꾸며 보자.

헤엄이
레오 리오니 글·그림, 김난령 옮김, 시공주니어, 2019

『헤엄이』는 까만 물고기 헤엄이가 커다란 다랑어에 의해 친구들을 잃고, 슬픔을 극복하며 다시 용기를 얻어 작고 빨간 물고기들과 함께 어려움을 이겨 내는 이야기이다. 이 책은 공동체의 중요성을 강조하며, 시련을 극복하는 데 정면으로 맞서는 강인한 마음을 보여 준다.

작은 존재이지만 연대의 힘으로 문제를 해결하는 용기 있는 모습을 응원하며 협동화를 만들어 본다. 친구들과 소통하고 협력하면서 그림책에서 말하는 메시지를 경험할 수 있다. 레오 리오니는 수채 물감과 고무 스탬프로 다채로운 바닷속 세상을 표현했다. 판화 기법, 콜라주 기법, 번짐 기법 등 다양한 표현 방법으로 풍부한 예술적 감각을 담아낸다. 학생들도 레오 리오니 작가처럼 바닷속을 꾸미며 재미와 즐거움을 느낄 수 있다.

그림책 읽고 나누기

　책을 읽기 전 표지를 보면서 어떤 이야기가 펼쳐질지 자유롭게 상상하면서 이야기를 나눈다. 『헤엄이』를 읽은 후 돌아가면서 한 문장씩 줄거리 말하기를 한다. 가장 마음에 드는 장면을 그리고 마음에 드는 이유를 적는다. 이 그림책은 협동화를 만들기 때문에 책의 내용을 충분히 나누고 그리고 싶은 장면을 고른다.

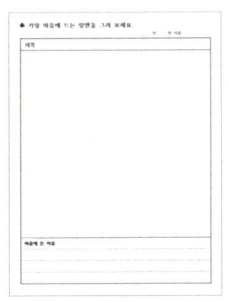   

　　활동지 틀　　　　활동지 1　　　　활동지 2　　　　활동지 3

나도 작가 되기

활동명　판화로 한 장면
준비물　전지 켄트지, 8절 도화지, EVA 스펀지 3mm, 물감, 눈알 스티커, 키친타월(또는 신문지), 종이 접시, 도장 만들 나뭇조각, 빨강과 검정 스탬프, 가위, 풀, 사인펜, 면봉

1단계　구상하기 및 준비하기

❶ 『헤엄이』에 어떤 기법이 사용되었는지 이야기를 나눈다. 협동화를 만들기 때문에 물고기들이 함께하는 장면 중 하나를 고른다.

❷ 바닷속 물고기와 해초를 꾸미기 위해 어떤 색을 쓸 것인지 그림책을 살펴본다. 물감을 골라 종이 접시에 풀고 키친타월이나 신문지를 뭉쳐서 물감을 묻힌 후 종이에 찍는다. 물감은 한 가지 색보다 2~3가지 색을 섞어서 사용하는 게 좋다.

❸ 바닷속 배경도 같은 방법으로 전지 켄트지에 바다 색깔의 물감을 찍어 만든다.

물고기와 해초 만들 종이 　　　　　　　　바닷속 배경

2단계 도장 만들기

이 그림책은 고무 스탬프를 활용해서 바닷속 생물들, 산호 바위 등을 도장 찍기로 표현한다. 도장을 만드는 방법은 다양하다. 학생들이 쉽게 다룰 수 있도록 EVA 스펀지를 사용한다.

EVA 스펀지에 도안을 그리고 가위로 오린다. 도장으로 찍기 위해 도장 틀을 만들고 오린 도안을 붙인다. EVA 스펀지가 얇아 그대로 도장 찍기가 어려울 수 있어서 나무 블록 장난감이나 쌓기나무를 사용해서 도장 틀을 만든다. 우드록을 여러 장 겹쳐서 만들 수도 있다. 도장은 뒤집혀서 찍히기 때문에 좌우로 뒤집힌 모양을 생각해서 글루건으로 붙인다.

도안　　　　　　오리기　　　　나무 도장에 붙이기　　큰물고기 도장

작은 물고기 도장　　가재 도장　　　　바위 도장　　　　해초 도장

3단계 바닷속 꾸미기

❶ 작은 물고기 떼는 연필로 스케치하고 물고기 도장에 빨간 스탬프를 묻혀 돌아가며 도장을 찍는다. 커다란 물고기와 눈알 역할을 하는 헤엄이 물고기는 검은 스탬프를 묻혀 도장을 찍는다.

❷ 물고기 만들 종이로 다양한 물고기 모양을 오리고 눈알 스티커로 눈을 붙여서 물고기를 완성한다.

❸ 바닷속 해초는 해초 만들 종이를 오려서 물고기와 같이 전지에 붙이거나 해초 도장을 사용해서 찍는다. 바위는 도장을 찍고 가운데 공간은 바위 색 물감을 면봉에 묻혀서 찍거나 사인펜을 이용해 점이나 원을 그려서 완성한다.

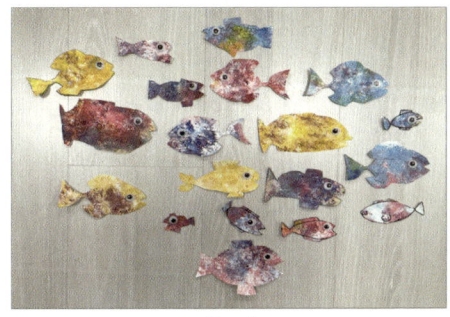

물고기

완성 작품

활동 더하기

도장 재료는 지우개나 채소 등을 사용한다. 이때 모양을 만들기 위한 도구인 조각칼은 고학년이 사용할 수 있으며 사전에 안전 사항을 숙지한다.

협동화 대신 마음에 드는 장면이나 그림책에 나오는 장면을 하나씩 맡아 각자 꾸미고 책으로 묶거나, 모둠별로 뒷이야기를 상상하여 만들어 본다.

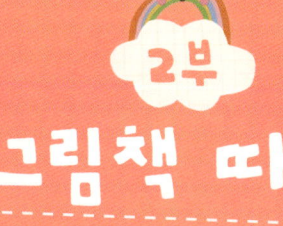

2부
그림책 따라 만들기

상상력을 발휘한 구멍 책

● 곰돌이 팬티

『곰돌이 팬티』는 팬티를 잃어버린 곰돌이가 친구와 함께 팬티를 찾는 과정을 그린 구멍 책 형태의 그림책이다. 책을 읽으며 팬티 무늬를 보고 어떤 동물의 팬티인지 생각하며 상상력을 발휘할 수 있다. 책을 읽고 나만의 구멍 책을 만들어 보자.

곰돌이 팬티
투페라 투페라 글·그림, 김미대 옮김, 북극곰, 2014

    곰돌이가 잃어버린 팬티를 찾기 위해 친구 생쥐와 함께 여정을 떠난다. 여기저기를 다니며 다양한 모양과 색깔의 팬티를 발견하는데, 과연 자신의 팬티를 찾을 수 있을까? 곰돌이와 생쥐의 우정 어린 모습이 돋보이는데, 친구의 어려움을 외면하지 않고 함께 해결해 나가는 모습이 인상적이다. 이 책의 특징은 두꺼운 본문 종이와 홀수 면에 뚫린 팬티 모양의 구멍이 있다는 것이다. 구멍 사이의 무늬를 보고 어떤 동물의 팬티인지 추측해 볼 수 있으며, 다음 장을 넘기면 그 팬티를 입고 있는 동물이 등장한다. 총 7종류의 동물 팬티를 찾아보며 상상력을 자유롭게 발휘할 수 있다.
    구멍 책은 구멍 뒤의 무늬나 그림을 보고 다음 장의 내용을 상상하는 재미가 있다. 이를 직접 만들면 상상력 향상과 소근육 발달에도 도움이 된다. 자신이 좋아하는 동물이나 직접 팬티를 입힌 동물을 생각하며 나만의 구멍 책을 만들어 보자.

그림책 읽고 나누기

❶ 아이들과 책을 읽기 전에 표지를 보고 이야기를 나눈다. 제목을 가리고 앞표지와 뒤표지의 곰돌이 모습을 보여 주면서 어떤 이야기일지 상상해서 발표한다. 곰돌이의 표정을 보고 곤란한 상황이 생긴 것 같다는 의견이 많다.

❷ 그림책 본문을 같이 읽으면서 팬티를 잃어버려서 속상해하는 곰돌이를 도와주는 생쥐처럼, 자신이 곤란을 겪었을 때 도와준 친구가 있었는지 이야기를 나눈다. 또는 힘들어하는 친구를 자신이 직접 도와준 경험이 있었는지 이야기를 나눈다.

❸ 팬티의 무늬를 보면서 어떤 동물인지 알아본다. 큰 소리로 답을 먼저 말하는 것도 좋지만 모두에게 기회를 주는 방식도 있다. 골든벨처럼 화이트보드를 준비하고 어떤 동물인지 생각하여 마커펜으로 답을 쓰도록 한다.

❹ 뒷부분에 나온 곰돌이 팬티 노래를 〈곰 세 마리〉로 개사하여 불러 본다. 이 책은 미술 시간에 '무늬 꾸미기' 단원, 또는 국어 시간에 '뒷이야기 상상하기' 등으로 활용할 수 있다.

나도 작가 되기

활동명 상상력을 발휘한 구멍 책
준비물 A4 도화지 1장, 가위, 연필, 지우개, 채색 도구 등

1단계 구상하기 및 준비하기

자신이 좋아하는 동물이나 특징을 표현하기 좋은 동물을 생각한다. 표지에는 주인공 동물을, 내지에는 팬티를 입고 있는 동물들을 그리려 한다. 두 종류의 동물을 어떻게 그릴지 생각한다. 태블릿을 이용하여 다양한 동물의 이미지를 검색하면 도움이 된다.

구멍 책 만드는 방법은 다음과 같다.

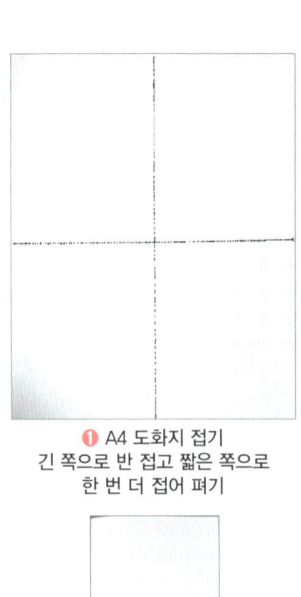
❶ A4 도화지 접기
긴 쪽으로 반 접고 짧은 쪽으로
한 번 더 접어 펴기

❷ 왼쪽 접은 선에서 가운데까지
가위로 자르기

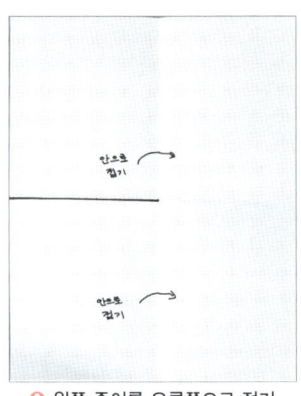
❸ 왼쪽 종이를 오른쪽으로 접기

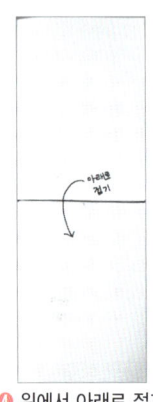
❹ 위에서 아래로 접기

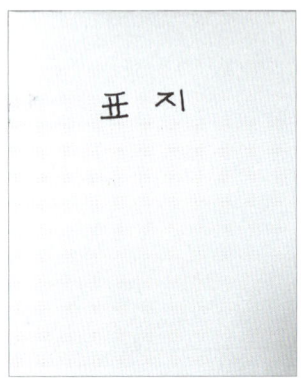
❺ 제일 앞에 오는 종이가 표지

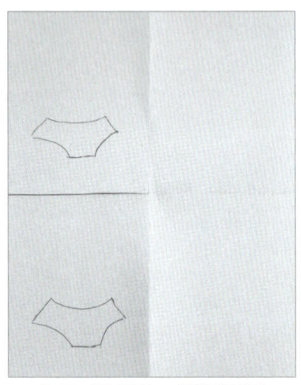
❻ 표지를 펼치고 왼쪽에 팬티
밑그림 2개 그리기

❼ 팬티 그림을 반 접고
가위로 살짝 자르기

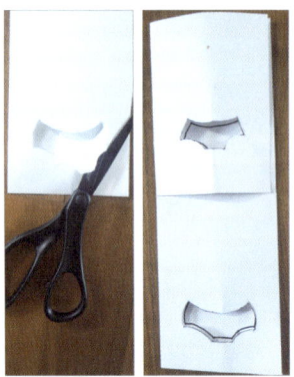
❽ 팬티 구멍 모양에 맞게 자르기

2단계 표지 꾸미기

책의 표지는 앞표지와 뒤표지로 나뉜다는 점을 알려 준다. 앞표지에는 자신이 선택한 동물 이름을 넣어서 '○○○팬티' 등으로 제목을 정한다. 연필로 그 동물을 그린 후 색연필을 이용하여 색칠한다. 제목 아래쪽에는 자신의 이름을 지은이로 넣고, 표지 하단에는 출판사 이름을 지어서 넣는다. 뒤표지는 책의 뒷이야기를 써서 마무리한다.

 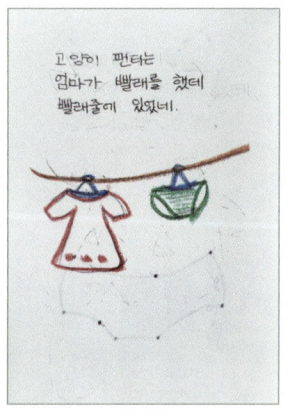

앞표지　　　　　뒤표지

 3단계 나도 작가 글쓰기

❶ 표지를 열면 1면이 아래위로 나뉘어 있다. 여기에 내용이 될 만한 글을 쓰고 팬티 구멍 안에는 무늬를 그려 넣는다. 예를 들면 "고양이가 팬티를 잃어버렸어. 어, 물고기 그림이 있는 팬티네. 이게 고양이 팬티일까?"라고 글을 쓰면 팬티 구멍 안에 물고기 무늬를 그려 넣는다.

❷ 구멍 책을 완전히 펼친 2면에는 팬티에 알맞은 동물을 그리고, 왼쪽 면에는 그림에 어울리는 글을 쓴다.

❸ 밑그림이 마무리되면 색연필로 칠하여 마무리한다.

표지가 보이는 쪽으로
펼친 모습

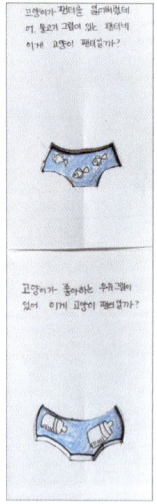

표지를 펼쳤을 때
1면 모습

1면을 펼치고 난 후
2면 모습

활동 더하기

만일 곰돌이가 다른 것을 잃어버린다면 무엇일지 이야기를 나눈다. 그중에서 종이에 구멍을 낼 수 있는 것은 무엇인지 찾아본다. 동물의 모자, 티셔츠, 바지, 머플러 등을 그린 뒤, 구멍을 내서 표현할 수도 있고 학생들의 소지품이나 장난감 등으로도 표현할 수 있다. 자신이 표현하고 싶은 것을 상상하여 그리고 구멍을 뚫어 재미있는 이야기를 완성한다.

앞표지

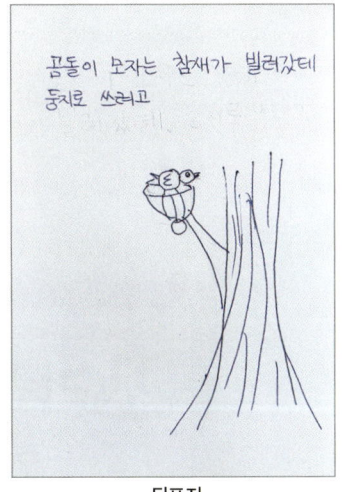

뒤표지

표지를 펼쳤을 때
1면 모습

1면을 펼치고 난 후 2면 모습

긴 줄로 연결하는 그림책

● 꼬리 꼬리 꼬꼬리

긴 고무줄이 페이지마다 뚫려 있는 작은 구멍을 통과하여 모든 페이지가 줄로 연결된 형태의 책이다. 그림책의 페이지마다 펀치로 작은 구멍을 뚫고 그 구멍으로 줄을 통과시킨 후 보이는 줄을 활용하여 이야기를 만드는 그림책을 만들어 보자.

꼬리 꼬리 꼬꼬리
키소 히데오 글·그림, 김지연 옮김, 책과콩나무, 2017

"만약에 내 꼬리가 엄청 길어진다면 어떨까?"라는 생쥐의 작은 상상으로 이야기가 시작되는 이 그림책은 길어진 꼬리로 하마의 충치를 뽑기도 하고, 악어의 몸 길이를 재기도 한다. 길어진 꼬리로 친구들을 돕고 배려하는 모습이 유쾌하면서도 따뜻하다. 하지만 길어진 꼬리가 다 좋은 것은 아니다. 꼬리가 길어지면 고양이에게 잡힐 위험이 크다는 걸 깨달은 생쥐의 모습에서 이야기가 끝난다. 뭐든 크고 많다고 좋은 것이 아니라 적당함이 필요하다는 사실을 책을 통해 느끼기도 한다.

특히 이 그림책에는 실제로 생쥐 꼬리처럼 생긴 긴 고무줄이 달려 있다. 또한, 각 페이지에는 작은 구멍이 뚫려 있다. 작은 구멍을 통과하는 긴 고무줄이 책의 모든 페이지를 연결해 주어, 실제로 줄을 만져 보고 당겨 보는 등의 조작을 통해 새로운 즐거움과 재미를 느낄 수 있다. 페이지를 넘길 때마다 꼬리가 길어지면 어떤 일이 벌어질까 기대감을 품은 채 읽게 되고, 책 놀이를 통해 상상력과 창의력을 키우고 그림책이 가진 다양한 물성을 경험할 수 있다.

그림책 읽고 나누기

이 그림책은 구조가 독특하다. 보기만 해도 매력에 빠지며 특히 저학년 학생들에게 큰 사랑을 받는다. "만약에 내 꼬리가 길어진다면 어떨까?"라는 문장으로 시작하는 첫 페이지를 읽어 주고 학생들의 다양한 생각을 들어 본다. "생쥐의 꼬리가 길어진다면?"이라는 물음에 학생들은 "꼬리로 줄넘기를 해요.", "꼬리로 기차놀이 해요." 등 나만의 상상을 펼칠 준비를 한다. 그리고 한 페이지를 넘기면 학생들은 환호성을 지른다. 실제 생쥐의 꼬리가 그림이 아닌 고무줄 형태의 줄로 되어 있기 때문이다. 책장을 쫙 펼치면 생쥐의 꼬리는 더 길어진다. 생쥐의 꼬리가 길어진다면 어떤 일이 벌어질까 상상하며 책을 본 후, 우리도 다양한 상상력을 발휘해 본다.

나도 작가 되기

활동명 긴 줄로 연결하는 그림책
준비물 A4 도화지, 펀치, 긴 고무줄(머리끈), 채색 도구 등

1단계 구상하기 및 준비하기

❶ 그림책에 나온 다양한 상황을 바탕으로, 꼬리가 길어진다면 어떤 일이 생길지 구상한다.

> **잠깐!**
> 나만의 아이디어를 창조해 내야 하는 상황이 학생들에게 쉽지 않다. 그림책 속 장면에서 주인공이나 배경을 바꿔도 좋다고 허용하고, 작가님의 표현 기법을 활용해서 상상의 날개를 펼치는 것이 목표임을 안내한다.

> **예시**
> 꼬리가 길어진다면?
> 줄넘기할래요 | 고무줄놀이 할래요 | 번지 점프를 할래요 | 그네를 만들래요 | 수영대회에서 결승선이 될래요 | 줄타기 할래요 | 수영장의 레인이 될래요 | 미술관의 관람선이 될래요 | 책의 가름끈이 될래요 | 마우스 선이 될래요 | 전깃줄이 될래요 | 진입 금지선이 될래요 등

2단계 구상하기 및 준비하기

❶ 구상된 아이디어를 도화지에 옮긴다.

❷ 이 그림책은 페이지마다 구멍이 있고 이 구멍을 통과해서 줄이 이어지는 형태이므로 도화지를 반으로 접은 상태에서 마주 보는 부분에 펀치(송곳)로 미리 구멍을 뚫어 나누어 준다. 이 구멍에 줄이 연결되어 있다고 상상하며 그림책의 한 장면을 디자인한다.

❸ 스케치가 끝나면 채색 도구를 이용하여 색칠해 준다.

❹ 그림책의 장면을 글로도 표현한다. 예를 들어 '꼬리 꼬리 꼬꼬리~ 바다 수영대회를 하면 출렁이는 파도 위 결승선이 되어 줄래'처럼 '꼬리 꼬리 꼬꼬리~ 할래(될래)' 등의 형식으로 쓰게 한다.

3단계 긴 줄 연결하기

❶ 각자가 디자인한 그림책을 하나로 연결한다. 그림책의 한 장면을 그린 면이 안으로 들어가게 도화지를 반으로 접은 상태에서 뚫린 구멍에 긴 줄을 통과시켜 끼운다.

❷ 한 작품에 줄을 끼운 후, 이어 다른 작품도 같은 방법으로 줄에 끼워 연결한다.

❸ 줄을 끼운 후, 반 접힌 상태의 제일 첫 장과 마지막을 제외하고 종이를 풀칠하여 학생들의 작품을 연결하여 붙인다.

❹ 첫 장에서 시작된 줄이 마지막 뒷장으로 나오면 첫 장과 끝장에 나와 있는 줄을 테이프 등으로 빠지지 않게 고정한다.

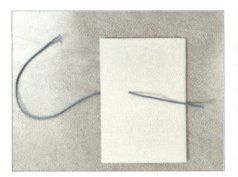  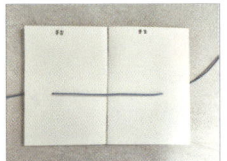 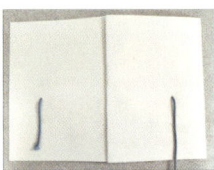

❶ 반 접힌 상태로 구멍에 줄 끼우기
❷ 열린 부분이 같은 방향이 되도록 도화지를 줄로 연결하기
❸ 마주 보는 도화지의 면에 풀칠하여 붙이기
❹ 첫 장과 마지막 장의 줄을 테이프로 고정하기

❺ 도화지에 줄을 모두 연결하여 끼운 후 책을 펼쳐 보면 줄이 보이는『꼬리 꼬리 꼬꼬리』그림책이 완성된다.

 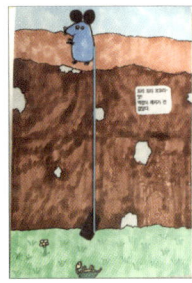 

활동 더하기

학급 책이 아닌 개인 책으로 만든다면 긴 줄이 통과되는 도화지의 구멍 위치를 달리하거나 줄의 수, 색을 달리할 수 있다. 예를 들어, 긴 줄이 들어가는 장면을 구상한 후, 필요에 따라 도화지에 구멍 뚫는 위치를 위 또는 아래로, 구상한 장면 속 줄의 용도에 따라 줄의 색이나 개수도 달리할 수 있다. 학생들과 만든 학급 그림책을 함께 살펴볼 때는 다음 페이지를 넘길 때마다 "꼬리 꼬리 꼬꼬리"라고 주문을 함께 외치면서 읽으면 그림책을 읽는 재미를 더할 수 있다.

나만의 사전 그림책

● 꼬마 안데르센의 사전

사전이란 여러 가지 사항을 모아 일정한 순서로 배열하고 그 각각에 해설을 붙인 책이다. 어학사전부터 특정한 분야의 단어를 모아서 만든 분야별 사전까지 종류도 다양하다. 『꼬마 안데르센의 사전』은 일반적인 뜻을 설명하지 않고, 친구들이 공감할 수 있는 나만의 정의를 담고 있다. 나의 관심사와 그 단어에 대한 나만의 해석이 담긴 사전을 만들어 보자.

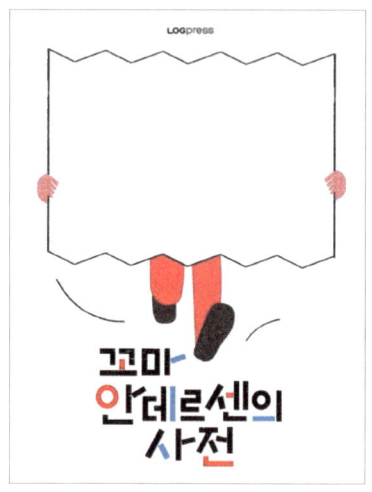

꼬마 안데르센의 사전
공살루 M.타바리스 글, 마달레나 마토주 그림, 도동준 옮김, 로그프레스, 2019

주인공 안데르센의 기발한 상상력으로 단어를 설명하는 사전 형태의 그림책이다. 이 책은 안데르센이 고개를 갸우뚱하게 만드는 사전 대신 친구들이 공감할 만한 단어장을 만들기로 하면서 시작된다. 그림책에는 총 52개의 단어가 있으며 차례대로 읽다 보면 머릿속에서 어떤 장면들이 떠오르며 그 단어를 이해하기 쉬워진다.

사전의 형식을 빌려 왔기 때문에 단어의 순서가 배열 규칙을 따른다. 외국 작가의 그림책이어서 단어가 알파벳 순서로 정렬되어 있다는 점이 아쉽다.

사전처럼 한쪽에 단어와 단어에 대한 설명, 간단한 그림이 들어 있다. 이때 단어에 대한 설명이 일반적인 사전 정의와는 다르다. 예를 들어 '망치'는 일반 사전에서 '못을 박거나 무엇을 두드리는 데 쓰는 연장'이라고 설명하지만, 안데르센은 '벽을 두드리며 연주하는 악기'라고 표현한다. 이처럼 이 그림책 속 낱말의 정의는 정확한 뜻을 알려 주기보다는 상상력에 초점을 맞추고, 독자의 경험을 떠올리게 한다. 자신의 관심사와 관련된 단어를 선정하고, 그 뜻을 경험과 비유로 설명하는 나만의 사전을 만들어 보자. 나와 친구들의 관심사를 파악하고 친구들의 경험과 생각에 공감할 수 있는 시간이 될 것이다.

그림책 읽고 나누기

❶ 이 사전을 만들게 된 계기를 학생들과 함께 읽고, 우리도 주인공과 같이 나만의 단어장을 만들어 보자고 안내한다.

❷ 여러 가지 단어 중에서 2~3개를 골라서 이 책이 어떤 형식으로 되어 있고, 뜻풀이가 일반적인 사전과 다름을 알게 한다.

❸ 마지막 페이지의 단어 색인 목록에서 학생들이 보고 싶은 단어를 골라서 읽어 준다. 또는 책에서 단어를 가린 채로 뜻 설명만 보여 준 뒤, 어떤 단어의 설명인지 맞혀 본다.

❹ 책을 일정 기간 교실에 비치해 두고 학생들이 자유롭게 볼 수 있는 시간을 두고 주인공의 톡톡 튀는 상상력을 감상할 수 있게 한다.

나도 작가 되기

활동명   나만의 사전 그림책
준비물   스크랩북, 채색 도구 등

1단계 구상하기 및 준비하기

❶ 나만의 사전을 만들기 위해 내가 좋아하는 것 또는 현재 관심사를 떠올린다. 동물, 게임, 캐릭터 등 보편적인 주제가 나오기도 하고, 행사나 감정 등 생각하지 못했던 주제도 등장한다.

> **잠깐!**
> 너무 포괄적인 주제는 범위를 좁혀 구체화한다. 예를 들어 동물 사전을 만들 때 동물의 종류가 너무 많으므로 '다리 4개인 동물 사전'으로 범위를 좁혀 정할 수 있다.

❷ 나만의 사전에 대한 주제를 결정했으면, 사전에 넣을 단어들을 고른다. 사전을 만들 스크랩북의 쪽수에 맞춰 단어의 개수를 정한다.

> **잠깐!**
> 10쪽 스크랩북의 경우 표지를 제외한 8쪽을 채우기 위해 최소 4개에서 최대 8개의 단어를 정한다. 두 쪽을 한 단어의 글과 그림으로 채워도 되고, 한쪽에 한 단어를 할애해도 된다.

❸ 단어를 정한 뒤에는 사전의 형식에 맞춰 순서를 정한다. 단어의 순서는 사전에 실리는 순서이다. 순서 정하기를 어려워하는 학년은 생략한다.

> **예시**
> 나만의 사전 만들기 주제별 단어
> • 1년에 한 번 있는 행사 사전: 단오, 설날, 식목일, 어린이날, 어버이날, 추석, 크리스마스, 핼러윈
> • 다리가 4개인 동물 사전: 강아지, 고양이, 돼지, 쥐, 토끼
> • 기분 사전: 기쁘다, 설레다, 슬프다, 피곤하다, 화나다
> • 내가 좋아하는 동물 사전: 강아지, 여우, 토끼, 판다

2단계 나만의 사전 내용 채우기

❶ 단어를 크게 적은 뒤 설명, 예문, 단어에 대한 생각이나 느낌을 적는다.

❷ 단어와 어울리는 그림을 곁들인다. 예를 들어 '화나다'란 페이지를 구성할 때 단어에 대한 설명인 '성이 나서 화기가 생기다', '나는 언니가 허락 없이 내 방에 들어올 때 화가 난다.'라는 단어가 들어간 예문, '친구가 내 말을 안 들을 때 드는 마음'인 단어에 관한 생각을 문장으로 적는다. 특히 단어에 관한 생각을 적을 때는 친구들이 공감할 만한 내용으로 적게 유도한다. 단어의 뜻을 설명하는 문장은 국어사전이나 스마트기기를 활용하여 검색할 수 있다.

❸ 글과 그림의 위치는 학생들이 자유롭게 구성하도록 한다. 글은 사인펜이나 네임펜으로 선명하게 적는다. 그림은 단어를 명료하게 설명할 수 있도록 단순한 형태로 스케치하고 색연필, 사인펜 등을 이용하여 채색한다.

다리가 4개인 동물 사전

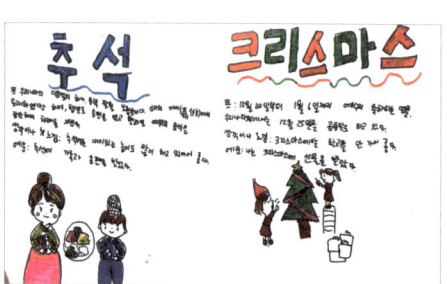

1년에 한 번 있는 행사 사전

기분 사전

3단계 표지 꾸미기

❶ 사전의 내용이 모두 채워졌다면 사전과 어울리는 표지를 꾸민다. 앞표지에는 사전의 제목과 지은이를 적고 어울리는 그림을 그린다. 뒤표지는 그림책의 형식을 본떠서 나만의 사전을 홍보하는 문구를 넣거나 앞표지와 어울리는 그림을 그린다.

❷ 바코드를 흉내 내 그리면 한 권의 그럴듯한 그림책이 완성된다.

❸ 작품을 교실에 전시하여 작품을 감상한다. 또는 학급문고에 두어 수시로 볼 수 있게 하면 서로의 관심과 생각을 알 기회가 된다.

앞표지와 뒤표지 꾸미기

활동 더하기

　비유적 표현을 배우는 초등학교 5학년 이상에서는 설명을 적는 대신 『꼬마 안데르센의 사전』처럼 단어를 비유하여 표현해 보도록 한다. 예를 들어 강아지를 '산책하러 가는 것도 좋아하고, 앉기, 빵야, 눕기 등을 잘하는 게 매력적인 나의 친구'라고 표현하는 것이다. 저학년은 비유적 표현이 어렵기 때문에 앞에서 설명한 것과 같이 예문, 생각이나 느낌을 적게 한다.

　그리고 완성된 작품으로 퀴즈를 내고 맞히기 활동을 할 수 있다. 뜻만 보고 단어를 맞히거나, 예문과 의견에서 단어를 지운 뒤 단어를 맞힐 수 있다. 사전을 만드는 것에 그치지 않고, 친구들의 작품을 자세히 살펴보며 서로의 관심사와 여러 가지 단어의 뜻에 대해 알 수 있는 시간이 된다.

꽃이 피어나는 병풍 그림책

● 나, 꽃으로 태어났어

그림책을 펼치면 검은 배경에 다양한 꽃이 보인다. 페이지마다 등장하는 꽃잎을 펼치면 저마다의 아름다운 색을 보여 준다. 또한 책을 세워 펼치면 아코디언 형태를 갖춘 병풍 책이 된다. 꽃이 피어나는 병풍 책을 만들어 보자.

나, 꽃으로 태어났어
엠마 줄리아니 글·그림, 이세진 옮김, 비룡소, 2014

여린 꽃 한 송이가 태어나 세상에 주는 사랑을 팝업북의 형태로 보여 준다. 흑과 백의 세상에 화려한 색의 꽃이 더해져 그 아름다움이 배가 되며, 접힌 꽃잎을 독자가 펼쳐 볼 수 있는 팝업북이다. "나, 꽃으로 태어났어."로 시작되어 꽃이 만나는 세상들이 그려진다. 사람 사이를 이어 주기도 하고, 죽음을 맞이하는 순간 마지막 인사를 나누게도 한다. 꽃을 통해 보이는 세상은 아름답고, 따뜻하며, 사랑스럽다. 세상의 도움으로 태어나 내가 가진 것을 나누는 꽃의 모습이 아름답게 느껴지며, 시처럼 적힌 간결한 문장은 독자에게 긴 여운을 준다. 꽃으로 전하는 삶에 대한 기쁨과 감사를 통해 우리의 삶을 돌아보며 용기와 희망을 선물해 주는 책이다.

작가는 흰색 종이에 검은색만 사용하여 배경을 표현한다. 여기에 꽃은 다채로운 색으로 표현되었으며 꽃잎을 펼쳐 볼 수 있다. 판형은 긴 직사각형으로, 책을 쭉 펼치면 병풍 책이 되므로 전시해 놓으면 또 다른 느낌으로 볼 수 있다. 나를 꽃에 비유한 책 만들기 활동을 통해 학생들은 내면을 들여다보고 스스로를 사랑하고 격려할 용기를 얻게 될 것이다.

그림책 읽고 나누기

제목부터 시적인 그림책의 표지부터 살펴본다. 『나, 꽃으로 태어났어』의 나는 누구일까를 생각하며 어떤 꽃이 등장할지 상상해 본다. 담백한 어조로 그림책을 읽어 가되 페이지마다 꽃잎을 펼쳐 가며 본다. 꽃잎을 펼치는 순간 아이들은 환호성을 지른다. 그 아름다움이 전해지기 때문이다. 펼쳐진 꽃이 어떤 꽃일까 이름을 짐작해 보고 닮은 꽃의 이름을 말해 보며 책을 읽는다. 책을 읽고, 가장 인상 깊은 장면이나 문장을 나누며 책을 깊이 읽는다. 이후 나를 꽃으로 표현한 책을 만들어 보자고 제안한다. "우리 모두는 꽃으로 태어났어. 꽃으로 태어난다면 무슨 꽃이었을까? 세상에 어떤 감동을 전해 주고 있을까?"라고 물으며 책 만들기를 준비한다.

나도 작가 되기

활동명 꽃이 피어나는 병풍 그림책
준비물 A4 도화지, 채색 도구, 가위, 풀, 종이테이프 등

1단계 구상하기 및 준비하기

❶ 자신을 어떤 꽃으로 표현할지 생각해 본다. 다양한 꽃으로 표현하기 위해 꽃을 검색해 본다. 평소 알고 있는 꽃, 이름만 기억나는 꽃, 검색을 통해 알게 된 꽃도 좋다. 자신을 표현할 꽃을 찾기 위해 꽃 이름, 모양, 색깔, 향기, 꽃의 구조, 피는 시기, 꽃말 등을 자세히 살펴본다.

❷ 나를 표현할 꽃을 정했다면 그 꽃과 나의 공통점이 무엇인지 살펴본다.

2단계 글쓰기

내가 표현할 그림책의 한 장면을 떠올리며 글을 쓴다. "나, 금어초로 태어났어. 조잘조잘 내 마음을 나누기 때문이야."처럼 나를 표현할 꽃과 그 이유를 생각하며 간결하게 표현한다.

> **예시**
> - 나, 살구꽃으로 태어났어. 내가 태어난 건 가족에게 기쁨이기 때문이야.
> - 나, 데이지로 태어났어. 희망을 나눠 주고 싶기 때문이야.
> - 나, 구절초로 태어났어. 순수함을 지켜 주고 싶기 때문이야.
> - 나, 해바라기로 태어났어. 해를 바라보는 마음으로 살아가기 때문이야.
> - 나, 민들레로 태어났어. 민들레 씨앗이 되어 훨훨 날아가고 싶기 때문이야.

3단계 배경 그리기

❶ 자신이 정한 꽃을 표현하기 전에 꽃을 붙일 배경지를 구상한다.

❷ 도화지를 세로로 반 접고, 도화지 아래 2cm 정도는 글을 쓰기 위해 비워 두고 표현한다.

❸ 작가가 흑과 백으로만 배경지를 구성했듯 내가 표현하고자 하는 장면을 단순하게 검은색으로 표현한다. 검은색 유성 매직 등을 활용하여 색칠해 표현한다.

> **잠깐!**
> 내가 어떤 꽃으로 태어났는지 생각하며 나의 꽃이 피어날 배경을 최대한 단순하게 검정과 흰색으로만 표현한다. 이때 가위질이 능숙한 고학년의 경우 검은색 종이를 오려서 배경을 구성해도 좋다.

4단계 꽃 표현하기

도화지에 꽃을 표현하는 단계이다. 꽃잎이 접히는 형태이므로 내가 표현할 꽃을 스케치하고 꽃을 어떤 방법으로 접어 펼칠까를 고민하며 디자인한다. 이때 동그라미 형태의 종이에 내가 표현할 꽃을 그리고, 반을 접었다 펼치는 형식이 펼침 꽃을 가장 쉽게 표현할 수 있다. 그 밖에 꽃잎을 낱장으로 표현하여 접었다 펼치는 식으로 꽃 모양과 크기 등을 달리하여 펼침 꽃을 디자인하여 만든다. 내가 그린 꽃을 색칠한 후, 가위로 오려 배경지에 펼쳐질 부분을 생각하며 접어서 풀로 붙인다.

5단계 병풍 형태로 연결하기

학생들이 각자 완성한 그림책 한 장면의 도화지 뒷면을 종이테이프로 연결하면 병풍 형태의 우리 반 책이 완성된다. 사물함 위 등에 올려 두면 전시 효과도 좋다.

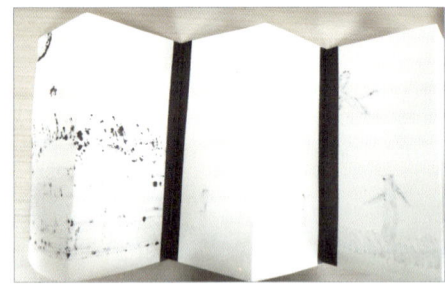

활동 더하기

『나, 꽃으로 태어났어』에서 '나'를 표현한 꽃을 활용하여 책갈피 만들기 활동을 해도 좋다. 색 도화지에 나를 표현한 꽃을 간단하게 그리고 "나, 목련으로 태어났어. 귀하디귀한 나이기 때문이야."라는 문장을 더해 본다.

학급에 전시하면 스스로를 꽃과 같은 존재로 여기고 나를 아끼고 사랑하는 마음을 기르는 데 도움이 되며 친구를 이해하는 데도 좋다. 일정 기간 전시 후 작품을 코팅하여 학생에게 선물하면 오래 두고 사용할 수 있는 나만의 책갈피가 된다.

페이퍼 커팅
그림책

● 나는

이 그림책은 구멍을 통해 뒤쪽 인물의 얼굴을 볼 수 있게 해 준다. 같은 인물이지만 페이지를 넘기면 상황에 따라 달라지는 역할이나 모습이 표현되어 있다. 원형으로 페이퍼 커팅된 도화지에 한 가지 나의 모습을 그리고, 뒷장에 또 다른 나의 모습을 그린다. 양면 모두 같은 얼굴의 나이지만, 페이지마다 달라지는 나의 역할을 나타내는 그림책을 만들 수 있다.

나는
카롤린 달라바 글·그림, 빨간콩, 2021

    이 그림책은 상황에 따라 달라지는 다양한 역할을 보여 준다. 사람들과의 관계, 하는 일에 따라서 자신의 역할이나 위치는 달라질 수 있다. 놀이터에서 즐거운 아이가 교실에서는 열심히 공부하는 학생이 되고, 집에서는 엄마이지만 직장에서는 환자를 돌보는 의사가 되기도 한다. 이를 통해 자신이 얼마나 여러 가지 모습을 가졌는지 깨닫고 다양한 나의 모습을 발견한다. 나아가 다른 이들도 저마다의 상황이 있음을 알고 서로의 다름을 생각하도록 한다.
    『나는』에서는 페이퍼 커팅을 활용하여 페이지를 넘기면 역할이 달라지는 다양한 사람들의 모습을 볼 수 있다. 앞 페이지에 원형으로 페이퍼 커팅된 부분을 통해 뒤 페이지에 그려진 얼굴을 보여 준다. 같은 얼굴이지만 앞뒤 페이지에서 각각 다른 역할의 주인공을 발견할 수 있다. 페이지를 넘기면서 한 사람의 다양한 역할을 추측해 보고 책이 가진 독특한 물성도 느껴 볼 수 있다.

그림책 읽고 나누기

❶ 그림책 표지의 다양한 얼굴과 '나는'이라는 제목을 보고 책이 어떤 내용일지 예상해 본다. 학생들은 "다양한 나라의 친구들이 자신을 소개하는 내용일 것 같아요.", "나는 누구인지 그림으로 힌트를 주고 알아맞혀 보는 퀴즈 그림책일 것 같아요."라고 답한다.

❷ 책에 나오는 주인공들의 다양한 역할을 예상하며 이야기를 나눈다.

❸ 학생들은 각자의 상황 및 시간의 흐름에 따라 다양한 역할과 모습이 있음을 알고, 자신의 다양한 모습을 떠올리며 발표한다. "저는 친구들에게는 둘도 없이 친절한 친구인데, 동생에게는 둘도 없이 까칠한 누나예요.", "저는 집에서는 귀여운 막내딸이지만 책 쓰기 동아리에서는 글을 쓰는 작가예요.", "저는 우리 반에서는 평범한 학생이지만 집에서는 최고의 제빵사예요." 이는 학생들이 자신만의 장점과 특징을 발견하고 자신을 더 잘 이해할 수 있는 계기가 된다.

나도 작가 되기

활동명   페이퍼 커팅 그림책
준비물   B5 도화지, 원형 커터기, 색연필, 검정 네임펜

1단계 구상하기 및 준비하기

❶ 상황에 따른 다양한 역할을 떠올리며 표현하고 싶은 두 가지 역할을 정한다. 앞뒤 장에 각각 어떤 상황을 그릴지 구상한다. 이때 앞뒤 얼굴의 크기와 위치는 같아야 함을 반드시 숙지한다.

❷ 앞장에 얼굴이 될 부분을 연필로 표시하고 원형 커터기로 오린다. 활동지는 원형으로 커팅된 도화지 1장과 같은 크기의 일반 도화지 1장으로 총 2장을 준비한다.

앞장에 그릴 역할(페이퍼 커팅지)	뒷장에 그릴 역할(일반 도화지)
• 학교에서는 친절한 친구 • 집에서는 귀여운 막내 • 우리 반에서는 평범한 학생	• 동생에게는 까칠한 누나 • 책 쓰기 동아리에서는 어엿한 어린이 작가 • 집에서는 최고의 제빵사

2단계 페이퍼 커팅된 도화지에 스케치하고 채색하기

페이퍼 커팅된 도화지에 학교에서 친절한 친구인 나, 집에서 귀여운 막내인 나, 학급에서 평범한 나를 스케치하고 채색한다. 이때 얼굴 부분은 구멍이 뚫려 있으므로, 얼굴을 제외하고 그린다. 반전의 재미를 더하기 위해 평범한 나의 모습은 앞장의 도화지에, 숨겨진 나의 모습이나 개성이 넘치는 특별한 모습은 뒷장에 표현한다.

절친에게는 둘도 없는 친구

집에서는 귀여운 막내딸

학교에서는 평범한 학생

3단계 일반 도화지에 스케치 후 채색하기

페이퍼 커팅된 도화지 뒤에 같은 크기의 일반 도화지를 겹친다. 커팅된 원 모양을 연필로 따라 그리며 뒷장에 얼굴형을 완성한다. 일반 도화지에 상황에 따른 역할을 그린다. 작품이 선명하게 보이도록 네임펜으로 테두리를 그린다.

4단계 두 장을 연결하여 작품 완성하기

❶ 페이퍼 커팅된 앞장과 얼굴이 그려진 뒷장을 연결하여 작품을 완성한다.

❷ 자신의 다양한 역할을 친구들에게 들려주며 서로의 생각과 느낌을 공유한다. 이때 여분의 도화지로 표지를 만들고 제본 테이프를 이용해 학생들의 개인 작품을

한 권으로 묶으면 학급 그림책 『나는』이 완성된다.

동생에게는 까칠한 누나

책 쓰기 동아리에서는
어엿한 어린이 작가

집에서는 최고의 제빵사

완성된 책의 모습

활동 더하기

작품을 완성한 후에 친구들과 서로의 다양한 모습을 찾아 주는 시간을 갖는다. 친구를 통해 자신의 새로운 모습과 장점을 발견하고 자신을 더욱 깊이 알아 가며, 동시에 친구를 이해하는 마음도 키울 수 있다.

또한 표현 기법을 활용하여 진로교육과 연계하여 운영해 본다. 앞장에는 현재의 자기 모습을 그리고, 뒷장에는 미래의 꿈을 이룬 나의 모습을 그려 『미래의 나는』 그림책을 만든다.

리본 끈 그림책

● 리본

리본 그림책은 읽던 곳을 표시하기 위해 책 사이에 끼우는 갈피끈을 이용하여 독자가 그림을 완성하며 읽는 책이다. 독자가 갈피끈을 움직여야 이야기가 완성되는 이 책처럼, 리본 끈을 사용하여 상상력을 발휘한 새로운 그림책을 만들어 보자.

리본
아드리앵 파를랑주 글·그림, 박선주 옮김, 보림, 2017

  이 책은 사람들이 크게 주목하지 않는 책의 작은 부속품인 갈피끈을 사용하여 그림의 장면을 완성한다. 노란색 얇은 갈피끈이 독자의 상상력과 합쳐져 책의 주인공이 된다. 갈피끈은 작은 뱀의 몸이 되거나 큰 뱀의 혓바닥이 된다. 끊어진 그넷줄이 되어 '추락'을 나타내기도 하고, 풀린 신발 끈이 되어 '위험'을 표현하기도 한다. 페이지를 넘길 때마다 갈피끈의 새로운 변신에 감탄하며 다음 장에서는 어떤 장면이 펼쳐질지 호기심과 기대를 갖고 책장을 넘기게 된다.
  이 책은 그림책이 단순히 그림과 글로만 이루어지는 것이 아니라 책의 물리적 성질을 이용하면 입체적인 이야기를 만들 수 있음을 보여 준다. 이처럼 그림책을 보는 새로운 방식은 학생들로 하여금 작가처럼 기발하고 재미있게 표현하고 싶도록 만든다. 책에 대한 고정관념을 깨고 상상력과 창의력을 발휘하여 생각과 마음을 표현하는 힘을 기를 수 있다.

그림책 읽고 나누기

이 책을 읽을 때 장면마다 나오는 갈피끈은 완성된 그림이 무엇을 나타내는지 추측해 보게 한다. 각 장면에 나온 그림의 제목을 포스트잇으로 가리고, 제목을 맞히면서 읽으면 상상력을 발휘할 수 있다. 제목을 왜 그렇게 생각했는지 이야기를 나누다 보면 작가와는 또 다른 아이들의 창의적인 면을 만날 수 있다. 신발 끈이 풀린 장면을 보고 학생들은 '신발 끈', '체육', '도움' 등으로 답했는데, "체육을 열심히 한 후 신발 끈이 풀렸다.", "신발 끈을 혼자 못 묶기 때문에 도움이 필요하다."라는 식으로 이유를 설명했다.

이처럼 그 장면에 어떤 이야기가 담겨 있을지 상상하며 책을 더욱 풍성하게 만날 수 있다. 또한 내가 작가라면 그 제목을 어떤 그림으로 표현할지 이야기를 나누어 봄으로써 작가와 같은 창의적인 자세를 가지고 생각을 확장할 수 있다.

나도 작가 되기

활동명 리본 끈 그림책
준비물 6쪽 스크랩북, 리본 끈(5mm), 양면테이프(5mm), 가위, 채색 도구

1단계 구상하기

❶ '리본'을 보면 떠오르는 것이 무엇인지 이야기해 본다. '선물 포장 리본', '머리끈', '리듬체조', '강아지 목줄' 등 실제로 '끈' 역할을 하거나 '줄' 모양으로 생긴 사물을 많이 생각한다. 학생들이 말한 것을 칠판에 적다 보면 거기에서 연상되는 것을 계속 찾을 수 있다.

❷ 장면을 구상할 때는 책에 나온 '생쥐', '큰 뱀', '작은 뱀', '풍선' 등과 같이 사물이나 동물이 될 수도 있고, '위험', '영감' 등과 같이 맥락이 있는 추상적인 개념이 될 수 있음을 알려 주어 생각의 폭을 넓혀 준다.

2단계 리본 책 만들기

스크랩북은 보드북처럼 페이지가 두껍고 책등이 평평해서 리본 책으로 만들기에 좋다. 6쪽 스크랩북을 사용하면 표지에 한 장면, 속지에 다섯 장면을 그릴 수 있다.

❶ 스크랩북의 책등에 5mm 양면테이프를 붙인다.

❷ 리본을 35cm 길이로 자른 후 스크랩북 책등에 붙인다. 리본 양쪽 끝의 올이 풀리지 않도록 교사가 라이터로 마감해 준다.

❸ 리본을 붙일 때는 그리고 싶은 그림에 따라 리본이 아래로 길게 내려오도록, 또는 위로 길게 올라오도록 붙인다.

리본 끝을 마감한 모습

책등에 양면테이프를 붙인다.

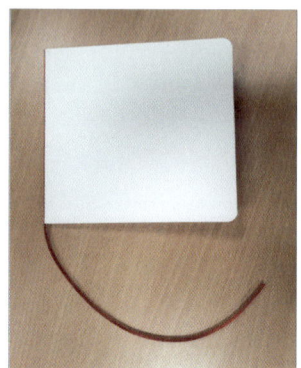
리본을 붙인 스크랩북

3단계 리본을 사용한 그림 그리기

❶ 리본 끈을 활용한 그림을 그린다. 책의 양쪽 면을 모두 활용해서 그린다.

❷ 색연필이나 사인펜 등 채색 도구를 사용하여 그림이 선명히 보이도록 색칠한다.

❸ 그림을 그린 후에는 한쪽에 제목을 적고 작은 포스트잇으로 덮는다.

> **잠깐!**
> 친구들이 내 그림을 보고 제목을 맞힐 거라고 미리 안내하면 좀 더 색다른 제목을 만든다. 한 학생은 처음에 제목을 '풍선'이라고 쓰고 풍선을 그렸지만, 친구들이 유추해 볼 수 있도록 이야기를 넣었다. 풍선 옆에 우는 아이를 그려서 풍선을 놓친 상황을 만들고 제목을 '슬픔'으로 바꾸었다. 이처럼 그림 속에서 어떤 일이 벌어지고 있는지 생각하며 장면에 그리면 추상적인 개념을 재치 있게 표현할 수 있다.

풍선 끈을 놓치는 모습으로 슬픔을 나타냈다.

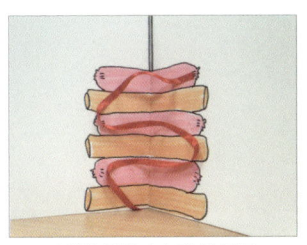
소떡소떡의 소스가 된 리본

무지개의 빨간색이 된 리본

활동 더하기

　스크랩북 대신 A3 또는 8절 크기의 도화지를 8칸으로 접은 후, 쪽 접기로 미니북을 만들 수 있다. 접은 미니북 아래쪽의 종이가 벌어진 부분에 리본 끈을 끼워 넣고 셀로판테이프로 단단하게 붙인다. 미니북을 여러 개 만들어서 풀로 이어 붙이면 더 많은 장면을 넣을 수 있다. 리본의 색깔을 여러 가지로 준비하여 학생들이 선택하도록 하면 좀 더 다양한 작품을 만들 수 있다.

❶ 종이를 8칸으로 접는다.

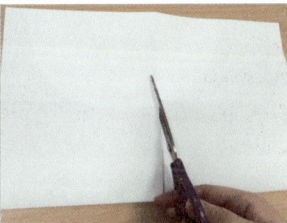
❷ 가운데 두 칸을 접고 자른다.

❸ 세워진 종이 중 오른쪽은 위로, 왼쪽은 아래로 접는다.

❹ 종이를 마주 보게 접는다.

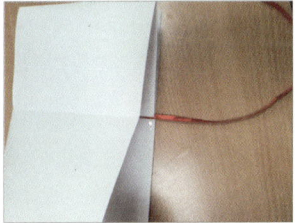
❺ 아래쪽 겹친 부분에 리본을 끼운다.

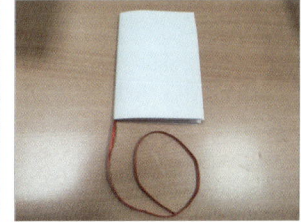
❻ 리본을 붙인 미니북

마법에 걸린 병 그림책

● 마법에 걸린 병

『마법에 걸린 병』은 마트에서 볼 수 있는 병 안에 동물이 있다는 기발한 상상력과 학생들의 순수한 마음을 담은 팝업북 형태의 그림책이다. 재치가 넘치면서 유쾌하고 즐거운 이야기가 들어 있는 마법에 걸린 병 그림책을 만들어 보자.

마법에 걸린 병
고경숙 글·그림, 재미마주, 2005

　마트에 가면 다양한 모양의 음료 병이 있다. 음료를 마시려고 병을 따는 순간 생각하지 못했던 다른 것이 들어 있다면 어떨까? 일상에서 흔히 볼 수 있는 소재로 재미난 이야기와 기발한 상상을 더해 학생들의 순수한 마음까지 담은 그림책이다. 장난기 많은 마법사의 주문에 걸린 마법의 병들은 아무도 눈치채지 못하게 동네 슈퍼 구석에 놓인다. 마법의 병으로 인해 벌어지는 유쾌한 소동은 책을 읽는 학생들의 호기심을 자극하고 즐거움을 준다.
　상상의 세계를 그려 놓은 듯, 밝고 활기찬 이 그림책은 병 그림의 플랩을 들춰 보면서 읽는 형태로 되어 있다. 병 속에는 여러 가지 동물이 들어 있고 학생들은 그 동물들과 신나는 놀이를 한다. 다채로운 원색의 그림이 동물들과의 놀이를 더욱 흥미진진하게 표현한다. '아직 수거되지 않은 마법의 병에는 어떤 동물이 숨어 있을까?' 하고 생각하며 이야기를 구상하면서 상상력과 호기심을 키울 수 있다.

그림책 읽고 나누기

이 그림책을 읽을 때는 플랩을 넘기기 전에 병의 이름과 모양을 보며 병 안에 무엇이 있는지 상상해 보는 것이 좋다. '마법사는 병에 왜 마법을 걸었을까?', '어떤 마법을 걸었을까?'라고 생각하며 이야기를 나눈 후 플랩을 펼치면서 병 안의 동물을 확인한다. 동물이 어떤 자세로 들어 있는지, 병 모양이 왜 그랬는지 살피며 자신이 생각한 동물과 비교하면서 말할 수 있다.

"등장하는 동물들과 무슨 놀이를 하고 싶은가요?", "마법에 걸린 병을 열었을 때, 어떤 동물이 나왔으면 좋겠나요?" 등 동물과 무엇을 하고 싶은지 질문하면서 그림책을 보면 학생들의 호기심과 상상력을 향상시킬 수 있다.

책을 읽은 후 교실에 비치하여 학생들이 자유롭게 보도록 하고 책 만들기 활동을 하면 책의 형식과 작가의 표현 기법을 이해하는 데 도움이 된다.

나도 작가 되기

활동명　마법에 걸린 병 그림책
준비물　A4 도화지, 병 도안 또는 보틀앤아이 교구(학토재), 스카치테이프, 채색 도구 등

1단계 구상하기 및 준비하기

자신이 마법의 병을 만드는 마법사라면 어떤 동물을 병 안에 넣고 싶은지 생각해 보고 마법에 걸린 병을 계획한다. 자신이 마법에 걸린 병을 발견한 사람이라면 어떤 동물이 있는 병이었으면 좋을지도 생각하면서 병 안에 넣을 동물을 정한다.

> **잠깐!**
> 이때, 교실에 스마트기기가 있다면 사진을 찾아보면서 동물을 선정하는 것도 좋다. 동물의 자세나 표정을 그리는 활동에 동물 사진을 참고하면 동물을 어떻게 표현해야 할지 어려워하는 학생들에게 도움이 된다.

❶ 병 안에 넣을 동물을 정한다.
❷ 동물의 특성이나 모양 등을 생각하며 병 이름을 구상한다.

❸ 병 안의 동물을 만나서 어떤 놀이를 하는지에 대한 스토리를 계획한다.

이 활동은 마법에 걸린 병 안의 동물을 생각해 그 동물과 학생이 함께하는 놀이까지 계획해야 하는 플랩북 형태의 창작 그림책 만들기이다. 작품의 완성도를 위해 조금 두꺼운 A4 용지를 추천한다.

2단계 표지 디자인하기

❶ 병 모양 교구인 보틀앤아이(학토재)를 두꺼운 A4 도화지에 한쪽 면만 붙여서 기본 틀을 만든다. 병 모양의 보틀앤아이는 뜯어서 사용하게 되어 있어서 병을 떼어 낸 후에 도화지에 붙인다. 한쪽 면을 붙일 때는 투명 테이프를 이용하는 것이 좋다.

❷ 기본 틀이 완성되면 병 안에 넣을 동물과 이미지를 생각하며 병 표지를 디자인한다. 병의 표지를 디자인하기 어려워하는 학생들에게는 시중에 판매되는 음료나 음식, 목욕제품 등 다양한 라벨이 붙은 병을 인터넷에서 예시로 보여 준다.

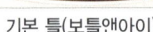

3단계 병 안의 동물 그리기

표지를 펼치고 뒤쪽에 붙인 A4 도화지에 동물을 스케치한다. 이때, 앞표지를 대고 병 모양을 따라 그린 뒤에 병의 크기에 맞게 동물을 그려야 한다. 그림책에서 병의 모양대로 동물이 들어가 있으므로 병 크기만큼 크게 그리는 것이 좋다.

4단계 이야기 만들기

❶ 마법에 걸린 병에서 나온 동물의 놀이를 그림으로 표현하고 글을 쓴다.

> **잠깐!**
> 동물 그림을 그린 뒷면에 글과 그림을 표현해야 하므로 매직같이 진한 도구를 사용하면 뒷면에 표현하기 어려울 수 있으므로 주의한다. 이야기를 만들기 어려워하는 학생들에게는 자신이 좋아하는 동물이 나타난다면 어떤 놀이를 하고 싶은지 생각하게 하고 그 동물과 할 놀이를 이야기로 만들도록 한다.

❷ 계획한 이야기에 대해 의견을 나누고 활동하면 다른 친구들의 이야기를 들으며 더 기발하고 재치 있는 아이디어를 생각하여 표현할 수 있다.

활동 더하기

도화지에 병 모양을 직접 디자인하고 오려서 사용할 수 있다. 병 안에 넣을 동물의 특징을 생각하면서 병 모양을 디자인하면 더 창의적이고 재미있는 활동이 된다.

동물의 모양을 생각하며 병을 디자인해야 하므로 고학년 학생들에게 적합하다. 학생들이 만든 작품을 모두 모아 엮는다면 다양한 이야기가 있는 한 권의 그림책이 된다. 완성된 작품을 스캔하고 온라인 도구를 이용하여 전자책으로 만드는 것도 추천한다.

마음 요리 그림책

● 마음 요리

『마음 요리』는 메뉴판 형태의 그림책으로 어떤 상황에서, 어떤 요리를 먹으면 좋은지 요리 이름과 요리의 특징을 연결하여 각 상황에 맞는 요리를 마음 처방전 형식으로 표현한 책이다.

마음 요리
자현 글, 차영경 그림, 노란돼지, 2023

상황에 따라 달라지는 내 마음, 하루에도 몇 번씩 달라지는 내 마음을 어루만져 주고 각 상황에 맞는 요리를 처방해 주는 그림책이다. 어떤 마음이 들었을 때 어떤 마음 요리를 먹으면 좋은지 알려 준다. 예를 들어, 마음이 들들 볶일 때는 마음 떡볶이, 마음이 꽁할 때는 마음 꽁치구이가 마음 요리 처방전으로 나온다. 마음과 상황이 요리 이름과 자연스럽게 연결되어 슬며시 웃음이 나오기도 하고, 예상치 못한 상황에서 어떻게 그 마음을 들여다보면 좋은지 학생들 눈높이에서 이야기해 준다.

메뉴를 소개하는 메뉴판 형식의 그림책으로, 그 요리를 어느 상황에서 먹으면 좋은지, 그 요리를 먹으면 어떤 마음이 들지 생각하며 마음을 어루만져 주고 위로해 주는 글이 함께 있다. 동그란 접시 위에 있는 먹음직스러운 요리를 눈으로 보고, 이어 메뉴를 소개하는 글을 읽으면 마음이 편안해진다. 누구나 좋아하는 '음식'이라는 소재를 마음과 연결하여 마음을 요리해 준다는 내용은 학생들에게도 마음을 이야기하고 싶게 만든다. 또한 상황과 요리 이름이 절묘하게 연결되어 자신의 마음을 매우 잘 보여 준다. 그래서 학생들이 흥미와 관심을 충분히 보일 만한 책이다. 이 책을 통해 학생들은 서로의 마음을 들여다보고 다양한 상황 앞에서 당황하거나 두려워하기보다 마음을 단단하게 하는 힘을 얻는다.

그림책 읽고 나누기

이 그림책은 100쪽이 넘는 페이지에 상황별로 다양한 마음 요리가 소개되어 있는 메뉴판 형식이라 그림책 전부를 읽어 주기는 쉽지 않다. 챕터별로 1~2가지만 읽어 주되 학생들의 나이나 상황에 맞게 공감할 만한 내용을 선정해서 읽어 주는 것이 좋다. 예를 들어, 고학년이라면 감정의 변화가 심하고, 또래 관계에 관심이 많은 사춘기 시기임을 고려하여 이와 관련된 마음 요리가 나온 부분을 읽어 주면 학생들의 공감을 얻기 더 좋다. 그리고 책을 일정 기간 교실에 비치해 두고 학생들이 자유롭게 보게 하면 책 만들기 활동을 할 때 책의 형식과 표현 기법을 이해하는 데도 좋다.

나도 작가 되기

활동명 마음 요리 그림책
준비물 A4 도화지, 채색 도구 등

1단계 구상하기 및 준비하기

❶ 나만의 마음 요리를 만들기 위해 요즘 내 마음을 떠올린다. 이성 친구에게 관심이 가서 설레는 마음, 성적 때문에 불안한 마음, 부모님의 잔소리가 귀찮은 마음 등 요즘 내 마음과 나의 상황을 떠올리며 메뉴로 만들고 싶은 마음에 대해 생각해 본다.

❷ 나의 마음 상황과 어울리는 요리 이름을 만든다.

> **잠깐!**
> 요리 이름은 '마음○○'이므로 상황과 요리 이름이 비슷한 소리를 내는 것이 있다면 연결해 보자. 예를 들어 움츠러든 내 마음을 펴고 싶을 때 '마음 피자'처럼 만드는 것이다. 또는 미련한 마음이 답답하게 여겨질 때는 '마음 곰탕'처럼 학생 자신의 마음 상황을 표현하는 개성 있는 요리 이름을 정한다.

> **예시**
> - 커플들 때문에 마음이 씁쓸할 때: 마음 마카롱
> - 마음을 접어야 할 때: 마음 월남쌈
> - 마음이 이리저리 움직일 때: 마음 버블티

- 쫀득한 친구 관계를 유지하고 싶을 때: 마음 젤리
- 마음이 썰렁할 때: 마음 설렁탕
- 마음속으로 주먹 펀치를 날리고 싶을 때: 마음 주먹밥
- 마음을 감추지 못할 때: 마음 누드김밥
- 마음을 식혀야 할 때: 마음 식혜

2단계 마음 요리 디자인하기

❶ 마음 요리를 디자인하기 전 일정한 형식이 있는 활동지를 제공한다.

> **잠깐!**
> 학생들이 책의 형식을 따라 책 만들기를 하기에 좋다. 제일 위쪽에 요리명을 쓸 수 있는 칸, 요리를 그릴 수 있는 빈 접시, 요리 설명을 쓸 수 있는 칸이 들어가도록 활동지를 만든다. 활동지를 만들 때는 직접 손 그림으로 그리고 스캔하는 방식이나 캔바 등의 온라인 프로그램을 활용하여 제작한다.

❷ 활동지의 동그란 접시 위에 자신이 생각한 마음 요리를 그린다. 접시 위에 요리의 위치와 크기를 정해 연필로 간단하게 스케치한다.

> **잠깐!**
> 요리를 그릴 때는 태블릿 등의 도구를 활용해도 좋다. 요리 이미지를 인터넷 검색창에 '요리 이름+일러스트'로 검색하여 나온 결과를 참고해 그리면 큰 도움이 된다.

❸ 접시의 가장자리 부분을 요리에 어울리게 디자인하면 요리가 더욱 돋보인다. 스케치 후 색연필, 사인펜 등을 이용하여 채색한다.

3단계 마음 요리 설명서 작성하기

❶ 나의 마음 요리가 디자인되었다면 여기에 알맞은 설명을 쓴다.

> **잠깐!**
> 마음 요리를 먹어야 할 상황을 자신의 경험과 연관해 구체적으로 쓴다. 예를 들어 "보기만 해도 가슴이 콩닥콩닥하는 친구가 생겼다. 목소리만 들어도 심장이 터질 것 같다. 이게 좋아하는 마음인지 잘 모르겠다. 쿵쿵거리는 마음이 들킬까 봐 걱정된다."처럼 쓰되, '경험'과 연관해 쓴다

❷ 마음을 먹는 데 필요한 재료, 가치 등을 접시 주위에 같이 써서 구성해도 좋다.

❸ 개인별 마음 요리를 링으로 제본하거나 구멍을 내어 끈이나 고리로 묶어 주면 우리 반 마음 요리책이 완성된다. 예산 확보가 가능하다면 개인별 작품을 스캔 후 제본 업체에 맡겨 좀 더 완성도 있는 책으로 만들어도 좋다.

 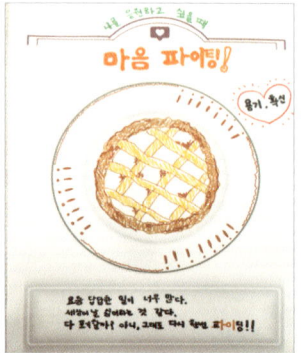 

활동 더하기

도화지에 메뉴를 그리는 방법도 좋지만, 온라인 그리기 도구를 이용하는 방법도 있다. '캔바'라는 온라인 도구를 사용하면, 접시부터 요리까지 다양한 그림 요소 불러오기가 가능하다. 그런 다음 불러온 그림 요소들만 배치하면 되어 학생들의 그림 실력과 관계없이 비슷한 수준의 요리를 디자인할 수 있는 장점이 있다. 단, 컴퓨터실을 이용하거나 개인 태블릿이 있어야 가능하다. 교사가 미리 캔바 프로그램에서 세로형 템플릿(요리명 쓰는 곳, 접시의 위치, 요리 설명을 쓰는 칸이 나눠진 메뉴판 형식)을 만들어 학생들에게 공유해 주면 좋다. 교사가 공유한 기본 틀을 활용하여 접시 디자인과 요리 등을 바꾸면 좀 더 쉽고 형식이 통일된 그림책 제작이 가능하다.

양쪽으로 펼치는 그림책

● 마음대로 기타

『마음대로 기타』는 양쪽으로 책을 펼치면 완성된 그림을 볼 수 있는 그림책이다. 먼저 왼쪽 면만 펼쳐서 무엇인지 예상해 보게 한 후, 오른쪽 면을 펼쳐 확인하는 방식으로 책을 읽으면 좋다. 반쪽 그림을 보고 대상이 무엇인지 상상하면서 호기심을 키울 수 있다.

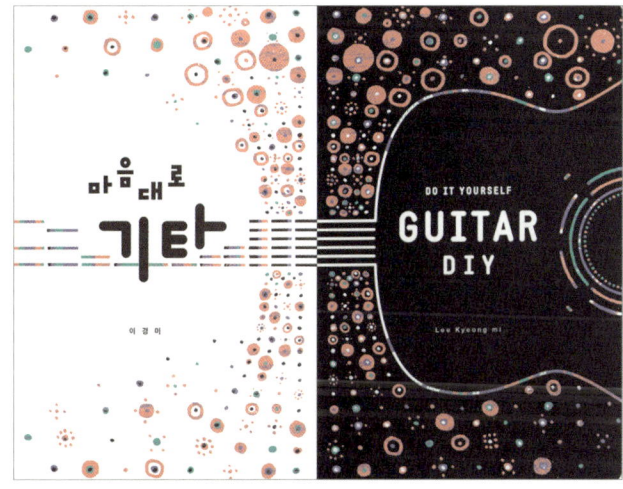

마음대로 기타
이경미 글·그림, kyeongmilee, 2020

　이 그림책은 양쪽으로 펼쳐 가면서 읽는다. 초반부 몇 장에는 왼쪽 면에 기타의 '목(넥)' 부분에 가지런히 걸린 줄 그림이 있고, 오른쪽 면에는 기타의 '몸(바디)'이 이어질 것을 쉽게 예상할 수 있다. 그러나 번개처럼 뾰족뾰족한 선으로 표현된 왼쪽 그림에서는 그 사물이 무엇으로 이어질지 상상하기가 쉽지 않다. 기타 목이 살짝 변형된 오른쪽 면을 펼치면 칫솔, 물뿌리개, 공기가 빠지고 있는 풍선 등이 이어져 있다. 작가는 두꺼운 하드보드지를 뒤표지이자 밑판으로 삼아 양쪽으로 펼쳐서 읽도록 책을 제작함으로써, 독자들에게 궁금증과 상상력을 마음껏 펼치도록 했다.
　일반적이지 않은 판형으로도 호기심을 주기에는 충분하다. 학생들은 양쪽으로 펼쳐 보는 책을 직접 제작해 보는 활동에 흥미를 느끼고 참여한다. 왼쪽과 오른쪽 면을 시간차를 두고 펼쳐서 읽으면서 그림의 나머지 부분을 상상하고 확인하는 즐거움이 이 그림책의 묘미이다. 다양하게 표현된 기타의 목 그림이 자명종 시계 등으로 완성된 그림도 재미있지만, 여섯 줄로 구성된 갈치 몸체가 기타 모양으로 몸을 구부리고 있는 장면도 기발하다. 기타의 여섯 줄에 숨어 있는 다양한 변신은 무궁무진한 그림 놀이의 촉매제가 된다.

그림책 읽고 나누기

『마음대로 기타』는 눈앞에서 직접 펼치면서 읽어야 제맛이다. 왼쪽 면을 먼저 펼쳐 보이면서 무슨 그림인지 예상해서 말하도록 한 다음, 오른쪽 면을 열어 보여 주는 방식으로 순차적으로 읽는다. 기타의 여섯 줄이 다양한 그림으로 전개되는 장면을 보면서 읽기의 즐거움을 누릴 수 있다. 왼쪽과 오른쪽을 한 장씩 펼치면서, 한쪽에서 볼 수 있는 반쪽 그림이 다른 한쪽에서 어떤 모양으로 완성되는지 확인하는 것이므로, 실수로 두 장을 넘기는 일이 발생하지 않도록 유의한다. 순서가 어긋나면 절반의 그림이 제대로 완성되지 않기 때문이다. 그림책을 함께 읽으면서 양쪽으로 펼쳐서 읽는 기법을 체험한 후에는, 이런 형식으로 그림책을 만들려면 어떻게 해야 하는지 생각해 보게 한다. 준비물을 눈앞에 제시하여 생각한 내용을 직접 시각화해 보는 시간을 가져도 좋다.

나도 작가 되기

활동명 양쪽으로 펼치는 그림책
준비물 A4 도화지(2장), 사인펜, 색연필, 풀, A4 하드보드지

1단계 구상하기 및 준비하기

❶ 『마음대로 기타』처럼 A4 도화지를 각각 반으로 접어서 마주 보게 한 다음, A4 하드보드지에 대어 본다.

❷ 한 도화지에 그림의 절반을 그리고 다른 도화지에 나머지 그림을 그린 후 마주 보고 접은 상태로 아랫면을 하드보드지 판에 붙인다.

❸ 모든 학생이 각각 완성한 두 장의 그림을 절반으로 접어, 왼쪽과 오른쪽 면에 차곡차곡 이어 붙여 만든다.

> **2단계** 양쪽으로 펼치는 그림 그리기

❶ 어떤 그림을 그릴지 생각을 정리한 후 A4 한 장에 완성물의 절반을 그리고, 다른 한 장에 나머지 모습을 그린다.

> **잠깐!**
> 한 장을 완성한 후 다른 한 장을 그리는 방식보다, 두 장을 함께 스케치하고 색칠하는 편이 표현의 일관성 면에서 낫다. 두 장을 마주 대었을 때 왼쪽 그림과 오른쪽 그림이 자연스럽게 이어지도록 하기 위해서이다. 선이나 면, 색깔 등이 어긋나면 양쪽 그림이 따로인 듯한 느낌이 들기 쉽기 때문이다. 또한 왼쪽 면만 펼친 후 어떤 그림인지 예상하는 과정에서 오른쪽 그림이 반대 면에 비치면, 상상력 발휘에 방해가 되므로 얇은 도화지보다는 두께가 있는 도화지를 사용하는 것이 좋다. 물론 다음 3단계 그림책 만들기에서 학생들의 그림을 왼쪽과 오른쪽에 각각 이어 붙이기 때문에 크게 문제가 되지는 않는다. 다만 개별 그림을 그리는 본 단계에서도 주변 친구들의 호기심을 유지하는 방편으로 두툼한 도화지 사용을 추천한다.

왼쪽 A4 반쪽 면을 펼친 그림	오른쪽 A4 반쪽 면을 펼친 완성된 그림
	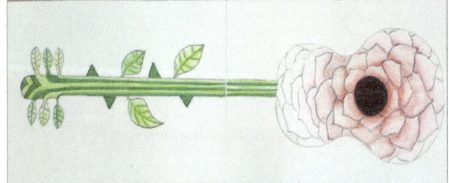
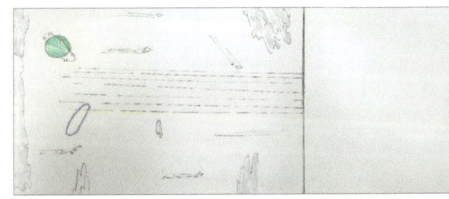	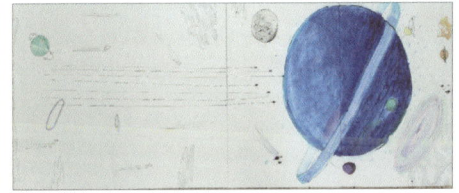
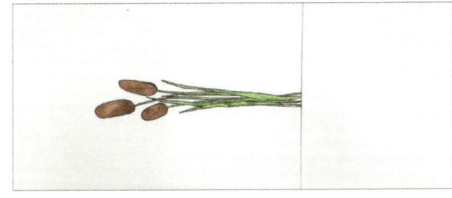	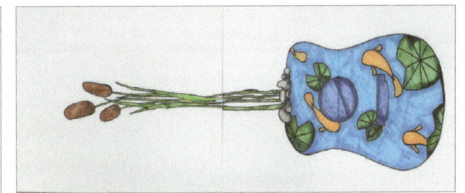

> **3단계** 양쪽으로 펼쳐 보는 그림책

❶ 개별 두 장씩 완성한 그림을 각각 절반씩 정확하게 접는다. 이때 손톱 다림질을 하여 끝처리가 깔끔해지도록 유의한다. 테두리가 모두 일치되지 않을 때는 그림을 쌓아 올리면 비스듬하게 기울어질 수 있다.

❷ 양쪽으로 펼쳐지는 판형의 그림책은 왼쪽 면과 오른쪽 면 그림이 순차적으로 하나의 사물을 완성해 가는 형식이므로, 일정하게 똑바른 형태로 학생들의 작품을

모두 이어 붙인다.

❸ A4 절반 크기의 두꺼운 종이 두 장에 그림책 제목과 만든 사람을 나란히 기록한 앞표지를 맨 윗면에 붙이는 형식으로 양쪽으로 펼쳐 보는 그림책을 완성한다.

❶ A4를 반으로 접어 왼쪽 면에 붙이기

❷ A4를 반으로 접어 오른쪽 면에 붙이기

❸ 왼쪽 면과 오른쪽 면에 차곡차곡 이어 붙이기

❹ 개별 그림을 이어 붙인 후 표지 완성·전시

활동 더하기

　양쪽으로 펼쳐 보는 그림책 만들기를 응용하여, 위아래로 세워서 상하로 펼쳐 보는 그림책을 제작할 수 있다. 만드는 방식은 비슷하나 글씨를 중앙 가로선을 기준으로 기록해야 하므로 글을 쓰는 방향에 유의한다. 상하로 펼쳐 보는 그림책을 읽을 때는 위로 펼친 면이 아래로 내려와 그림책이 덮일 수 있으므로, 위로 펼치는 면을 잡아 주는 장치가 필요하다. 책의 장마다 작은 자석을 붙여 만드는 방법도 있다.

패러디 학급 그림책

● 무리

패러디 학급 그림책은 『무리』 이야기의 내용을 패러디하여 개별 학생의 이야기 그림을 모두 모아 한 권의 책으로 묶어 만드는 활동이다. 다양한 대상이나 모습 중 한 종류를 선정하여 여러 개를 배치하고 다른 하나를 숨기듯이 그린 후 그것을 찾도록 하는 놀이형 그림책이다.

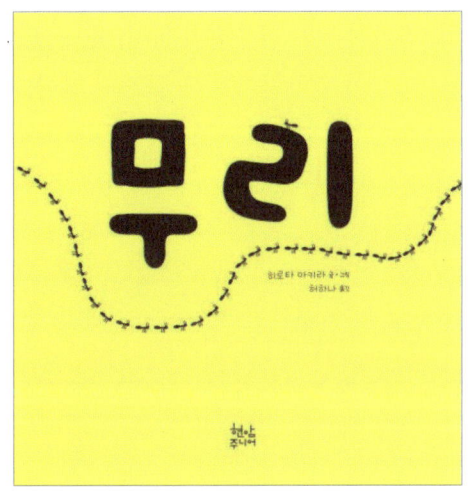

무리
히로타 아키라 글·그림, 허하나 옮김, 현암주니어, 2020

『무리』는 수많은 집단 속에서 다른 모습이나 태도를 보이는 존재를 집중적으로 조명한다. 자칫 소속된 무리 속에서 잊기 쉬운 자신만의 개성을 성찰하게 한다. 마치 틀린 그림 찾기 놀이를 하듯이 개별 존재를 탐색하게 함으로써 공동체 안에서 서로 다른 개별 존재의 의미를 가벼우면서도 묵직하게 전한다.

이 책은 반복되는 문장이 핵심 골격을 이룬다. 책의 왼쪽 면에는 "물고기 무리가 있어요. 어라? 한 마리는 뼈밖에 없어요."와 같이 제시되어 있다. 오른쪽 면은 그 문장과 관련된 그림으로 표현한 후, 다른 하나를 찾아 보도록 독자를 참여시켜 재밋거리를 유발한다. 작가의 익살스러운 표현 기법을 흉내 내어 따라 해 보는 활동은 상상력을 끌어올리는 초석이 된다. 주변에서 일어나고 있는 일에 관심을 가지고 관찰하는 태도를 키우는 데도 유익하다. 친구들에게 배울 것이 많이 있기 때문이다. 상호 영향을 주고받으며 완성한 패러디 작품을 연결하여 학급 책으로 완성한다. 학생들은 이 활동을 통해 탐구하고 생각하는 즐거움과 결실의 뿌듯함을 자연스럽게 체득한다.

그림책 읽고 나누기

앞표지에는 노란 바탕에 검정 개미들이 한 줄로 이동하는 모습이 그려져 있다. 책등을 지나 뒤표지를 펼치면 떼를 지어 앞표지 쪽으로 이동하는 개미 무리로 디자인되어 있다. 제목을 가리고 그림만 보여 주면서 책 제목을 예상해 보는 것으로 함께 책 읽기를 시작하면 좋다. 대다수가 제목을 '개미' 혹은 '개미 떼'라고 답한다. 제목을 가리고 책을 다 읽은 후에 책 제목에 대해 물어보면 제법 많은 학생이 '무리'라고 응답한다.

그림을 '읽는' 그림책의 문법을 제대로 보여 준다. 특히 글과 그림이 만들어 가는 흐름을 따라 읽다 보면 발견하게 되는 공통점이 있다. 왼쪽 면에 반복되는 글과 오른쪽 면에 표현된 그림의 조합이 말하지 않아도 독자의 참여를 유도한다. 예를 들어 "양 무리예요. 어라? 한 마리만 털이 없어요."라는 이야기를 읽어 주면, 오른쪽 그림에서 그 한 마리를 찾아 "저기 있다."라고 여기저기에서 외친다. 교사와 학생의 소통을 활성화하는 책이다.

나도 작가 되기

활동명   패러디 학급 그림책
준비물   8절 도화지 한 장, 색연필, 사인펜

1단계 구상하기 및 준비하기

『무리』의 표현 기법을 흉내 내어 각자가 표현하고 싶은 상황을 생각한 후 글과 그림으로 나타내도록 안내한다. "상상력은 지식보다 소중하다."라는 아인슈타인의 명언으로 격려하며, 주변 사람들에게 즐거움을 주는 기회를 얻는다. 작가도 이 그림책의 그림 기법으로 독자들에게 "여러분도 충분히 그릴 수 있다."라는 용기를 선물하는 듯하다. 왼쪽 면에 "~~ 무리예요. 어라 하나만 ~~~요."라고 내용을 제시하고, 오른쪽 면에는 왼쪽 글에서 표현한 그 다른 하나와 함께 해당 그림을 표현하도록 구상한다.

❶ 글과 그림으로 어떻게 나타낼지 고려하여 표현할 무리의 대상을 정한다.
❷ 왼쪽 면에 대상의 상황에 어울리는 문장을 표현한다.
❸ 위 ❷번과 연계하여 오른쪽 면에 제시한 대상을 어떻게 표현하고 배치할 것인지 구체적으로 계획한다.

이 활동은 8절 도화지를 절반으로 접어 왼쪽에는 글, 오른쪽에는 그림을 그린다. 컴퓨터를 이용한 글 작성과 그림 배치를 통해 전자책으로 제작하는 활동을 병행해도 좋다.

2단계 개별 패러디 그림책 만들기

8절 도화지를 반으로 접은 후 왼쪽 면에는 글, 오른쪽 면에는 그림을 배치한다. 1단계에서 구상한 대상을 고려하여 글을 쓰고, 그 내용과 연계한 상황을 그림으로 표현한다.

> **잠깐!**
> 개별 작품을 학급 그림책으로 묶어야 하므로 각각의 면에 상하좌우 여백을 고려하여 배치하도록 유의한다. 글은 사인펜이나 네임펜을 활용하고 그림은 밑그림을 그린 후 색연필이나 사인펜으로 색칠하는 것이 좋다.

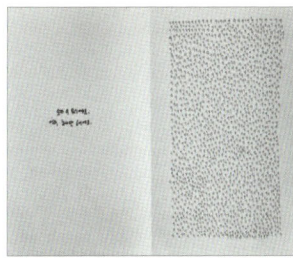  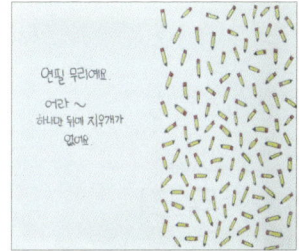

3단계 학급 그림책 만들기

❶ 개별 작품을 접은 상태로 겹친 후 앞뒤 면지와 앞뒤 표지를 이어서 묶으면 학급 그림책이 완성된다.

> **잠깐!**
> 면지는 원래 책을 모방하여 푸른색으로, 표지는 노란색으로 선택하고, 책등은 8절 도화지를 반으로 접은 중앙선 부분을 드러내는 식으로 변형할 수 있다.

❷ 표지를 직접 그리게 하면 작품에 대해 더 강한 애착을 느끼게 할 수 있다.

❸ 완성한 그림책은 도서 거치대에 전시하거나 전면 책꽂이에 게시해 두고, 학생들이 수시로 들여다보며 이야기를 주고받을 수 있는 환경을 조성한다.

 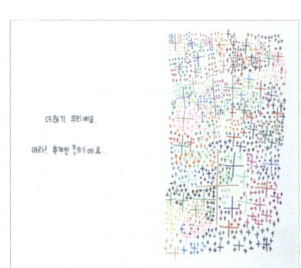 

활동 더하기

태블릿이나 컴퓨터를 활용하여 북크리에이터 사이트에서 그림책을 제작할 수 있다. 교사가 구글 계정을 활용하여 북크리에이터(Book Creator) 사이트에서 학급 서재를 만들면 학생 초대가 가능하다. 학생들은 학교에서 학생용으로 제공한 구글 계정을 사용하여 담임 교사의 서재에서 함께 활동할 수 있다. 교사는 학생들이 개별적으로 만든 『무리』패러디 그림책을 공유 탭에서 협업(collaborate) 기능을 활용하여, 전자책으로 발간하거나 PDF 파일로 공유하는 활동을 병행할 수 있다.

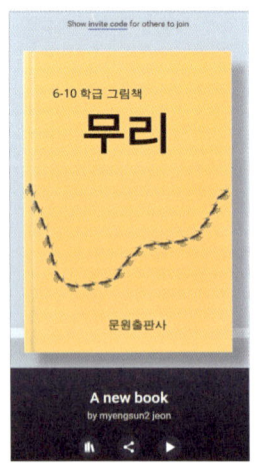  

플랩북 그림책

● 무슨 생각하니?

페이지마다 한 인물의 그림과 함께 플랩이 있으며, 플랩을 들춰 보며 각 인물의 생각을 들여다볼 수 있는 그림책이다. 나와 친구들은 어떤 생각을 하고 있을까? 우리들의 생각을 알아볼 수 있는 플랩북을 만들어 보자.

무슨 생각하니?
로랑 모로 글·그림, 박정연 옮김, 로그프레스, 2015

　사람들은 무슨 생각을 하고 있을까? 사람들이 하고 있는 생각을 눈으로 볼 수 있다면 어떤 모습일까? 이 책은 플랩을 열면 사람들이 생각하는 내용을 볼 수 있어 마치 까꿍 놀이를 하는 듯한 느낌을 준다. 등장인물의 얼굴 종이가 넘어가고 그 안에 숨어 있는 생각들이 드러날 때마다 여기저기서 탄성이 나온다. 작가의 표현 기법이 아름답고 독특하여 호기심과 상상력, 집중력을 동시에 키워 줄 수 있기 때문이다.
　『무슨 생각하니?』처럼 나의 생각을 글과 그림으로 표현하고 플랩 기법을 사용하여 사람들이 가지고 있는 생각의 다양성을 배우고 독창적이고 신비로운 느낌의 이미지를 표현하는 플랩북을 만들 수 있다.

그림책 읽고 나누기

표지에서 마주 보고 있는 둘은 같은 인물이다. 왼쪽은 실제 얼굴, 오른쪽은 그 인물이 생각하는 내용의 표현이다. 먼저 왼쪽의 인물 이름과 그의 생각을 읽는다. 종이 플랩을 넘기기 전에 어떤 그림이 떠오르는지 질문을 주고받는다. 이때 학생들에게 플랩북의 이름과 형태에 대하여 안내한다. 플랩북은 접힌 부분을 상상하고 펼치는 과정에서 호기심을 자극하고 상상력을 높일 수 있다.

이 사람은 무엇 때문에 혼자 있고 싶을까? 왜 작가는 질투를 뱀으로 표현했을까? 우리 할아버지는 어린 시절에 어떤 모습이었을까? 이렇게 책의 장면마다 질문을 던지면서 학생들이 내용과 그에 어울리는 이미지를 계속 상상하도록 유도한다.

나도 작가 되기

활동명 플랩북 그림책
준비물 A4 도화지 얼굴 도안 2장, 색연필, 사인펜, 가위, 풀

1단계 구상하기 및 준비하기

❶ 나를 소개하는 글을 쓰고 친구와 함께 자신의 이야기를 나누면서 서로를 알아가는 시간을 갖는다. 이때 학토재의 키워드 접착 메모지를 사용하면 학생들이 재미있고 쉽게 자신을 표현할 수 있다.

❷ 돌아가면서 자신이 적은 메모지의 내용을 읽은 후 서로 궁금한 내용을 질문하고 그에 대답하는 과정을 반복한다.

> **잠깐!**
> 이때 서로 존중하는 태도로 바른 언어를 사용하면 참여하는 태도가 더 진지해지고, 자신을 좀 더 솔직하게 드러낼 수 있다. 자신의 발표를 마치고, 질문하고 대답하는 과정이 끝나면 감사의 박수와 격려의 말을 주고받으며 다음 순서로 넘어간다.

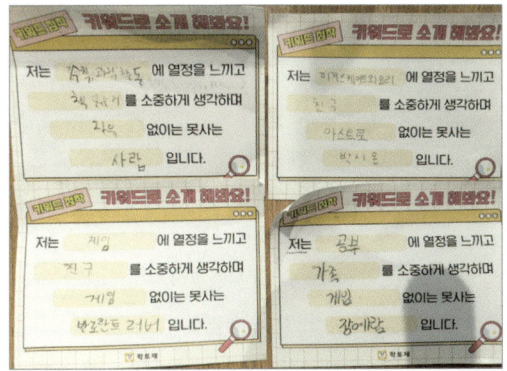

키워드로 자기 소개하기

2단계 생각을 문장으로 적고 그림으로 표현하기

❶ A4 도화지 얼굴 도안 아래에 나의 생각을 문장으로 적는다.

> **잠깐!**
> 얼굴 도안은 책에 나온 이미지를 따라 그려서 확대 복사하거나, 일반적인 얼굴형을 그려서 사용해도 무방하다.

❷ 내가 지금 고민하거나 생각하는 내용을 떠올린다. 예를 들어 '나는 피겨스케이팅에 열정을 느껴.'라는 내용을 생각했다면 얼굴 도안 아래에 문장을 적는다.

❸ 얼굴에 문장과 어울리는 이미지를 그린다. 가령, 피겨스케이팅과 열정을 나타내는 이미지를 생각하여 표현한다.

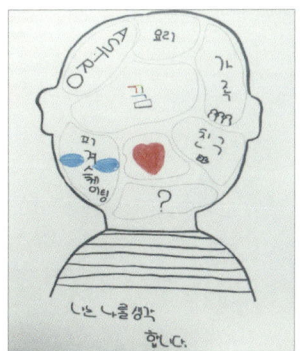 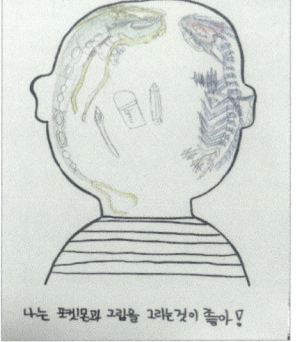 

나의 생각을 적고 그림으로 표현하기

3단계 플랩 종이에 얼굴 그리고 자르기

❶ A4 도화지 얼굴 도안에 얼굴을 그린다. 실제 나의 모습을 그리지 않고 내가 그리고 싶은 이미지의 얼굴을 그린다. 모자를 쓰거나 다양한 헤어스타일을 추가할 수 있다.

❷ 얼굴을 다 그리면 인물의 상의 부분을 잘라 내고 얼굴 부분만 남도록 도화지를 자른다. 자르는 단면 역시 플랩북의 디자인과 연관이 있으므로, 기본적으로 단면을 자르는 예시를 보여 주되, 표현의 자유를 주어 자유롭게 단면을 자르도록 한다. 또한 가위를 안전하게 사용하도록 지도한다.

플랩 종이에 얼굴 그리고 자르기

4단계 플랩 종이의 얼굴 그리고 자르기

❶ 생각 문장과 이미지를 그린 도안을 아래에 두고 가위로 자른 얼굴 도안의 목 부분이 아래 그림과 맞도록 두 종이를 바르게 맞춘다. 왼쪽 면에 풀칠을 하고 아래 도안에 겹쳐 붙인다.

> **잠깐!**
> 이때 붙이는 방향 역시 학생들이 스스로 정하게 한다. 위로 넘기는 형태, 옆으로 넘기는 형태 모두 가능하다. 또한 풀, 셀로판테이프 등을 선택하면 독창적인 아이디어를 발휘할 수 있다.

❷ 플랩북을 넘기며 나의 생각, 이야기를 친구들에게 들려주며 서로의 생각과 느낌을 공유한다.

❸ 6공 펀치와 루즈링을 이용하여 학생들의 개인 작품을 한 권으로 묶으면 우리 반 학급 그림책이 완성된다. 또한 태블릿을 활용하여 학급 패들릿에 작품 사진을 올리고 소감을 나누는 활동으로 연계하면 그림책 활동이 지속적으로 누적되고, 학급 전체와 가정까지 학습한 내용을 공유할 수 있다.

플랩 종이를 붙여 플랩북을 완성한 후 서로의 이야기 공유하기

활동 더하기

　플랩북을 넘기고 다음 페이지가 드러나는 과정이 매우 극적이므로 작품을 사진으로 찍어 동영상으로 제작하여 감상하면 더 효과적이다. 이때 태블릿을 활용하여 학생들이 직접 목소리를 녹음하고 자신이 만든 플랩북을 넘기는 영상을 촬영하면 학생 주도적인 참여가 이뤄진다. 서로의 작품을 감상하면서 나와 다른 사람과 생각의 다양성을 받아들이고, 서로의 생각과 느낌을 존중하는 메시지를 간직하는 시간을 가져 보자.

수채화 아코디언 그림책

● 물이 되는 꿈

이 책은 루시드 폴의 <물이 되는 꿈>이라는 노래를 그림으로 옮긴, 병풍처럼 쭉 이어진 그림책이다. 아름다운 수채화 기법으로 여름의 차가운 물을 느낄 수 있다. 파란 수채 물감으로 맑게 그린 그림책을 보며 나의 꿈을 표현하고, 우리 학급 모두의 꿈을 담은 그림책을 만들어 보자.

물이 되는 꿈
루시드 폴 글, 이수지 그림, 청어람아이, 2020

　보조 기구를 단 소년이 수영장에 들어간다. 연꽃이 피어나고 강 바다로 이어지며 소년은 자유로이 유영한다. 분수가 합창하듯 솟아오르고 달과 별, 새를 만난다. 루시드 폴의 「물이 되는 꿈」은 잔잔하다가 덮칠 듯한 물처럼 움직이는 아름답고 몽환적이다. '무엇이든 되는 꿈'이라는 가사가 학생들에게 "무엇을 꿈꾸든지 괜찮아."라고 위로해 주는 듯하다. 작가가 표현해 내는 푸른 물감은 다양한 질감으로 장면마다 생명력을 불어넣는다.
　분수가 튀어 오르며 아이들이 뛰어노는 순간을 표현한 장면에서는 음악의 박자와 리듬이 바뀌며 하늘로 솟아오르는 물의 경쾌함과 아이들의 웃음소리가 들리는 듯하다. 또한 이 책은 아코디언 북이라고 불리는 병풍 제본으로 만들어져 한 번에 펼쳐 볼 수 있다. 32면의 페이지를 다 펼치면 5미터 정도가 된다. 한 장씩 넘겨서 봐도 되고, 여러 장을 펼쳐 봐도 좋으며, 교실 전체에 쭉 펴놓고 봐도 된다. 학생들은 교실에 펼쳐진 그림책을 보며 연이어 탄성을 지른다. 수채화 기법에 자신이 없는 학생들도 이 책을 보면 자신의 꿈을 표현하고 싶은 마음이 자연스럽게 올라온다. 나의 꿈을 다양한 수채화 기법으로 표현하는 데 적절한 그림책이다.

그림책 읽고 나누기

"그림책 표지에서 독특한 점은 무엇일까요?"라는 질문으로 학생들과 이야기를 나누어 본다. "루시드 폴 노래하고 이수지 그리다."라는 문장을 보고 학생들은 이 그림책이 루시드 폴이라는 가수의 노래와 이수지 작가의 그림으로 협업을 통해 만들어졌음을 알게 된다.

이수지 작가는 『만질 수 있는 생각』에서 물이 되는 꿈을 그리게 된 이야기를 들려준다. 땅 위에선 몸이 불편하지만, 물속에서 더 자유롭고 가볍고 유연하게 움직이는 사람들이 있다는 것, 수중재활센터에 대해서도 알려 준다.

5미터나 되는 긴 책을 모둠별로 나누어 주고 읽고 싶은 대로 펼치게 한다. 학생들은 쭉 펴서 보기도 하고 집이나 성문처럼 벽을 빙 둘러놓고 본다. 그 안에서 뱅뱅 돌면서 연신 '우와'를 연발한다. 그림책의 양옆을 두 명의 학생이 잡고 나머지 학생들이 전람회에 온 것처럼 천천히 산책하면서 보는 모둠도 있다. 가장 인상적이고 마음에 드는 장면에 포스트잇을 붙이고 이유를 써서 붙이게 할 수도 있다. 다른 책과 달리 좋아하는 장면이 학생마다 다양하게 다르다.

그림책을 읽는 동안 루시드 폴의 노래를 들려준다. 음악과 그림책이 조화롭게 어우러지면서 노래를 흥얼거리는 학생들도 있다. 이 아름다운 그림책이 푸른 물감의 수채화 기법이라는 것을 알려 주고 작가처럼 우리만의 꿈을 표현해 보자고 안내한다.

나도 작가 되기

활동명 수채화 아코디언 그림책
준비물 A4 도화지, 단색 물감(파란색, 하늘색, 하얀색), 수채 붓, 수채 도구(팔레트, 물통 등)

1단계 구상하기 및 준비하기

표현하고 싶은 자신의 꿈을 생각한다.

> **잠깐!**
> 보통 수채화가 어렵다고 막연히 생각한다. 학생들에게 단순하게 파란색 물감의 농도를 달리하여 표현하기 때문에 걱정하지 말고 마음껏 자유롭게 꿈을 펼치자고 격려한다. 또한 이때 장래 희망이나 구체적인 사물을 적어도 좋지만, 그림책에 나온 문장을 다 함께 읽어 보고 글과 그림이 어떻게 서로 조화를 이루는지 생각을 나누면 학생들의 표현력이 더 풍부해진다.

2단계 생각을 문장으로 적고 그림으로 표현하기

❶ 수채화 기법 중 몇 가지를 연습한다.

❷ 수채화가 어려운 학생들이나 수채 붓을 잘 다루지 못하는 학생들에게 방법을 알려 주고 시작한다.

> **잠깐!**
> 붓에 물을 너무 많이 묻히거나 너무 적게 묻히는 예시를 알려 주고 붓에 적당한 물감과 물을 머금게 하도록 한다. 가로로 붓 쓰기, 세로로 붓 쓰기, 동그라미, 색 넣기 등 기본적인 붓 사용부터 시작한다.

그림책에 나온 분수의 표현처럼 붓을 살살 털어서 물방울처럼 표현하고 이를 연습하면 매우 즐겁게 참여한다. 붓을 너무 세게 사용하여 물감이 튀지 않도록 사전에 주의를 주고, 붓 역시 너무 두껍거나 납작하지 않은 것을 사용하도록 안내한다.

기초 선 그리기

번지기 기법

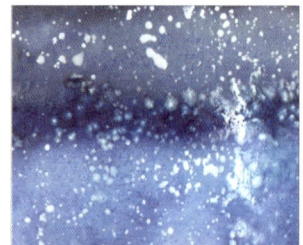
뿌리기 기법

3단계 수채화 기법으로 나의 꿈 그리기

❶ A4 도화지를 가로로 놓고 가운데에 나의 꿈을 표현한다.

❷ 모둠별로 돌아가며 표현하고 싶은 꿈을 말하고 자신의 디자인을 설명한다. 모둠 친구들이 피드백을 주면 아이디어가 부족한 학생들에게 도움이 된다. 또한 내가 표현하고 싶은 것을 설명하는 과정에서 나의 디자인이 좀 더 분명해지고 구체화된다.

> **잠깐!**
> 수채화는 너무 많은 시간을 들인다고 해서 작품의 질이 올라가는 것이 아님을 안내한다. 너무 많이 덧칠해서 작품이 잘 나오지 않는 경우가 많기 때문이다. 작품이 제대로 표현되지 않았을 때 종이를 더 제공해 준다. 단, 환경을 언급하면서, 실수하지 않고 집중하자고 말하면 학생들도 동참한다.

4단계 그림과 어울리는 문장 쓰기

이수지 작가의 멋진 그림과 그에 어울리는 느낌 있는 글씨를 보여 주면서 그림책의 특성은 글과 그림의 상호작용을 재차 강조한다. 학생에 따라 다양한 재료로 글을 쓴다. 붓으로 적는 경우도 있고, 자신이 좋아하는 펜을 사용하는 학생도 있다. 사인펜으로 적으면 분명하고 필체가 살아 있는 표현이 가능하다.

문장을 적기 전에 미리 이면지 등에 적게 하고, 글씨가 놓일 부분에 대해 생각해 보는 시간을 갖는다. 이때 교사가 학생들의 과정을 격려해 주며, 각자 자기 작품에 자부심을 느낄 수 있도록 도와준다.

학생 완성작 예시

학생 완성작 예시

활동 더하기

고학년의 경우 나의 그림책을 직접 찍어서 패들릿 등 플랫폼에 올려서 댓글로 격려하는 온라인 활동과 연계할 수 있다. 또 태블릿을 활용하여 모둠별로 사진을 찍고 뮤직비디오를 만드는 활동으로 발전시켜도 좋다. 동영상의 앞부분이나 뒷부분에 나의 꿈에 대한 이유와 만드는 과정을 담은 영상이나 자막을 삽입하면 작품 의도가 잘 드러난다.

야광 별자리 그림책

● 밤을 깨우는 동물들

야광 그림책은 어둠 속에서 빛을 내므로 낮과 밤의 모습이 전혀 다른 매력으로 다가온다. 야광의 원리는 야광을 일으키는 물질이 빛을 흡수하고, 빛이 없을 때 빛을 흡수한 물질이 천천히 다시 빛을 방출하는 것이다. 이 원리를 이용하여 밤하늘을 수놓은 다양한 별자리를 소개하는 야광 별자리 그림책을 만들어 보자.

밤을 깨우는 동물들
엑토르 덱세 글·그림, 최정수 옮김, 보림, 2016

『밤을 깨우는 동물들』은 주로 밤에 활동하는 동물들이 가득 담긴 야광 그림책이다. 생쥐가 나타나 밤의 시작을 알리며 밤에 활동하는 친구들을 하나씩 만나게 된다. 개구리를 시작으로 밤, 고슴도치, 여우, 부엉이, 박쥐들까지 만나고, 마지막 장면에는 사람이 살고 있는 집과 달이 나타나며 아침이 밝아 옴을 알려 준다. 책의 뒷면에는 앞면에 등장했던 다양한 동물들의 이름을 적어 놓아 동물에 대한 정보를 알 수 있어 유익하다. 파란 바탕에 다양한 동물들을 연한 상앗빛으로 표현했는데, 이는 밤에 빛을 내는 야광 부분이다.

이 책은 형태도 독특하다. 첫 장은 세로가 5센티미터로 아주 짧고, 각 장면의 세로가 조금씩 길어지면서 이야기들이 풍성해진다. 그리고 지그재그로 접히는 병풍 형식으로 책을 끝까지 펼치면 2미터가 된다. 그림책을 접으면 동물들의 얼굴이 클로즈업되어 화면 가득 보인다. 새로운 형태와 독특한 발상으로 호기심을 자극하며 어둠을 기다리게 하는 마법의 그림책이다.

그림책 읽고 나누기

이 그림책은 펼쳐지는 책이라 실물 화상기나 컴퓨터 화면으로 보여 주기 어렵다. 책을 읽기 전에 "『밤을 깨우는 동물들』에는 어떤 동물들이 등장할까?" 하고 아이들과 충분히 이야기를 나눈 뒤, 책을 공개한다. 책을 한 장씩 길게 펼치면서 책 속에 나오는 동물들을 하나씩 자세히 나눈다. 완전히 펼쳐진 뒤에는 책을 뒤로 돌려서 이름을 잘 알지 못했던 동물들의 이름을 확인한다. 그리고 책을 직접 펼쳐 보고 접어 볼 수 있는 시간을 가지면 2미터 길이의 병풍책의 형식을 이해하는 데 도움이 된다. 교실에 암막커튼이 있거나, 어둠을 만들 수 있는 공간이 있어서 야광 빛을 발하는 모습을 볼 수 있다면, 그림책을 함께 보는 효과가 극대화된다. 그런 공간이 없다면 아이들이 책을 만지는 시간에 두 손을 모아 빛을 차단한 뒤 야광인 부분을 보고 야광을 확인할 수 있다.

나도 작가 되기

활동명 야광 별자리 그림책
준비물 A4 검정 도화지, 흰색 볼펜, 야광 테이프, 야광별 스티커, 채색 도구 등

1단계 구상하기 및 준비하기

생물을 주제로 야광 그림책을 만들려면 야광 테이프를 오리는 것이 어려우므로 시중에 나와 있는 야광별 스티커를 활용하여 별자리 관련 그림책을 만든다. 별자리 그림책을 만들기 위해 여러 가지 별자리를 떠올려 본다. 계절별 별자리, 아이들에게 친숙한 생일 별자리, 동서남북 방위별 별자리 등을 떠올릴 수 있다. 별자리의 분류 중에서 어떤 별자리를 표현할지 5개를 선택한다.

예시

별자리 분류
- 생일 별자리: 물병자리, 물고기자리, 양자리, 황소자리, 쌍둥이자리, 게자리, 사자자리, 처녀자리, 천칭자리, 전갈자리, 사수자리, 염소자리
- 북쪽 별자리: 북극성, 작은곰자리, 큰곰자리, 카시오페이아자리, 케페우스자리
- 물과 관련된 별자리: 물병자리, 게자리, 고래자리, 물고기자리
- 계절별 별자리: 봄 – 처녀자리, 목동자리, 사자자리
  여름 – 백조자리, 독수리자리, 거문고자리
  가을 – 페가수스자리, 안드로메다자리, 물고기자리, 양자리
  겨울 – 오리온자리, 큰개자리, 작은개자리, 쌍둥이자리, 마차부자리, 황소자리

2단계 그림책의 형태 만들고 스케치하기

❶ 8절 검정 도화지를 3등분하여 지그재그로 접은 뒤, 두 장을 테이프로 연결한다. 연결할 도화지의 색깔, 장수, 등분 방법은 1단계에서 표현할 주제의 개수에 따라 다르게 해도 된다.

❷ 연필로 왼쪽부터 오른쪽 방향으로 높이가 조금씩 높아지도록 별자리 이름과 연관된 그림을 스케치한다. 예를 들어 물고기자리라면 물고기를 그리고, 쌍둥이자리라면 쌍둥이를 그린다.

❸ 스케치가 완성되면 흰색 볼펜으로 선을 따라 그린다. 검정 도화지이기 때문에 흰색 펜으로 따라 그렸지만, 흰색 도화지나 다른 색깔의 도화지일 경우에는 색깔에 따라서 펜의 색깔을 정한다.

❹ 가위로 잘라서 높이의 차이가 보이도록 한다.

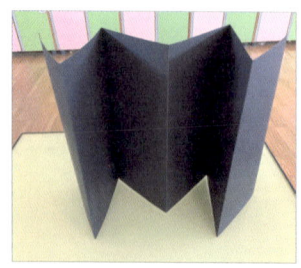

지그재그 병풍책 만들기

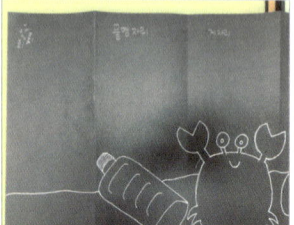 

흰색 펜으로 스케치하기

3단계 야광 효과 넣기

❶ 책의 형태가 완성되면 야광 효과를 넣는다. 별자리에 대한 내용이기 때문에 야광별 스티커를 구매해 사용한다.

❷ 스마트기기로 별자리를 검색하여, 별자리에 맞게 스티커로 별자리를 꾸민다. 스티커를 붙인 뒤 스티커를 선으로 연결하여 별자리 모양을 선명하게 나타낸다. 이때도 흰색 볼펜을 사용한다.

❸ 야광 테이프를 잘라서 스케치한 그림에서 강조하고 싶은 부분과 테두리 부분에 붙인다. 예를 들어 물고기자리라면 야광 테이프를 띠 모양으로 잘라 물고기의 테두리를 따라 붙이고, 물고기의 눈과 비늘의 일부에 야광 테이프를 잘라 붙인다. 그렇게 하면 어두운 곳에서 봤을 때 물고기의 형태가 보인다.

❹ 마지막으로 왼쪽의 가장 짧은 부분에 책의 제목을 적으면 그림책이 완성된다.

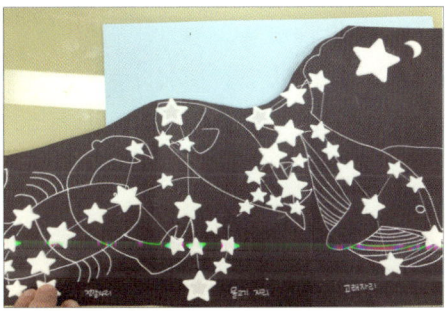

접힌 상태의 야광 별자리 그림책

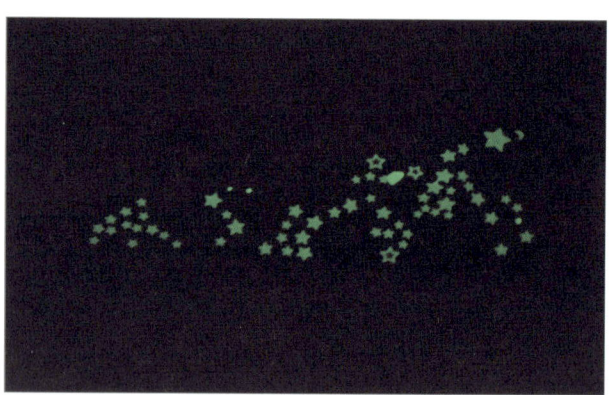
빛을 발하는 야광 부분

활동 더하기

　아이들의 상상력을 발휘하기 위해 다른 주제로 표현해도 좋다. 병풍책의 형태를 따르되, 세로 길이의 변화를 주지 않는다면 자연과 도시의 밤 모습, 심해 바다의 모습, 주로 밤에 일하는 사람들의 모습 등 어둠 속에서 빛을 발하는 것들을 그림책으로 표현할 수 있다. 이때에는 야광 테이프나 야광 시트지에 모양을 그리고 오려서 섬세하게 표현할 수 있다. 야광 시트지는 색깔이 다양하므로 이를 잘 활용한다면 야광 빛의 아름다움을 느낄 수 있다.

빛그림자 그림책

● 빛을 비추면

빛그림자 책이란 빛을 비추어 생기는 그림자를 이용하여 의미를 전달하는 책이다. 그림자는 빛의 경로상에 불투명한 물체가 있을 때 빛이 통과하지 못하여 생기는 어두운 부분을 말한다. 이러한 빛의 성질과 그림자의 원리를 이용하여 빛그림자 책을 만들어 보자.

빛을 비추면
김윤정 글, 최덕규 그림, 윤에디션, 2018

빛을 비춘다는 것은 어떤 의미일까? 살아가는 데 필수적인 빛은 우리에게 생명을 주고 어둠을 밝힌다. 또한 식물을 잘 자라게 하고, 퇴근길에 비치는 가로등 빛은 우리가 다시 힘을 내어 따뜻한 마음으로 집에 돌아올 수 있게 한다. 『빛을 비추면』의 작가는 빛과 그림자를 통해 우리가 서로의 마음에 빛이 되어 줄 수 있고 그 마음의 빛은 나눌수록 커진다는 의미를 전한다.

판형이 독특한 『빛을 비추면』은 빛을 비추어 보게 되어 있다. 장면마다 이야기와 함께 숨겨진 그림이 담겨 있는데 앞으로 나아가는 빛의 성질과 불투명한 물체를 통과하지 못하여 그림자가 생기는 과학적 원리가 작용해 아름다운 그림을 만들어 낸다. 작가가 전하는 빛의 의미를 느끼며 자신이 표현하고 싶은 희망의 빛을 그림책으로 만들 수 있다.

그림책 읽고 나누기

'빛을 비춰 봐'라는 면지의 글자를 따라 손전등을 켜고 빛을 비추어 보면 수많은 별이 쏟아진다. 표제지의 'i n'에도 빛을 비추면 'Light'라는 글자가 보인다. 그림책을 본격적으로 읽기 전에 빛이 우리에게 주는 의미와 빛이 주는 이로움을 생각하고 서로의 의견을 나눈다. 그림책의 장면을 따라가면서 숨겨진 그림이 어떤 그림일지 예상하여 빛을 비추어 보면 학생들이 더 집중하여 보게 된다. 그림책의 장면 중 가장 마음에 남는 장면이 어떤 장면인지 이야기하면서 『빛을 비추면』에 대한 느낌을 이야기한다. 빛이 비추어져 고마움을 느끼거나 따뜻함을 느꼈던 경험을 이야기하며 우리 마음속에 있는 작은 빛을 나누는 방법들까지 생각한다.

나도 작가 되기

활동명   빛그림자 그림책
준비물   A4 한 장, 여분 종이, 풀, 가위, 색연필, 사인펜

1단계 구상하기 및 준비하기

❶ 마음의 빛을 나누는 주제로 가족이나 친구, 주변의 이웃들을 생각하며 자신이 표현하고 싶은 주제를 정한다.

❷ 『빛을 비추면』은 빛의 성질을 이용하여 만드는 그림책이므로 표현하고 싶은 상황을 생각하고 그림자로 나타내고 싶은 장면을 계획한다. 그림책의 마지막 문구인 "빛은 나눌수록 커진다."처럼 나눌수록 커지는 것들이 어떤 것이 있을지 이야기한다. 함께 이야기하는 과정에서 힘들고 어두운 상황에 누군가 옆에 있어 주거나 어두운 길을 걸어갈 때 가로등의 불빛이 들어와 기분이 밝아졌던 경험을 떠올리며 빛을 비추기 전후의 차이를 생각한다.

❸ 빛이 비추어졌을 때 사람, 사물, 글자 등을 어떻게 드러나게 하여 자신이 표현하려는 주제를 잘 살릴 것인지 고민하여 구상한다.

> **잠깐!**
> 이 활동을 준비할 때 책으로 만드는 종이는 그림자가 잘 보일 수 있도록 A4 용지 중 얇은 것을 추천한다. 그림자로 표현할 종이는 도화지 정도의 두께가 좋다.

2단계 구상하기 및 준비하기

❶ 표지를 디자인하기 전 A4 용지를 반으로 접어서 엽서 모양의 크기로 만든다. 접은 부분을 오리지 않고 접은 상태로 두는 이유는 그림자 종이를 접은 안쪽으로 붙여 겉으로 보이지 않도록 하기 위해서다.

> **잠깐!**
> 빛그림자 책은 한 장면만 표현하는 것이므로 빛을 비추기 전 장면을 표지로 나타낼 수 있다.

❷ 반으로 접은 종이 앞면에 표현하고자 하는 그림의 밑그림을 그리고 색칠한 후 글을 쓴다. 글과 그림을 그릴 때는 그림자가 생기는 부분을 고려하여 표현하도록 한다.

> **잠깐!**
> 표지를 매직으로 꾸밀 때 접은 뒷장까지 배겨 나오지 않도록 주의한다. 종이가 얇아 접은 후 펼친 상태에서 글과 그림을 그리면 다른 종이에까지 배겨 나오는 것을 방지할 수 있다.

3단계 구상하기 및 준비하기

❶ 앞에 그린 그림과 어울리면서, 빛을 비추었을 때 그림자로 나타날 사람이나 사물, 글자를 여분의 종이에 그린다. 표현하고자 하는 상황에 맞게 큰 그림을 그리거나

작은 그림을 여러 개 그릴 수 있다. 글자로 의미를 표현하기 위해서는 자음과 모음을 따로 그려 오린다.

❷ 그림자로 사용하기 위해 오린 종이는 앞면의 그림과 어울리게 배치하고 종이를 붙인다. 이때 그림의 뒤쪽에 그림자 종이를 붙이는데, 빛을 비추었을 때 그림이 좌우로 바뀌어 보일 수 있으므로 그림이나 글은 그림자가 보이는 상태를 고려하여 붙이도록 한다.

❸ 그림자를 붙인 후 접어서 남은 A4 용지 반쪽을 풀로 붙인다.

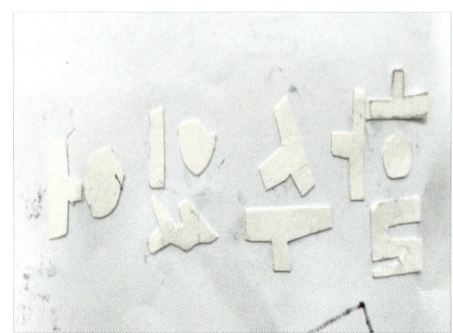

그림자 오리기

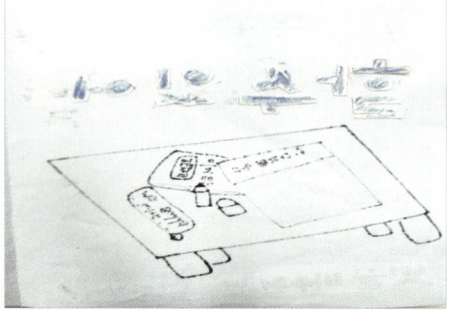

그림자 붙이기

4단계 빛을 비추어 감상하기

책의 뒷면에 빛을 비추면 그림자로 완성된 빛그림자 책이 된다. 실수하여 종이를 덧붙일 때도 빛을 비추면 실수한 내용이 나타날 수 있으므로 주의해야 한다. 서로의 책에 빛을 비추어 가며 감상하는 시간을 갖는다.

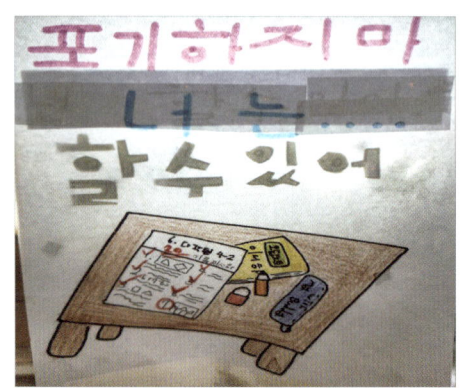

빛 비추어 보기

활동 더하기

 빛의 성질과 그림자의 원리를 이용한 빛그림자 책을 만들 때 모둠끼리 스토리를 구상하여 한 장면씩 맡아 모둠의 빛그림자 책을 만들 수 있다. 완성된 모둠 빛그림자 책은 낭독극으로 활동하는 것을 추천한다. 교실 앞쪽에 빛을 비출 조명을 준비하여 각각 완성한 장면을 들고 낭독극을 하면 학생들의 자신감도 향상되고 친구들의 작품을 함께 감상할 수 있다.

시간의 흐름을 표현하는 그림책

● 사라지는 것들

트레이싱지라는 반투명 재질의 종이를 활용해 시간의 흐름에 따라 '사라지는 것들'을 시각적으로 표현하는 책이다. 뒷장(도화지)에는 시간이 흐른 후의 상황을, 앞장(트레이싱지)에는 시간이 흐르기 전 상황을 그리고, 이를 넘기면 시간이 흘러 변하는 장면이 나타나는 그림책을 만들 수 있다.

사라지는 것들
베아트리체 알레마냐 글·그림, 김윤진 옮김, 비룡소, 2021

    이 그림책은 시간의 흐름에 따라 사라지고 변하고 지나가 버리는 다양한 것들에 관해 말하고 있다. 첫 장을 펼치고 트레이싱지를 넘기면 손에 앉아 있던 작은 새가 휙 날아가 버린다. 페이지를 넘길 때마다 낙엽은 떨어지고, 음악 소리는 허공으로 흩어진다. 또 우울한 생각, 두려움과 같은 감정들도 결국은 시간이 흐르면 변하거나 사라진다. 그럼에도 불구하고 절대로 변하지 않는 소중한 것들이 있음을 마지막 장면에서 전하고 있다.
    『사라지는 것들』에서는 그림과 그림 사이 트레이싱지를 넣어 시간의 흐름 속에서 변해 가는 것을 직관적으로 보여 준다. 오른쪽에 있는 트레이싱지를 넘기는 순간, 시간이 흘러 변한 상황이 자연스럽게 연출한다. 페이지를 넘기면서 시간이 흐르면 어떤 변화가 일어날지 상상하는 즐거움을 느끼고 독특한 그림책의 물성도 체험해 볼 수 있다.

그림책 읽고 나누기

먼저 그림책 표지에서 민들레 홀씨를 입바람으로 불고 있는 여자를 보며 무엇이 사라지고 있는지 찾아보고, 책이 어떤 내용일지 예상해 본다. 트레이싱지를 넘기기 전의 그림을 보고 넘긴 후에 상황을 서로 이야기 나누며 살펴본다. 무릎 위의 상처는 트레이싱지에 그려져 있어 종이를 넘기면 흔적도 없이 사라진다. "이처럼 시간이 흐르면 사라지는 것에는 또 어떤 것들이 있을까요?"라는 물음에 학생들은 "벚꽃, 비 온 뒤 무지개, 식탁 위 음식, 행복한 주말, 엄마한테 혼나서 화나는 마음이요." 등 눈에 보이는 것부터 보이지 않는 감정까지 다양한 대답을 한다. 이후 많은 것들이 사라지고 변하지만 결코 사라지지 않는 것은 무엇인지 함께 생각해 본다.

나도 작가 되기

활동명   시간의 흐름을 표현하는 그림책
준비물   B5 도화지, B5 트레이싱지, 색연필, 검정 네임펜 또는 볼펜

1단계 구상하기 및 준비하기

❶ 그림책에 나온 다양한 장면을 떠올리며 시간이 흐르면 어떤 변화가 생길지 생각하고 어떤 장면을 연출하고 싶은지 계획한다.

❷ 시간이 흐르면 사라지는 것도 있지만 소중한 것들이 생겨나는 경우도 있다. 이런 경우도 이야기 나눈다.

❸ 표현하고 싶은 내용 중 어떤 부분을 도화지에 그리고, 어떤 부분을 트레이싱에 그릴지, 글은 무슨 내용으로 적을지 구상한다.

도화지에 그릴 내용	트레이싱지에 그릴 내용	글로 적을 내용
사무실에서 일하는 회사원	캠핑을 하며 휴일을 즐기는 사람	행복하게 즐기던 휴일도 언젠가는 지나가.
짧아진 손톱	네일아트로 꾸민 화려하고 긴 손톱	예쁘게 꾸민 손톱도 언젠가 사라져.
행복한 커플의 모습	홀로 크리스마스를 보내는 여학생	슬퍼하지 마. 새로운 사랑이 찾아올 거야.

2단계 도화지에 스케치 후 채색하기

❶ B5 도화지에 시간이 흘러 변화된 상황을 그림으로 표현한다.

> **잠깐!**
> 도화지에 표현하는 부분이 뒷장이지만 이를 먼저 그리고, 트레이싱지에 처음의 상황을 그리는 순서로 작업한다.

❷ 도화지에 표현하고자 하는 상황을 그리고 색칠한 후 글을 쓴다.

행복하게 즐기던 휴일도 언젠간 지나가고….

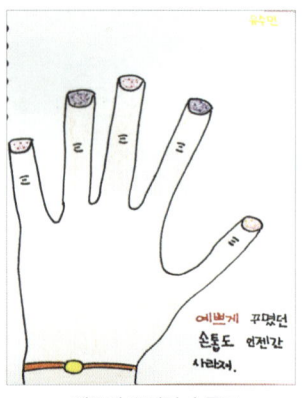
예쁘게 꾸몄던 손톱도 언젠간 사라져.

그렇게 슬퍼하지 마. 새로운 사랑이 찾아올 거야.

3단계 트레이싱지에 스케치 후 채색하기

도화지에 그린 그림 위에 트레이싱지를 겹친 후 시간이 흐르기 전 상황을 그림으로 표현한다. 그림을 그릴 때는 뒤의 상황이 잘 보이지 않도록 도화지 그림보다 더 진한 색을 사용하여 그리고, 선명하게 보이도록 검정 네임펜이나 볼펜으로 테두리를 표현한다.

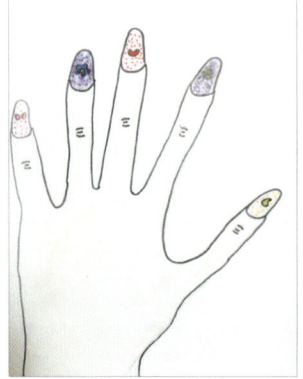

4단계 트레이싱지를 넘기며 서로의 이야기 공유하기

트레이싱지를 넘기며 자신이 만든 이야기를 친구들에게 들려주며 서로의 생각과 느낌을 공유한다. 이때 6공 펀치와 루즈링을 이용하여 학생들의 개인 작품을 한 권으로 묶으면 우리 반 그림책이 완성된다.

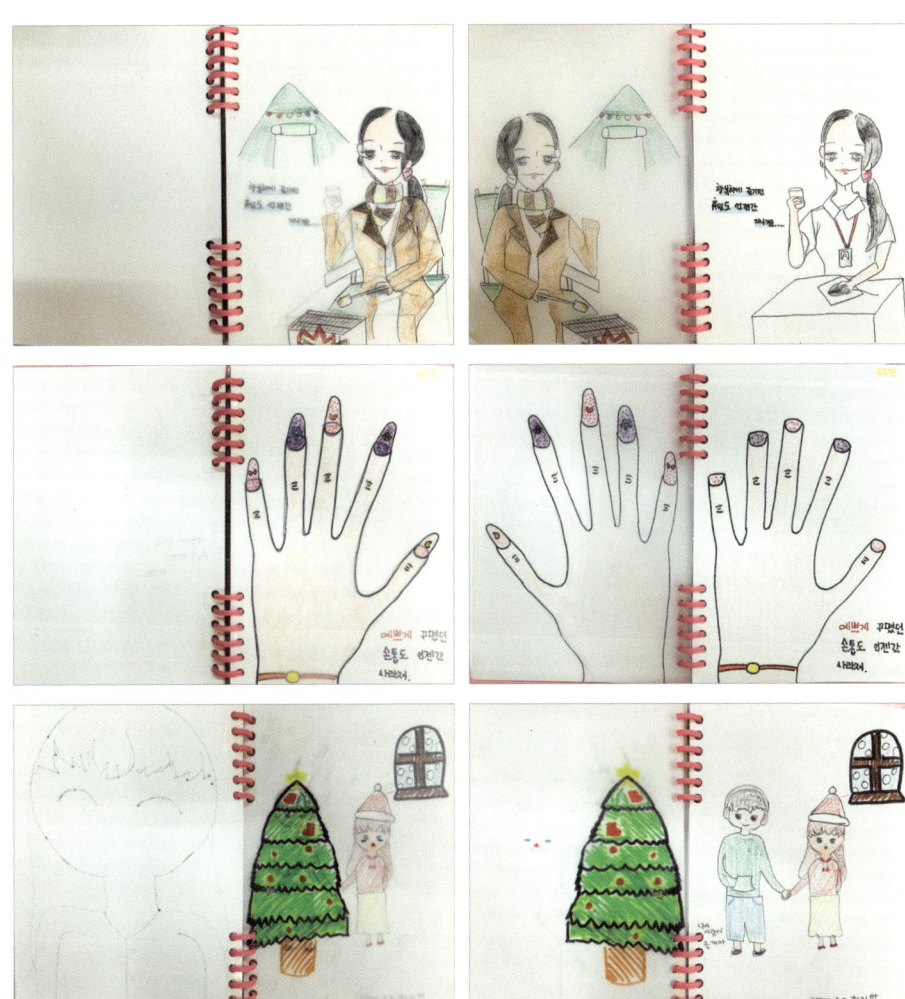

트레이싱지를 넘기기 전   트레이싱지를 넘긴 후

활동 더하기

페이지를 넘기며 시간이 흐름을 직관적으로 표현한 그림책이므로 학생들 작품을 사진으로 찍어 동영상으로 제작하여 감상하면 더 효과적이다. 이때 페이지마다 학생들의 목소리를 녹음한 음성 파일을 넣어 주면 한 권의 멋진 오디오북이 완성된다. 이후 시간이 흘러도 사라지지 않는 소중한 가치는 무엇인지 찾아보고, 그것들을 지키기 위해 우리가 지금 노력해야 할 일을 나눠 보는 시간을 가지면 책이 전하는 메시지를 더 깊이 이해할 수 있다.

ㄱㄴㄷ 그림책

● 생각하는 ㄱㄴㄷ

『생각하는 ㄱㄴㄷ』은 그림을 통해 재미있게 한글 자음을 배울 수 있는 그림책이다. 각 자음이 들어가는 단어와 색깔, 문장 등이 기발하고 자유로운 방식으로 표현되어 있다. 책과 같이 자음을 통해 떠올릴 수 있는 다양한 글자와 이야기들을 상상하여 ㄱㄴㄷ 책을 만들어 보자.

생각하는 ㄱㄴㄷ
이보나 흐미엘레프스카 글・그림, 논장, 2005

"낫 놓고 기역 자도 모른다."라는 속담이 있다. 하지만 '낫'이 옛 생활 도구가 된 지금은 ㄱ을 보면 무엇이 떠오를까? 이 책에는 ㄱ부터 ㅎ까지 14개의 자음 모양을 보고 떠오른 다양한 사물과 낱말이 가득 담겨 있다. 책의 왼쪽에는 자음 한 개와 이를 형상화한 그림과 자음이 들어간 문장이 나온다. 오른쪽에는 그 자음으로 시작하는 9개의 단어와 색깔이 담겨 있다. 예를 들어 ㄱ 페이지에는 '개미, 가시, 고양이' 등과 같이 ㄱ으로 시작하는 단어가 그려져 있고, '갈색'으로 색칠된 칸이 있다.

책을 읽다 보면 이 책에 나온 단어들 외에 수많은 낱말이 학생들의 머릿속에 자연스럽게 떠오른다. 학생 각자의 경험이나 관심사에 따라 친숙한 낱말들이 먼저 떠오르고, 친구들과 대화를 통해서 다양한 낱말들을 찾아낼 수 있다.

또한 단어를 표현하는 그림은 여러 물체와 동물, 사람이 합쳐져 있어서 각 자음자의 모양을 그릴 때 그 대상의 모양에 한정되지 않고 창의성을 발휘하여 폭넓게 표현할 수 있다. 하나의 자음을 보고 단어를 떠올리고, 그 단어를 다시 자음자 모양에 맞추어 연상하며 학생들의 상상력이 가득 펼쳐진 ㄱㄴㄷ 책을 만들어 보자.

그림책 읽고 나누기

　이 그림책에는 14개의 자음과 각 자음으로 시작하는 낱말 9개가 좌우로 펼쳐져 있다. 페이지마다 그려진 많은 그림 속에 각 자음이 있어서 그림을 자세히 보며 숨겨진 낱말을 찾는 재미가 있다. 페이지를 넘길 때 왼쪽의 자음에 대한 설명글은 교사가 읽고, 오른쪽의 그림으로 보여 주는 자음 이야기는 학생들이 살펴보며 의미를 찾아내는 것이 좋다. 모든 그림을 교사가 다 설명하면 시간이 오래 걸릴 뿐만 아니라 학생들이 그림에서 자음을 스스로 발견해 낼 기회가 사라진다. 오른쪽 있는 정답을 가리고 각 그림에서 낱말을 발견하도록 하면 학생들은 그림을 자세히 관찰하며 의미를 파악하고 상상력을 발휘할 수 있다. 또한 페이지를 넘길 때 그 자음으로 시작하는 또 다른 낱말을 자유롭게 떠올리며 읽게 된다.

나도 작가 되기

활동명　ㄱㄴㄷ 그림책
준비물　A4 도화지 1장, 자, 채색 도구 등

1단계　구상하기 및 준비하기

❶ 자음이 쓰여 있는 종이를 모둠별로 2~3장 나누어 주고 각 자음으로 시작하는 낱말을 모은다. 혼자 생각할 때보다 훨씬 많고 다양한 낱말을 발견할 수 있다.

❷ 각 모둠이 모은 낱말을 적은 종이를 칠판에 붙인 후 다른 모둠의 자음과 낱말들을 살펴본다.

❸ 각자 책으로 만들고 싶은 자음을 한 가지 정한다. 자음을 어떤 모양으로 그릴지 구상하고, 그 자음으로 시작하는 낱말들을 사용해서 설명하는 문장을 생각한다.

❹ 자신이 정한 자음으로 시작하는 낱말들을 떠올리고 ㄱㄴㄷ 책에 어떻게 그려 넣을지 생각해 둔다.

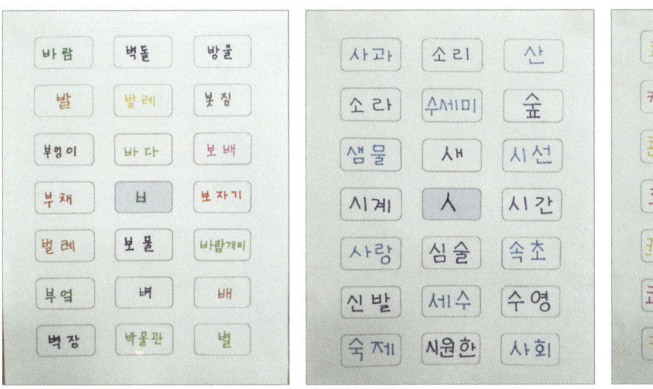

ㅂ, ㅅ, ㅋ으로 시작하는 낱말들

2단계 ㄱㄴㄷ 책 기본 틀 만들기

A4 도화지 1장을 절반으로 접었다가 편 후 오른쪽에 4등분으로 선을 그린다.

> **잠깐!**
> 학생이 자를 이용하여 직접 4등분을 해도 되고, 4등분으로 그려진 도화지를 교사가 나누어 주어도 된다. 많은 그림을 넣고 싶은 경우 6등분이나 9등분을 할 수도 있지만 그럴 경우 하나의 자음을 완성하는 데 시간이 너무 많이 걸리므로 4등분 정도가 적당하다. 또한 한 사람이 여러 자음을 완성하고 싶을 때는 도화지 2~3장을 겹쳐 접은 후 가운데를 스테이플러로 고정하여 책을 만들어도 좋다.

도화지 1장으로 만든 책

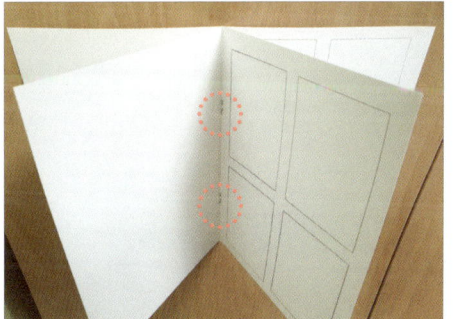

도화지 2장으로 만든 책

3단계 자음에 맞는 그림과 낱말 표현하기

책의 왼쪽에는 내가 선택한 자음으로 시작하는 낱말을 그림으로 그리고 문장을 쓴다. 오른쪽 4등분한 칸에는 그 자음으로 시작하는 낱말 4가지를 그림으로 표현한다. 예를 들어 ㅇ이면 왼쪽 면에 ㅇ자 모양의 지구를 그리고, ㅇ으로 시작하는 낱말을 사용하여 문장을 만든다. 오른쪽 면에는 아이스크림, 오렌지, 아침, 음표 등과 같이 ㅇ으로 시작하는 낱말을 그림으로 자유롭게 표현한다.

> **잠깐!**
> 『생각하는 ㄱㄴㄷ』은 자음 ㄷ의 경우 다람쥐와 도토리가 ㄷ자로 놓인 모습을 그린다. 하지만 이처럼 하나의 자음을 낱말, 모양 모두 그 자음으로 표현하는 것이 학생들에게 어려울 경우에는 간단히 해당 자음으로 시작하는 낱말을 그리도록 한다.

 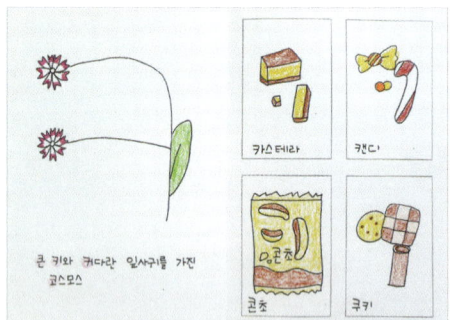

ㅇ을 이용한 그림과 문장, 낱말
-아이스크림, 오렌지, 아침, 음표

ㅋ을 이용한 그림과 문장, 낱말
-카스텔라, 캔디, 콘초, 쿠키

활동 더하기

『ㄱㄴㄷ 책』은 학급이나 모둠이 함께 책을 완성하기에도 좋다. 14개의 모든 자음을 모둠원 또는 학급 전체가 나누어 가진 후 각 자음을 보고 떠오른 문장과 낱말들을 표현하여 한 권의 책으로 묶는다. 이 경우, A4 도화지를 스테이플러로 고정하지 않고 절반으로 접어서 나누어 가진 후 각자 장면을 완성하여 ㄱㄴㄷ 순서에 맞게 풀로 이어 붙인다.

동물원 그림책

● 알록달록 동물원

『알록달록 동물원』은 원, 삼각형, 사각형 등의 모양을 이용하여 어린이들이 좋아하는 동물을 다양한 색깔로 그린 그림책이다. 페이지마다 도형 모양으로 뚫린 구멍이 겹치면서 새로운 동물이 나타나는 이 책처럼 내가 좋아하는 동물들로 동물원 책을 만들어 보자.

알록달록 동물원
로이스 엘러트 글·그림, 문정윤 옮김, 시공주니어, 2001

　아이들은 동물을 참 좋아한다. 동물을 그리거나 흉내 내기도 하고 미술 작품으로 만들거나 캐릭터로 표현하기도 한다. 『알록달록 동물원』은 주변에서 쉽게 볼 수 있는 원, 삼각형, 사각형, 타원 등의 모양을 이용하여 아이들이 좋아하는 동물을 표현하고 있다. 또한 빨강, 노랑, 초록 등 선명한 색깔을 사용하여 알록달록하게 동물을 나타내어 시선을 끈다. 미취학 아이들의 경우는 색깔을 배우는 데도 도움이 된다.
　이 책에서는 원, 삼각형, 사각형, 타원 등 여러 가지 모양의 타공을 활용하여 동물을 표현하고 페이지를 넘기면 타공된 모양이 겹치면서 새로운 동물이 나타난다. 원형 타공 페이지를 넘기면 사각형으로 그린 쥐가 나오고, 사각형 타공 페이지를 넘기면 삼각형으로 그린 여우가 나온다. 페이지를 넘겼을 때 나온 그림이 어떤 동물일지 맞히며 책을 읽을 수 있고, 한 마리의 동물을 표현한 도형에는 어떤 것이 있는지 찾아볼 수 있다. 이처럼 여러 가지 도형을 사용하여 동물의 모습을 만드는 즐거움을 느끼고 내가 그리고 싶은 동물을 떠올려 타공된 책 안에 표현해 볼 수 있다.

그림책 읽고 나누기

❶ 그림책의 제목을 알려 주고 동물원에서 볼 수 있는 동물을 떠올려 본다.

❷ 모둠 안에서 여섯 고개 놀이로 친구가 생각한 동물이 무엇인지 맞혀 본다. 한 학생이 동물을 떠올리면 3명의 모둠원이 돌아가며 2번씩 질문하여 총 6개의 질문을 한다. "털이 있나요?", "새끼를 낳나요?", "다리가 4개인가요?", "초식 동물인가요?", "몸이 큰가요?", "뿔이 있나요?" 등과 같이 질문한 후 의논하여 정답을 말한다.

❸ 놀이를 통해 동물에 관한 관심을 높인 후 『알록달록 동물원』에 어떤 동물들이 나올지 추측해 보고 책을 읽는다.

나도 작가 되기

활동명   동물원 그림책
준비물   8절 도화지 2장, 스테이플러, 컴퍼스, 자, 칼, 가위, 채색 도구 등

1단계 구상하기 및 준비하기

어떤 도형을 이용하여 동물을 그리고 싶은지 생각하여 3가지 도형을 정한다. 도형을 오려 내야 하므로 너무 복잡하지 않은 도형을 생각하도록 한다. 3가지 도형으로 각각 어떤 동물을 표현하고 싶은지 구상한다. 예를 들어 원은 '사자', 사각형은 '원숭이', 삼각형은 '강아지' 등과 같이 도형마다 표현하고 싶은 동물을 정한다.

2단계 동물원 그림책 표지 도형 오리기

❶ 2장의 도화지를 겹쳐서 반으로 접은 후 가운데를 스테이플러로 고정하여 8쪽짜리 책을 만든다.

> 꿀팁 ❶
> 『알록달록 동물원』처럼 정사각형 책으로 만들려면 도화지의 아래쪽을 잘라 낸다.

❷ 표지의 가운데에 도형을 크게 그리고 칼이나 가위로 오린다. 컴퍼스를 사용해 원을 그리거나 원 모양 물체의 본을 뜨고, 사각형, 삼각형 등의 도형은 자를 이용하여 그린다.

❸ 표지에 첫 번째 도형을 그려서 오려 낸 후 뒷장에 두 번째 도형을 그린다. 이때 앞장의 오려 낸 모양 안에 꽉 차게 그린다.

❹ 두 번째 도형을 오려 낸 후에는 같은 방식으로 뒷장에 세 번째 도형을 꽉 차게 그린 후 오린다.

 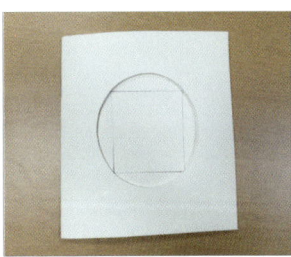 

첫 번째 도형으로 구멍을 뚫은 표지 / 첫 번째 도형 안에 그린 두 번째 도형 / 두 번째 도형 안에 그린 세 번째 도형

3단계 동물 그려 넣기

❶ 동물원 책의 기본 틀이 완성되었으면 여기에 내가 좋아하는 동물을 그린다. 구멍 안에 그려진 동물의 눈은 세 마리의 동물 모두에게 나타난다는 것을 기억하도록 한다.

> **잠깐!**
> 동물은 맨 뒷장의 세 번째 도형 안에 먼저 그린 후 두 번째 도형에 그리고, 표지인 첫 번째 도형에 그린 다음 맨 뒷장을 그리는 순서대로 하는 것이 좋다. 예를 들어 표지부터 차례대로 곰, 사자, 기린, 사슴을 표현하고 싶다면 기린을 먼저 그리고 사자, 곰, 마지막으로 사슴을 그리는 것이 편하다.

❷ 각 동물은 먼저 스케치를 한 후 채색 도구로 색칠한다.
❸ 표지의 제목은 자유롭게 만들어서 꾸민다.

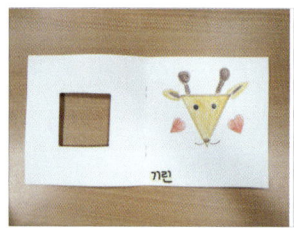  

❶ 세 번째 도형인 삼각형 안에 그린 기린

❷ 두 번째 도형인 정사각형 안에 그린 사자

❸ 첫 번째 도형인 원 안에 곰을 그려 만든 표지

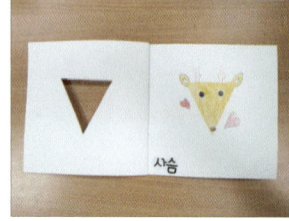 

❹ 세 번째 도형인 삼각형 페이지를 넘기면 마지막 동물이 나온다.

❺ 맨 뒷장은 자유롭게 꾸민다.

활동 더하기

　동물원 책의 틀을 만들 때 저학년의 경우 시간이 오래 걸리므로 교사가 미리 구멍을 뚫어 만든 책 위에 각자 동물을 그리도록 하는 것이 좋다. 학생들이 그림을 그리다 보면 두 페이지에 같은 동물을 그리는 경우가 있다. 그럴 때는 같은 동물이어도 특징을 다르게 하여 '산책하는 사자', '모자를 쓴 사자' 등과 같이 차별성 있게 만들도록 안내한다. 또한 동물의 원래 색깔만이 아니라 상상력을 발휘해 다양한 색깔로 표현할 수 있음을 안내하여 자유롭게 표현하도록 한다.

우표
그림책

● 완두의 여행 이야기

『완두의 여행 이야기』는 우표 그리는 일을 하는 완두가 새로운 우표를 그리기 위해 여행을 떠나는 이야기이다. 몸은 아주 작지만, 하고 싶은 일을 향해 도전하고 낯선 곳에서 모험을 펼치는 완두처럼 내가 좋아하는 것과 도전해 보고 싶은 것을 찾아서 우표 안에 그림으로 담아 보자.

완두의 여행 이야기
다비드 칼리 글, 세바스티앙 무랭 그림, 이주영 옮김, 진선아이, 2023

유난히 작은 몸으로 학교생활이 쉽지 않았던 완두는 작은 몸으로 잘할 수 있는 우표 그리는 일을 한다. 직접 지은 작은 집에 살며 우표를 그리던 완두는 어느 날 무엇을 그려야 할지 고민에 빠지고, 새로운 아이디어를 찾아 여행을 떠난다. 예상치 못한 어려움을 만나서 여행은 순조롭지 않지만 어떤 상황에서도 용기를 잃지 않는 완두는 낯선 곳에서 만난 이들과 도움을 주고받으며 멋진 모험을 해낸다. 집으로 돌아온 완두는 우표에 자신이 겪은 모험 이야기를 담는다.

여행은 갑작스러운 비행기 추락으로 계획했던 것과는 달라졌지만, 완두는 주어진 상황을 받아들이고 낯선 곳에서 만난 이웃들에게 오히려 힘이 되어 준다. 긍정적이고 도전적인 완두의 태도는 힘든 일도 마음먹기에 따라 새로운 시도와 유익한 경험이 될 수 있다는 것을 보여 준다. 완두가 좋아하는 것, 새롭게 경험한 것을 우표에 그렸듯이 내가 좋아하는 것, 내게 힘을 주는 것, 도전해 보고 싶은 것 등을 떠올려 우표에 그려 보자. 자신에게 주어진 것을 소중히 여기고 어려움 속에서도 용기를 잃지 않는 완두의 긍정적인 마음을 기억할 수 있을 것이다.

그림책 읽고 나누기

이 책은 작은 완두와 그의 생활 모습이 아기자기하게 그려져 있어서 그림을 즐겁게 감상하며 볼 수 있다. 책을 읽은 후 완두가 좋아하는 것이 무엇인지 찾아서 이야기해 본다. 학생들은 '우표에 그림 그리기', '나뭇잎에 누워 낮잠 자기', '식물 키우기', '곤충 친구들과 놀기', '친구에게 선물하기', '병뚜껑 모으기', '장난감 만들기' 등 책에 나온 장면을 기억하여 이야기한다.

완두가 좋아하는 것을 찾다 보면 자신이 좋아하는 것이 떠오른다. 내가 좋아하는 것이 무엇인지 떠올려 짝과 이야기 나누며 나 자신을 돌아보고, 하고 싶은 것을 자연스레 떠올린다.

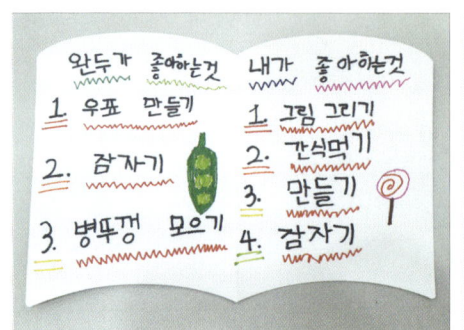 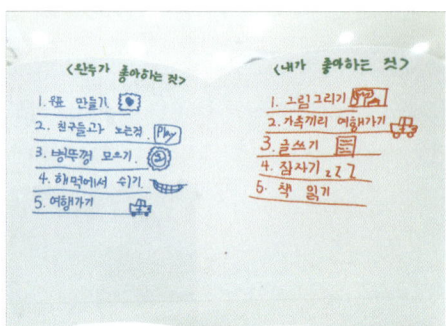

완두가 좋아하는 것과 내가 좋아하는 것을 비교하여 적기

나도 작가 되기

활동명 우표 그림책
준비물 우표 모양이 그려진 종이, A4 종이(180g), OHP 필름(A4), 양면테이프(5mm), 가위, 채색 도구

1단계 구상하기 및 우표 그리기

❶ 완두가 우표에 그린 그림은 '곤충', '토마토', '자동차', '꽃' 등 일상생활에서 만나는 것들이다. 완두처럼 나의 일상생활을 되돌아보고 내가 좋아하는 것은 무엇인지 생각한 후 우표 모양이 그려진 종이에 단순한 그림으로 그린다. 그림책을 읽고

이야기 나누었던 것을 떠올려 단순한 이미지로 나타낸다.

❷ 힘든 일을 겪을 때 내게 힘을 주는 것이 무엇인지 떠올려 우표에 그린다.

❸ 완두처럼 새롭게 도전해 보고 싶은 것을 우표에 그린다. 세 가지 그림을 각각 3~4장 정도씩 그린다.

내가 좋아하는 것:
강아지 돌보기, TV 보기,
식물 물주기, 다람쥐

내게 힘을 주는 것:
잠자기, 예수님,
안아 주는 것, 엄마

도전해 보고 싶은 것:
뜨개질, 식물 키우기,
허브차 끓이기

*우표 테두리 도안 출처: https://blog.naver.com/harooe/148482606

2단계 우표책 만들기

❶ OHP 필름의 긴 방향을 반으로 자르고 높이 4cm인 직사각형 3개를 오려 준비한다.

❷ OHP 필름에 'ㄷ'자 모양으로 양면테이프를 붙인다.

❸ 두툼한 A4 종이를 반으로 접었다가 편 후 종이의 오른쪽 면에 양면테이프를 붙인 OHP 필름을 위에서부터 차례로 알맞게 배치한다. 우표를 끼워 넣을 주머니이므로 OHP 필름을 너무 위쪽에 붙이면 나중에 우표가 튀어나올 수 있다.

❹ 알맞게 배치가 되었으면 양면테이프의 필름을 떼어 내고 종이에 붙인다.

❺ OHP 필름 세 장을 모두 같은 간격으로 붙이면 우표책이 완성된다.

직사각형으로 오린 OHP 필름에 'ㄷ'자 모양으로 양면테이프 붙이기

A4 종이 오른쪽 면에 OHP 필름을 붙인 모습

3단계 우표 끼우고 꾸미기

❶ 우표책이 만들어졌으면 우표를 오려서 필름 안에 끼워 넣는다. 첫 번째 칸에는 '내가 좋아하는 것'이 그려진 우표를 끼우고, 두 번째 칸에는 '내게 힘을 주는 것', 세 번째 칸에는 '내가 해 보고 싶은 것'이 그려진 우표를 끼운다.

잠깐!
우표를 미리 오려 두면 바람에 날아가거나 떨어뜨려 잃어버리기 쉬우므로 우표책을 완성한 후에 우표를 오리는 것이 좋다.

❷ 우표책의 왼쪽 면에는 각 칸의 제목을 쓴다. 안쪽 면을 다 완성한 후에는 표지를 그린다.

❸ 표지 제목은 그림책의 제목을 변형하여 '나의 여행 이야기', '나의 꿈 이야기', '나의 꿈 우표책' 등과 같이 스스로 정한다.

완성한 우표책 안쪽 면   우표책 표지

활동 더하기

'우리 가족', '좋아하는 음식', '동물', '국기' 등 다양한 주제로 우표를 만들 수 있다. 우표를 더 그려서 우표책을 여러 권 만든 후 연결하면 나의 관심사와 다양한 주제들이 담긴 우표를 계속해서 모을 수 있다. 또한 소중한 사람들에게 편지를 쓰고 내가 만든 우표를 봉투에 붙여서 전달하면 특별한 선물이 되며, 우표 모양이 그려진 그림을 스티커 재질의 라벨지에 출력한 후 오리면 우표를 스티커처럼 사용할 수 있다.

편지가 든 그림책

● 우체부 아저씨와 비밀 편지

『우체부 아저씨와 비밀 편지』는 봉투에서 직접 편지를 꺼내 읽어 볼 수 있는 형태의 그림책이다. 책 속의 봉투에는 일반 편지뿐만 아니라 광고지, 엽서, 생일 파티 초대 카드 등 다양한 형태의 편지가 담겨 있다. 전달하고자 하는 이야기가 잘 담긴 편지 그림책을 만들어 보자.

우체부 아저씨와 비밀 편지
앨런 앨버그 글, 자넷 앨버그 그림, 김상욱 옮김, 미래아이, 2016

우체부 아저씨가 곰 가족, 마녀, 거인, 신데렐라, 늑대, 금발 머리에게 편지를 전달한다. 우체부 아저씨의 여정을 따라가다 보면 편지 봉투에 담긴 다양한 편지들을 실제로 읽어 볼 수 있다. 그 편지들은 사과 편지, 상품 광고 카탈로그, 그림엽서, 출판 허락 요청서, 변호사가 보내는 퇴거 명령서, 생일 축하 카드 등 다양한 목적을 가지고 있다.

편지를 보내고 받는 사람들이 우리가 알고 있는 동화 속 인물들이라는 점이 흥미롭다. 아이들은 그림책을 읽으며 자신이 아는 이야기라며 반가워하고, 신기해한다. 예를 들어, 신데렐라 이야기를 책으로 내고 싶다는 그림책 출판 허락 요청서, 할머니의 집을 허락 없이 차지하고 있는 빨간 모자 속 늑대에게 보내는 퇴거 명령서처럼 평소에는 쉽게 볼 수 없는 형식의 편지도 만나 볼 수 있다. 이 책의 가장 큰 장점은 다양한 편지들을 실제로 꺼내서 읽을 수 있다는 점이다. 이야기들 사이에 한 페이지로 된 봉투가 있다. 앞면에는 보내는 이와 받는 이, 아기자기한 우표와 인장들이 있고, 뒷면에는 봉투 모양으로 다양한 형식의 편지를 꺼낼 수 있다.

메신저, 이메일, SNS로 안부를 주고받고, 언제든지 하고 싶은 말을 할 수 있는 지금, 우체부 아저씨가 자전거를 타고 여러 곳을 돌며 우편물을 전달하는 모습이 정겹게 느껴진다. 이 책을 읽고 편지로 소식을 전달하는 방법을 알고, 가족이나 친구들에게 마음을 전달하는 글을 쓰는 기회를 가져 본다.

그림책 읽고 나누기

이 그림책은 우체부 아저씨가 동화 캐릭터들에게 편지를 배달하는 내용으로 구성되었고, 그 안에 있는 편지와 전단지 등은 하나하나 디테일이 살아 있어 구석구석 자세히 살펴보는 재미가 있다. 또 책장 자체가 편지 봉투가 되고 그 안에 별도 종이에 인쇄된 편지가 들어 있어서 쏙쏙 꺼내는 재미가 있는 그림책이다. 따라서 충분히 오랜 시간 이 그림책을 교실에 비치하여 아이들이 책을 충분히 음미하고 즐길 수 있는 시간을 주는 것이 필요하다. 그리고 책 속에 등장하는 옛이야기를 아이들과 나눠 보는 시간을 가져도 좋다. 『신데렐라』, 『빨간 모자』, 『잭과 콩나무』 등의 내용을 상기하며 편지를 다시 살펴보면 이전에는 보이지 않았던 내용을 볼 수 있다.

나도 작가 되기

활동명 편지가 든 그림책
준비물 A4 용지, 채색 도구, 가위, 풀 등

1단계 구상하기 및 준비하기

이 그림책에 등장하는 편지의 주인공들은 아이들이 알 법한 다른 나라의 옛이야기 인물이다. 우리가 만드는 그림책 속 편지의 주인공들은 우리나라 옛이야기의 인물로 설정한다. 학생들이 잘 알 법한 옛이야기들과 인물들을 생각그물로 나타낸다. 생각보다 옛이야기를 기억하지 못하는 학생들이 많아서 개인적으로 생각그물로 표현하기보다 전체적으로 이야기 나누며 칠판에 정리한다. 학생들의 의견을 듣고 정리하는 과정에서 기억이 나지 않았던 이야기들이 떠오르기도 하고, 몰랐던 이야기들을 알게 되기도 한다. 이렇게 정리된 생각그물에서 한 인물 또는 한 이야기를 선택한다.

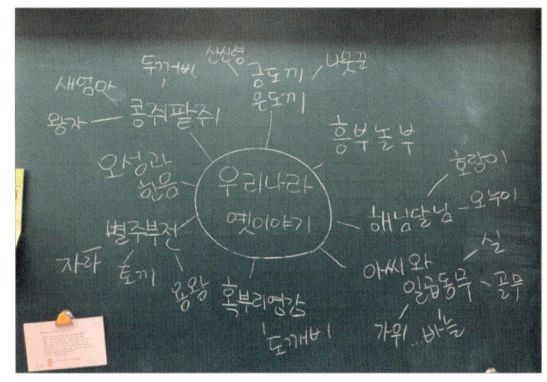

2단계 편지(광고) 작성하기 및 봉투 만들기

  학생들이 쉽게 만들 수 있고, 많이 접해 본 형식인 편지나 광고지를 만든다. 인물을 선택한 경우에는 인물에게 하고 싶은 말을 적은 편지를 쓰고, 이야기를 선택한다면 이야기에 나오는 물건들을 홍보하는 내용으로 광고지를 만든다.

  편지지나 광고지의 양식은 교사가 제시하지 않고 학생들이 자유롭게 꾸미도록 한다. 편지 봉투는 교사가 봉투 양식을 나눠 주고 오려서 붙여 만드는 방식으로 진행한다. 다양한 방식으로 봉투 만들기를 진행할 수 있지만 예쁜 봉투를 만드는 것이 목적이 아니기 때문에 봉투는 양식을 제공해 주는 것이 효율적이다. 봉투는 도안대로 자른 뒤에 풀로 붙여 완전한 봉투를 만들어 놓거나 시중에 판매되는 카드 봉투를 활용해도 좋다.

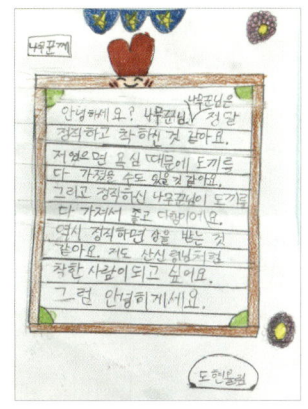
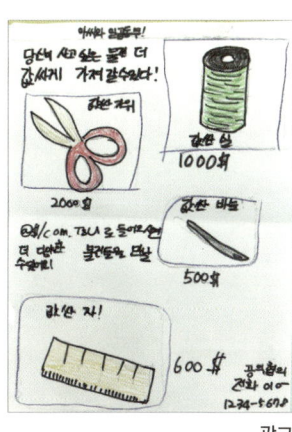
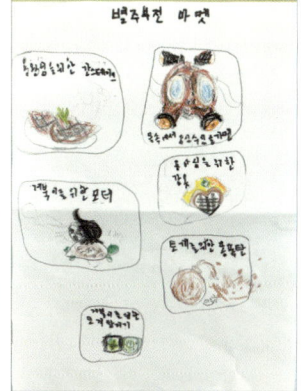

인물에게 전하는 편지   광고지 형식

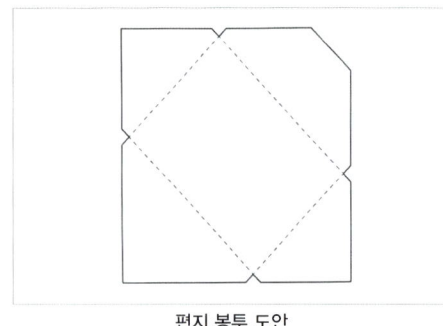
편지 봉투 도안

편지 봉투 완성 모습

3단계 그림책으로 연결하기

편지와 편지 봉투가 완성되었다면, 이제 그 편지들을 연결하여 한 편의 그림책을 만든다. 『우체부 아저씨와 비밀 편지』처럼 우체부 아저씨가 여러 가지 편지를 전달하는 이야기로 그림책을 구성한다.

❶ A4 도화지를 반으로 잘라서 여러 장을 실로 묶는다. 그림책의 페이지 수는 포함할 이야기의 수로 결정한다.

❷ 책에 포함할 옛이야기를 다르게 정하고, 왼쪽 페이지에 2단계에서 만들어 놓은 봉투를 붙인다. 봉투를 붙인 앞 페이지는 편지 봉투의 앞면(받는 사람)이 된다. 이때 『잭과 콩나무』속 거인에게 보내는 편지에 '콩나무 농장 하늘만큼 높은 집 거인 아저씨께'처럼 받는 인물을 꾸며 주는 말을 적는다.

❸ 앞표지의 뒷면과 뒤표지의 앞면은 이야기의 시작과 마무리 이야기를 적는다. 처음에는 우체부 아저씨가 편지를 전달하러 출발하는 내용을, 마지막에는 편지 배달을 마치고 쉬는 내용을 적는다. 그림책의 안쪽 부분이 마무리되면 표지를 간단하게 꾸민다.

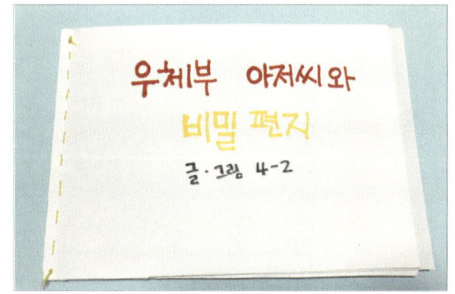

활동 더하기

　이 그림책 속에는 편지와 광고지 외에 여러 가지 형식의 우편물이 들어 있다. 활동에서 만들었던 편지, 광고지 외에 초대장, 생일 축하 카드, 허락을 요청하는 글, 잘못된 행동에 대해 시정을 요구하는 글 등을 써 보는 활동을 할 수 있다. 예를 들어 『콩쥐팥쥐』에서 고을 원님이 보낸 마을 잔치 초대장을 만들거나, 『해와 달이 된 오누이』의 호랑이에게 남매의 집에 무단으로 침입한 잘못에 대해 시정을 요구하는 글 등을 쓸 수 있다. 여러 가지 편지글을 제작해 보는 동안, 목적에 따라 다양한 형태의 편지글이 있음을 알 수 있으며, 편지 그림책의 내용도 조금 더 풍성해질 수 있다.

점점 작아지는 그림책

● 이 작은 책을 펼쳐 봐

『이 작은 책을 펼쳐 봐』는 책장 하나하나가 책 속의 책 표지 역할을 하는 그림책으로 책장을 펼치면 또 다른 그림책으로 들어가게 된다. 책 속의 책마다 각각의 이야기를 담은 작아지는 그림책을 만들어 보자.

이 작은 책을 펼쳐 봐
제시 클라우스마이어 글, 이수지 그림, 이상희 옮김, 비룡소, 2013

　책을 읽다가 그 안으로 들어가 주인공들을 만나고, 그들과 또 다른 책으로 들어가서 여행한다면 어떤 기분일까? 이 그림책은 책 속의 주인공들이 다른 책으로 들어가 여행을 펼친다는 상상력이 돋보이는 그림책이다. 도서관을 연상하게 하는 많은 책이 꽂혀 있는 표지는 제목에 나온 작은 책이 누구의 책인지, 어떤 이야기의 책인지 호기심을 불러일으킨다. 책장을 넘길 때마다 펼쳐지는 새로운 책은 독자가 책 속 세상을 상상하게 만든다.
　이 책에서는 책장 하나하나가 책의 표지 역할을 하는데, 책장을 넘길 때마다 책 크기가 점점 줄어서 성냥갑만큼 작아진 책이 나온다. 책의 가운데를 쫙 펼치면 큰 책 위에 작은 책들을 차곡차곡 쌓아 놓은 것 같은 모양이 되는 독특한 구성의 책으로 학생들의 호기심과 상상력을 불러일으킨다. 책장의 크기를 다르게 한 특징을 살려 책의 형태를 만들고 책으로 들어갔다가 나오는 것과 같은 느낌으로 이야기를 구상하면서 창의력과 문제 해결력을 키울 수 있다.

그림책 읽고 나누기

　표지의 가운데에 있는 빨간 책의 제목을 보면서 이 책의 주인이 누구일지 예상한다. 표지에 등장하는 각각의 동물들이 무슨 책을 읽고 있는지와 많은 책이 꽂혀 있는 책장을 보며 이 그림책의 이야기가 펼쳐지는 장소가 어디인지 생각한다. 책장을 넘기면 보이는 책 표지는 책을 읽는 동물을 예상할 수 있게 되어 있다. 자신이 책으로 들어갈 수 있다면 어떤 책으로 들어가고 싶은지 이야기를 나누면서 좋아하는 책에 대해서도 생각해 볼 수 있다. 책의 독특한 구조를 이해하고 작가의 표현 기법을 생각할 수 있도록 교실에 비치하여 학생들이 충분히 만져 보고 자세히 읽게 한다.

나도 작가 되기

활동명　점점 작아지는 그림책
준비물　A4 도화지, 1/2 8절 도화지, 1/2 A4 도화지, 1/4 A4 도화지, 작아지는 책앤아이 (학토재)

1단계 구상하기 및 준비하기

　책 속에 책이 있는 구조의 그림책을 만들기 위해 먼저 책의 형태를 갖추어야 한다. 크기가 다른 4장의 종이를 준비하여 작아지는 책의 형태로 만들고 각각 다른 크기의 책 안에 어떤 내용을 넣을지 스토리를 구상한다. 4권의 책이 자연스럽게 연결되도록 스토리를 구상해야 해서 어려울 수 있다. 가족이 읽는 책, 친구들이 읽는 책 등 이야기가 진행되는 배경과 상황을 먼저 정하게 하면 좀 더 쉽게 스토리를 구상할 수 있다.

❶ 4권의 책 내용을 정하고 그 책들을 연결하는 스토리 구상하기
❷ 내용과 어울리는 제목 정하기
❸ 책 속의 책으로 책의 처음 표지부터 시작하여 총 4개의 책 표지를 계획하기

　이 활동은 책 속의 책을 점점 작아지게 하여 독특한 재미를 주는 창작 그림책 만

들기이다. 교사가 종이의 크기를 정해서 나눠 주고 만들게 할 수도 있지만, 학생들이 4장의 크기를 각자 다르게 정해 자유롭게 만들 수도 있다. 작품의 완성도를 위해 조금 두꺼운 A4 용지 사용을 추천한다. 학토재의 '작아지는 북앤아이'를 활용하면 편리하다.

기본 틀

2단계 표지 디자인하기

작아지는 책에는 4권의 책이 나오므로 4권의 책 표지를 디자인한다. 책 표지의 크기가 점점 작아지므로 작은 크기를 고려하여 표지를 디자인한다. 첫 장의 표지는 전체 내용을 담을 수 있도록 하고 어려워하는 학생에게는 자신이 좋아하는 책의 표지를 참고하며 내용과 연관되게 디자인할 수 있도록 안내한다. 2, 4, 6면에 책 표지에 어울리는 제목을 넣고 그림을 그린다. 책 표지는 간단하면서도 의미를 전달할 수 있는 창의적인 디자인이 좋다.

첫 표지 / 두 번째 책 표지 / 세 번째 책 표지 / 네 번째 책 표지

3단계 작아지는 책 만들기

❶ 글과 그림을 넣을 면의 크기가 고려되어야 한다. 책의 첫 표지에서부터 시작

해 책장을 넘길수록 책이 점점 작아지다가 책을 덮으며 다시 커지는 책을 만들어야 하기 때문이다.

❷ 책의 가운데를 쫙 펼치고 종이의 크기대로 선을 따라 그린 후 그 선 안에 글을 쓰고 그림을 그린다. 선은 책의 크기를 나타내 주므로 크기에 맞게 글과 그림을 표현할 수 있다.

❸ 1, 3, 5면에는 책을 펼쳤을 때 책으로 들어가게 되어 일어날 수 있는 일이나 앞의 내용들과 연관된 내용들을 표현하고, 9면 이후부터는 책을 덮으며 이야기가 점차 마무리되도록 그림책을 만든다.

❹ 가운데 펼침면을 기준으로 점점 커지는 책장을 넘길 때는 책을 덮고 나오는 느낌이 들기 때문에 9, 11, 13면은 각각의 책 뒤표지를 그릴 수 있다.

1, 2면   3, 4면   5, 6면   7, 8면

9, 10면   11, 12면   13, 14면   뒤표지

완성 후 가운데를 기준으로 펼친 면

활동 더하기

작아지는 책처럼 독특한 판형의 그림책으로는 팝업북, 페이퍼 커팅 아트북, 가로로 긴 책, 거울이 붙어 있는 책 등이 있다. 독특한 판형의 그림책을 창작하는 것은 다른 그림책보다 더 어려울 수 있지만 그림책에 대한 흥미와 만든 후의 성취감을 더 크게 느낄 수 있다.

판형을 달리하여 쉽게 그림책을 만드는 방법으로 세모 책, 마름모 책, 동그라미 책 등 형태를 다양하게 만드는 것을 추천한다. 세모 책은 이등변 삼각형의 종이를 3장 이상 겹쳐서 가운데를 스테이플러로 찍어 만들 수 있고, 마름모 책은 마름모 모양의 종이를 3장 이상 겹쳐서 가운데를 스테이플러로 찍어 만들 수 있다. 동그라미 책은 원 모양의 종이를 3장 이상 같은 크기로 오려 반으로 접고 뒷장과 이어 붙여 만들 수 있다. 다양한 판형의 그림책 만들기는 학생들에게 사물에 대한 다양한 시각을 갖도록 한다.

타공이 있는 그림책

● 작은 틈 이야기

타공 그림책은 책 자체에 구멍을 뚫고 이를 다채롭게 활용해 화면을 구성한다. 페이지를 넘기면서 주요 그림은 고정되고 배경은 계속해서 바뀐다. 책을 넘길 때마다 다르게 변형되는 그림을 보는 재미가 있는 타공 그림책을 만들어 보자.

작은 틈 이야기
브리타 테켄트럽 글·그림, 김하늬 옮김, 봄봄, 2020

　이 그림책은 작은 틈처럼 시작된 나쁜 말과 따뜻한 말이 각각 어떤 결과를 초래하는지 나무가 자라는 모습에 비유해 보여 준다. 작은 틈 이야기라는 제목과 다르게 표지에는 나무 부분이 뚫려 있어 어떤 이야기가 펼쳐질까 호기심을 갖게 한다. 소리치거나 투덕거리는 학생들 사이에 작은 틈이 있고, 반대편엔 서로 친절한 학생들 사이에 틈이 있는데, 나무처럼 보인다. 한쪽에는 학생들 사이의 틈이 점점 커지며 어둡게 표현되고, 다른 한쪽에는 나무가 점점 자라며 밝게 표현된다. 계속해서 상반된 모습을 보여 주며 단절되어 보였던 양쪽 페이지는 어느 순간 서로 이어진다. 작은 틈이었던 구멍이 어떤 말과 행동을 하느냐에 따라 점점 커지면서 어떻게 변화하는지를 타공으로 잘 표현하고 있다. 구멍이 점차 커지면서 작가가 말하고자 하는 긍정의 힘을 효과적으로 나타냈다.
　나쁜 마음에서 생겨난 작은 틈은 주변을 어둡게 하고 고립되게 한다. 한편 좋은 마음에서 생겨난 작은 틈은 사랑과 우정을 먹고 점점 자라나 커다란 나무가 되어 서로가 서로에게 기댈 수 있게 해 준다. 책을 읽으며 우리가 하는 말로 인해 상황이 어떻게 바뀌는지 한 번 더 생각해 보는 기회가 될 수 있다. 또한 작은 틈이 생겨서 멀어진 친구들에게 먼저 손을 내밀고 다가가자는 메시지가 담겨 있다.

그림책 읽고 나누기

　이 그림책은 일반적인 타공 책과 다른 특징이 있다. 작은 구멍이 점차 커지면서 작가가 전하고자 하는 메시지를 전달하고 있다. 구멍이 잘 보이려면 교사가 그림책을 읽어 주기보다는 모둠별로 직접 책을 만지면서 읽는 것이 좋다. 처음에 교사와 함께 읽으면서 작은 틈이 왼쪽과 오른쪽의 상반된 모습을 보이는 것을 중점적으로 살펴보고, 그 후 각자 실물 책을 읽으면서 페이지를 넘길 때마다 그림이 어떻게 변화하는지를 보면서 타공 그림책의 매력을 느낄 수 있다. 교실에서 학생들끼리 갈등이 자주 생기거나 언어를 함부로 사용할 때 자연스럽게 도입하면 서로에게 배려와 응원의 말이 필요하다는 이 책의 메시지가 쉽게 와닿을 수 있다.

나도 작가 되기

활동명 타공이 있는 그림책
준비물 A4 도화지, 채색 도구, 가위(칼) 등

1단계 구상하기 및 준비하기

　『작은 틈 이야기』처럼 왼쪽과 오른쪽 페이지가 대비되는 이야기를 담을 수 있도록 내용을 구상한다. 이 그림책에서는 친구들 간의 언어생활을 중점적으로 다뤘다면 그 범위를 인간에서 동식물까지 넓힌다. 예를 들어 식물을 키울 때 언어습관, 동물과 나무 사이, 환경 등의 주제가 나온다. 큰 주제가 정해지고 나면 계획서에 간단한 스케치와 글을 적는다.

　계획서는 간단하게 앞표지, 뒤표지, 내지를 구상할 수 있도록 8칸짜리 표를 만들어 나눠 준다. 왼쪽과 오른쪽이 상반된 모습을 나타내기 때문에 2×4의 행렬로 표를 만들어 주면 책의 구성이 한눈에 들어와서 주제가 드러난다.

타공 그림책 구상 계획서

2단계 타공할 부분 자르기

타공 그림책을 만들기 위해 A4 도화지를 활용해 8쪽짜리 미니북을 만든다. 1단계에서 구상한 계획에 맞춰 타공할 부분을 미니북에 그림으로 표시한다.

> **잠깐!**
> 이때 구멍 뚫을 부분을 먼저 스케치한다. 그림까지 모두 그린 뒤 타공할 부분을 자르면, 앞장과 뒷장의 구멍의 위치가 잘 맞지 않아서 그림이 잘릴 수 있기 때문이다. 학생들에게 이 부분에 대한 지도를 확실히 해야 한다. 구멍을 뚫는 위치가 가장자리여서 가위로 자를 수 있다면 학생들에게 맡겨도 좋으나, 구멍의 위치가 중간에 있는 경우 커터칼을 사용해야 하므로 교사가 구멍을 뚫어 주는 것이 안전하다.

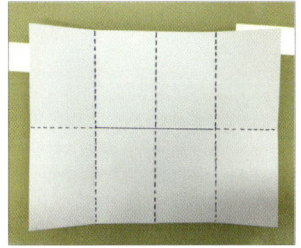 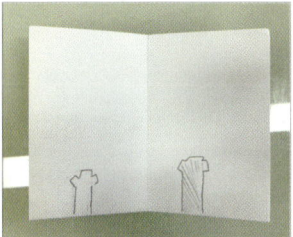 

8쪽 미니북 만들기 도안   구멍 뚫을 부분만 스케치하기   타공된 부분

3단계 글과 그림 완성하기

❶ 구멍이 뚫린 미니북에 구상한 대로 글과 그림, 표지를 꾸민다. 구멍을 먼저 뚫었기 때문에 구멍의 위치에 맞게 그림을 그릴 수 있다. 예를 들어 표지에 동그란 구멍을 뚫은 뒤, 뒷장에 구멍에 맞게 북극곰의 얼굴을 그리면 책을 덮었을 때 북극곰의 얼굴이 나타난다.

❷ 스케치 후 색연필, 사인펜 등으로 채색한 뒤, 글은 네임펜으로 선명하게 쓴다. 타공이 주는 효과를 살리며 동시에 대비되는 장면으로 주제를 잘 나타내는 것이 매우 중요하다.

 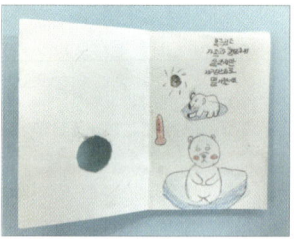 
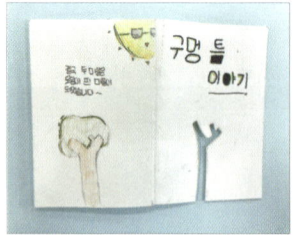  

활동 더하기

『작은 틈 이야기』의 작가인 브리타 테켄트럽은 다양한 콘셉트의 타공 그림책을 만들었다. 이 작가의 타공 그림책들은 정교한 페이퍼 아트 스타일이 아니라 이야기 속에서 재미있는 역할을 한다. 단순한 모양의 구멍이지만 이야기의 주제를 전달하는 데 중요한 역할을 하기도 하고 그림자놀이, 손가락 넣어 보기 등 놀이로 활용되기도 한다.

계절에 따라 나무가 변하는 모습과 숲에 사는 동물들의 모습을 세밀하게 관찰하는『사계절』, 달 모양이 매일 바뀌는지 잘린 구멍을 통해 관찰할 수 있는『달』, 육각형 구멍을 들여다보며 꽃과 식물, 벌들이 어떻게 공존하는지 보여 주는『꿀벌』, 바다 생물들의 세상을 구경할 수 있는『바다』등이 그의 대표적인 타공 그림책이다. 이처럼 다양한 타공 그림책을 읽으며 단순한 모양의 구멍이 그림책 속에서 어떤 역할을 하는지 살펴본다. 이를 바탕으로 그림책이 전하고자 하는 메시지뿐만 아니라 독자가 새롭게 만드는 이야기를 만들어 볼 수 있다.

진짜를 만나는 그림책

● 집 안에 무슨 일이?

표지에 작은 창이 보이고 집 안에는 혀를 날름거리는 늑대가 보인다. 아기 돼지를 잡아먹으려고 하는 걸까? 표지를 넘겨 집 안을 들여다보면 책 읽기에 푹 빠진 늑대를 만난다. 작은 창문으로 보이는 모습과 집 안의 모습을 다르게 하여 진짜 모습이 무엇인지 상상하게 하는 그림책을 만들어 보자.

집 안에 무슨 일이?
카테리나 고렐리크 글·그림, 김여진 옮김, 올리, 2021

『집 안에 무슨 일이?』는 고정관념과 편견에 사로잡혀 진짜를 보지 못하는 자신을 만날 수 있는 그림책이다. 밖을 무섭게 쳐다보던 눈은 원피스 무늬 하나였고, 화가 나 불을 내뿜는 것 같은 용은 불로 베이글을 굽고 있었다. 구멍이 뚫린 작은 창은 사고의 폭이 좁은 우리를 빗대어 표현한다. 작은 창으로 보이는 모습을 단서로 집 안에 무슨 일이 있는지 알아맞히며 재미있게 읽을 수 있다.

모두 13가지 에피소드가 있고 하나의 에피소드는 4쪽에 걸쳐 진행된다. 구멍 뚫린 작은 창으로 본 집 안에는 전래동화 속 주인공을 떠올리게 하는 할머니나 동물이 있다. 뿌리 깊은 고정관념과 편견으로 당연히 집 안은 그러할 거라고 상상하지만, 책장을 넘겨 집 안을 보면 미처 생각하지 못했던 장면을 만난다. 작은 창으로 보이는 부분만 보고 판단하지 말고 전체를 바라보고 이해할 때 편견에서 벗어날 수 있다. 고정관념의 틀을 깨면 유연한 사고로 다양한 상상을 할 수 있다.

그림책 읽고 나누기

　이 그림책은 표지부터 구멍이 뚫려 있다. 표지에 등장하는 늑대가 집 안에서 무엇을 하고 있을지 상상해 보고 왜 그렇게 생각했는지 이야기를 나눈다. 표지를 펼쳐 늑대가 무엇을 하고 있는지 확인한다. VTS(Visual Thinking Strategies) 질문법으로 그림책을 함께 읽으면 그림을 세심하게 관찰할 수 있고 사고력과 추론 능력을 기를 수 있다. "이 그림에서 무슨 일이 일어나고 있나요?"라고 묻고 학생이 대답한 내용을 그림을 보며 다시 확인해 준다. "무엇을 보고 그렇게 말했나요?"라고 묻고 학생의 대답을 듣고 말한 의미를 명확하게 표현한다. "또 무엇을 더 찾을 수 있을까요?"라고 물으며 새로운 이야기로 연결한다. 작은 창문으로 착각하거나 오해하기 좋은 일부만 보이고 책장을 넘기면 생각과 전혀 다른 집 안의 모습이 나타난다. 이렇게 반복되는 에피소드로 인해 학생들은 작은 창문으로 무엇을 보게 될지 고민하면서 읽을 수 있다.

나도 작가 되기

활동명　진짜를 만나는 그림책
준비물　문이 그려진 8절 도화지, 채색 도구, 가위 등

1단계　구상하기 및 준비하기

　『집 안에 무슨 일이?』는 1개의 에피소드를 4쪽으로 구성하였다. 책과 같이 4쪽으로 구성하려면 6쪽 책을 만들어야 한다. 6쪽 책 만들기는 어려우므로 8절 도화지를 긴 방향으로 놓고 반을 접어 4쪽 책을 만들어 2쪽만 활용해도 작가의 기법을 따라 한 그림책을 만들 수 있다. 이 책처럼 창문으로 다음 장 그림의 일부가 보이고, 책장을 넘기면 집 안이 보이도록 내용을 구상한다. 앞표지 역할을 하는 문도 의미를 전달할 수 있는 형태로 표현할 수 있다.

> **잠깐!**
> 내용을 구성할 때 부분을 보지 말고 전체를 보라는 책의 주제를 떠올릴 수 있도록 자주 상기시킨다. 문이 그려진 출력물을 제공하면 학생들은 집 내부에만 집중하여 작업할 수 있다.

문이 그려진 출력물

긴 방향으로 놓고 반 접은 모습

2단계 구멍 뚫기

창문 구멍을 뚫는다. 집 내부를 그리기 전에 구멍을 먼저 뚫어야 학생들이 구멍의 위치에 맞추어 집 안을 그릴 수 있다. 작은 창으로 보이는 모습을 보고 집 내부가 당연히 그러할 것이라고 착각하게 만들어야 해서 구멍의 위치가 중요하다.

> **잠깐!**
> 1개 또는 최대 3개 정도 구멍이 뚫는 것이 적당하다. 너무 많은 수의 구멍은 집 안에 무슨 일이 있는지 쉽게 유추되므로 만든 그림책을 읽는 재미를 떨어뜨린다.

구멍을 뚫을 때 커터칼을 사용할 수 있지만 안전이 걱정된다면 교사가 미리 구멍을 뚫어 8절지를 제공해도 된다. 가위를 이용하여 구멍을 뚫을 때는 종이를 살짝 접어 가위집을 내는 방법을 알려 주면 가위집을 통해 구멍을 뚫을 수 있다. 집 외부 모습에 따라 여러 개의 구멍을 뚫을 수도 있다.

구멍 뚫은 집 외부 모습

구멍을 여러 개 뚫은 집 외부 모습

3단계 집 안 그리기

❶ 창문을 뚫은 미니북에 구상한 대로 집 내부를 그린다. 창문 구멍을 먼저 뚫었기 때문에 집 안을 그릴 때 구멍의 위치에 맞추어야 한다. 집 안 모습 중 다른 사람이 착각하고 오해할 만한 부분이 무엇인지 생각해 보고 그 부분이 창문으로 보일 수 있도록 그림을 그린다. 해골 쿠키 만드는 빵집이 집 안의 모습이라면 창문으로 해골이 보이도록 그려야 집 내부 모습을 쉽게 유추할 수 없다.

❷ 구멍에 맞추어 집 내부를 그린 다음 색연필, 사인펜 등으로 채색한다. 그림과 어울리는 글도 쓴다.

> **잠깐!**
> 『집 안에 무슨 일이?』에서 집 안을 묘사하는 글을 살펴보면 집 안을 묘사하기 전에 '앗, 맙소사', '이런' 등의 감탄사를 먼저 썼다. 학생들에게도 이런 특징을 알려 주고 감탄사를 쓰도록 안내한다.

집 안 모습

창문으로 보이는 집 안 모습

4단계 바깥문 꾸미기

❶ 집 내부를 완성했다면 집 외부를 꾸민다.

> **잠깐!**
> 그림책에는 책의 전체적인 분위기를 결정하는 주조 색이 있다. 『집 안에 무슨 일이?』는 붉은 계열의 색이 주조 색이다. 학생들이 자신이 그린 집 내부를 살펴보고 주조 색을 찾아보도록 안내한다. 자기 그림에서 주조 색을 찾았다면 주로 그 색으로 집 외부를 채색하여 책의 완성도를 높인다. 다양한 색깔을 좋아하는 학생은 대표적인 색깔을 찾지 못할 수 있다. 집 외부를 꾸밀 때도 다양한 색깔을 사용하면 된다.

❷ 책에는 창문으로 보이는 모습을 설명하는 글이 있다. 바깥문을 꾸미고 글 쓸 공간이 있다면 창문으로 보이는 모습을 설명하는 글을 쓴다.

바깥문 꾸미기

내부 모습

활동 더하기

  네모난 형태의 창문을 뚫어 집 안에 무슨 일이 있을지 상상해 보았다면 삼각형, 원 등 다양한 형태로 바꾸어 표현할 수 있다. 학급 상황이나 학생의 수준을 고려하여 바깥문과 집 안 모두 학생이 그리고 싶은 대로 그릴 수 있다. 집 외부와 내부 모두 그리는 경우 작업 시간을 넉넉하게 주어야 한다. 출력물을 활용하였을 때는 구멍을 먼저 뚫고 집 내부를 그렸지만, 안과 밖 모두를 그릴 때는 집 내부를 먼저 그리고 구멍을 나중에 뚫어도 된다. 집 밖을 학생이 직접 그리면 집 안을 보여 주는 장치로 꼭 창문을 활용하지 않아도 된다. 밖에서 안을 들여다볼 수 있는 것이면 어떤 장치도 가능하다. 다양한 선택권을 주어 학생들이 마음껏 상상하도록 한다.

투명창 그림책

● 친구에게

'투명창 책'이란 책의 한 면 가운데에 구멍을 뚫고 그곳에 OHP 필름을 넣어 투명창처럼 만든 책이다. 투명창 페이지를 넘기면 앞면의 종이에 투명한 필름이 겹쳐지면서 투명 필름에 그린 그림이 더해져 마음을 전하는 그림이 된다.

친구에게
김윤정 글·그림, 국민서관, 2022

『친구에게』는 언제나 곁에서 함께 기뻐하고 슬퍼해 주는 소중한 친구에게 응원과 감사의 메시지를 전하는 그림책이다. 물이 필요한 친구에게 물을 나누어 주고, 힘들어하는 친구에게 다가가 함께하는 우정은 그림책을 보는 독자의 마음을 따뜻하고 풍요롭게 만든다.

OHP 필름을 사용하여 만든 독특한 형태의 그림책이다. 한 장의 그림에 투명한 필름이 더해짐으로써 새로운 장면이 탄생된다. 필름의 뒷면이 앞면과 반대로 보이는 것에 착안해서 만들었다. 주변 상황은 바뀐 것이 없는데 필름을 넘김으로써 새로운 이야기로 전환되는 이 책은 책장을 넘기는 행위를 통해 나에게서 친구에게로 마음이 전해진다. 투명 필름으로 친구에게 의미를 전하는 활동을 통해 우정의 마음을 다시 생각해 볼 수 있다.

그림책 읽고 나누기

『친구에게』의 표지를 보며 한 아이와 그림자처럼 보이는 아이의 의미가 무엇일지 생각한다. 제목으로 친구에게 무엇을 하는 내용일지, 친구에게 어떤 마음을 전하는 책인지 예상해 보고 면지를 본다. 면지의 새 한 마리가 어떤 의미를 갖는지 이야기하며 그림책을 함께 읽는다. 왼쪽의 남자아이와 투명창으로 비치는 오른쪽의 여자아이는 어떤 관계인지, 그림책의 페이지를 넘기면 어떤 변화가 있는지 한 장 한 장 자세히 보며 짧은 글이 주는 의미와 그와 관련된 학생들의 경험을 이야기한다.

나도 작가 되기

활동명　투명창 그림책
준비물　투명창 미니북, 색연필, 사인펜

1단계　구상하기 및 준비하기

『친구에게』는 8개의 이야기로 의미를 전하는데 학생들이 8개의 이야기를 구성하기에는 무리가 있어서 1개의 이야기만 구상한다. 좋은 친구의 모습을 떠올리며 어떤 상황에서 친구가 필요하다고 느꼈는지, 친구가 필요한 상황일 때 어떻게 도움을 받았는지를 생각한다. 서로의 경험을 함께 이야기 나누는 과정에서 자신이 친구에게 전하고 싶은 메시지를 그림책의 내용으로 구상할 수 있다. 전하고자 하는 의미가 잘 전달되도록 그림과 글을 계획하고 투명창이 주는 효과를 잘 살린다. 학토재의 '투명창 미니북'을 활용하면 편리하다.

투명창 미니북 판형 만드는 방법

❶ 4절지의 세로를 1/2로 자른다.
❷ 가로로 4등분으로 접고 가운데 두 번째와 세 번째 면의 네 모서리에 1.5cm 안쪽으로 네모 모양을 그린다.
❸ 두 번째와 세 번째 면의 네모 모양을 칼로 자른다.
❹ 뚫린 네모 안쪽에 투명 필름을 넣어 두 번째와 세 번째 면이 맞닿도록 한 후 양면테이프로 붙인다.

기본 틀

2단계 표지 디자인하기

제목은 주제 및 내용과 어울리는 것으로 정하고 제목과 어울리게 그림을 그린다. 이때 친구에게 향하는 나의 마음을 제목으로 정한다. 앞표지는 독자가 책에 흥미를 느끼고 책의 내용을 예상해 볼 수 있도록 글과 그림으로 표현하고, 뒤표지는 전하고자 하는 의미를 담아 표현한다.

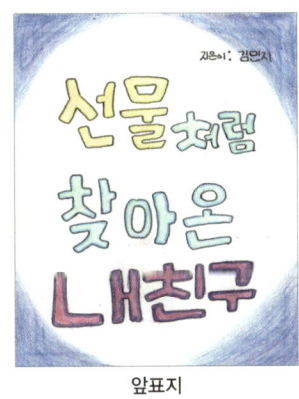 

앞표지   뒤표지

3단계 투명창 그림책 만들기

투명한 그림책은 투명한 창문의 그림을 활용하여 의미를 전달하는 독특한 판형이므로 투명창을 넘기면 덮이는 투명창의 영향으로 앞면의 상황이 바뀌는 것을 고려하여 만들어야 한다.

❶ 1면에는 친구가 필요하다고 느끼는 상황이나 혼자 있는 상황을 떠올리며 그림을 그린다. 이때, 자신이 친구에게 도움을 받았거나 친구를 도와주어 뿌듯했던 경험을 떠올리며 그리도록 한다.

❷ 1면 다음에는 4면을 먼저 그린다. 4면에는 투명창에 그릴 인물이나 사물의 배

경을 그린다. 1면의 그림과 연결되면서 투명창을 옮김에 따라 상황이 달라질 수 있는 그림으로 그리는 것이 좋다. 예를 들어 친구가 있다가 없는 배경, 함께 가다가 혼자 가는 그림 등을 그리도록 한다.

❸ 1면과 4면 사이에 있는 창문 모양의 투명창 앞면(2면)과 뒷면(3면)에는 배경이 아닌 인물이나 사물을 그림으로 그린다. 이때 1면과 4면의 상황과 연결되도록 그림 위치를 고려하여 그린다.

❹ 투명창을 넘김으로써 주제가 잘 전달되는지를 확인하며 상황에 어울리는 글을 쓴다. 글은 투명창의 창문틀 아랫부분에 쓰는 것이 더 효과적이지만 강요할 필요는 없다.

활동 더하기

투명창을 이용한 창문형 판형으로 이루어진 김윤정 작가의 또 다른 그림책 『엄마의 선물』이 있다. 투명창을 넘김으로써 아이를 향한 엄마의 마음이 전달되는 그림책으로, 투명창 책 만들기에 활용하기 좋다. 5월 어버이날을 기념하여 엄마를 향한 마음을 담은 투명창 책을 만들어 어버이날 선물로 만들어 보는 것도 추천한다.

식물의 한살이 그림책

● 콩 심기

『콩 심기』는 한평생 농사일을 해 온 할머니가 손녀에게 콩 심는 과정과 방법을 가르쳐 주는 병풍 책 형태의 그림책이다. 이 책을 통해 식물의 한살이를 배우고 성장 과정을 차례대로 정리해 볼 수 있다. 병풍 책 형태로 만들어 보면서 식물의 성장 과정을 시각적으로 표현해 보자.

콩 심기
신보름 글·그림, 킨더랜드, 2018

    이 책은 할머니가 농사짓는 과정을 통해 손녀에게 삶의 지혜를 전하는 그림책이다. 책의 형태는 16폭의 병풍 형태로 되어 있으며, 앞면과 뒷면이 있다. 앞면에는 콩을 심는 준비 과정의 긴 시간을 병풍 형식으로 길게 펼쳐 볼 수 있게 되어 있다. 뒷면에는 콩이 자연의 힘으로 자라는 과정을 담았다.
    병풍 책은 누구나 쉽게 만들 수 있고, 칸이 나뉘어져 있어서 활용하기 좋다. 나뉜 칸에 필요한 내용을 정리하기 쉬우며, 특히 『콩 심기』처럼 시간의 흐름을 나타내는 내용이 있을 때 유용하다. 장면을 부분으로 나누어 보기도 하고, 쭉 펼쳐서 한눈에 파악할 수 있다.
    식물의 한살이를 공부할 때, 콩과 같은 한해살이 식물 중 학생들이 흥미를 느끼는 식물을 하나 정하고 그 성장을 자세히 관찰하여 병풍 책으로 만들어도 좋다.

그림책 읽고 나누기

책을 읽기 전에 책의 형태를 설명한다. 학생들은 병풍처럼 되어 있고 앞면과 뒷면이 있는 모습을 신기해한다. 앞면에서는 펴지는 면 2쪽씩 하나의 장면을 나타내고 있음을 알려 주고, 할머니의 사투리가 무슨 말인지 알아맞히면서 내용을 확인한다. 뒷면에서는 한쪽마다 콩이 성장하는 모습을 보여 주면서, 이때 어떤 점을 관찰해야 하는지 확인한다. 콩이 싹트고 자라서 꽃피고 꼬투리가 열리는 과정에 대해, 생물들과 날씨까지 볼 수 있어서 좋다.

『콩 심기』는 할머니와 손녀의 입말이 살아 있어서 국어 시간에 인상 깊은 일에 관한 공부나 경험을 나눌 때 같이 읽으면 좋다. 그리고 병풍 형태의 그림책 모습을 이용하여 과학 시간에 '식물의 한살이' 부분에서 활용해도 된다.

나도 작가 되기

활동명 식물의 한살이 그림책
준비물 A4 도화지 2장, A4 색지 1장, 가위, 풀, 채색 도구 등

1단계 구상하기 및 준비하기

❶ 식물의 한살이를 직접 관찰하면서 병풍 책으로 만들기 때문에 어떤 식물을 선택해서 표현할지 생각한다.

> 잠깐!
> 식물의 종류는 한살이 길이가 짧고 크기가 적당해야 한다. 그리고 잎, 줄기, 꽃, 열매를 관찰하기 쉬운 식물이어야 한다. 이 조건에 알맞은 식물은 강낭콩, 봉숭아, 방울토마토 등이다.

❷ 병풍 책의 앞면에는 식물의 한살이에 관련된 내용과 식물 심는 준비 과정을 정리한다. 뒷면에는 자신이 선택한 식물이 자라는 과정을 관찰하면서 그림책 쓰듯이 정리한다.

❸ 다음과 같이 병풍 책을 만든다.

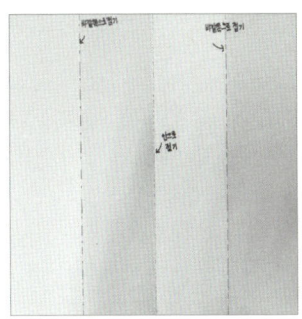
❶ A4 도화지 접기
긴 쪽으로 반 접고 양쪽으로 종이를
바깥쪽으로 한 번 더 반 접기

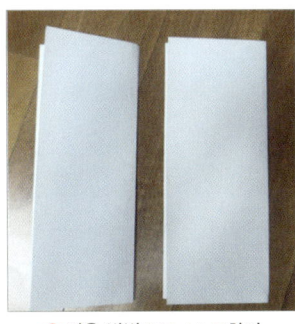
❷ 같은 방법으로 A4 도화지
1개 더 접기

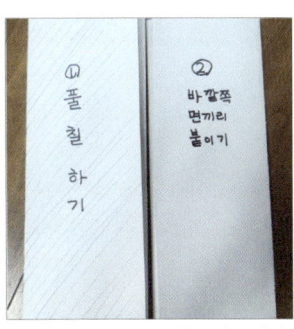
❸ 앞의 두 종이를 풀칠하여 붙이기

❹ A4 색지 접기
긴 쪽으로 반 접고 한쪽 종이를
바깥쪽으로 한 번 더 접기

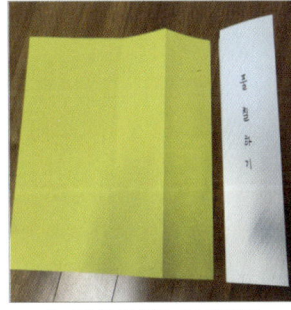
❺ 4번 종이 한쪽에 풀칠해서
색지의 안쪽으로 붙이기

❻ 4번 종이를 붙인 끝부분에
연필로 표시하기

❼ 연필로 그은 부분을 가위로 자르기

❽ 병풍 책 완성된 모습

2단계 표지 꾸미기

책의 표지는 앞표지와 뒤표지로 나뉜다는 것을 먼저 알려 준다. 앞표지에는 자신이 선택한 식물의 이름을 넣어서 '○○○의 한살이' 등으로 제목을 정하고 사인펜으로 굵게 쓴다. 제목 아래쪽에는 자신의 이름을 지은이로 넣는다. 그리고 관련 그림을 그린다. 아래쪽에는 출판사 이름을 지어서 넣는다. 뒤표지에는 책의 소개를 넣거나 관련 그림을 넣어 꾸민다.

앞표지　　　　뒤표지

3단계 병풍 책의 앞면과 뒷면 꾸미기

❶ 병풍 책의 앞면은 식물과 식물의 한살이를 조사하고 그 내용을 정리한다. 그리고 화분에 씨를 심은 방법을 그림으로 그리고 설명을 쓴다.

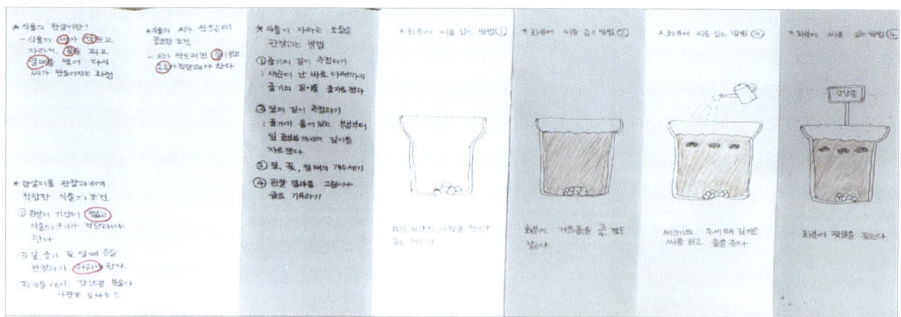

❷ 병풍 책의 뒷면은 식물을 관찰하면서 그 성장 과정을 그림책처럼 쓰고 정리한다.

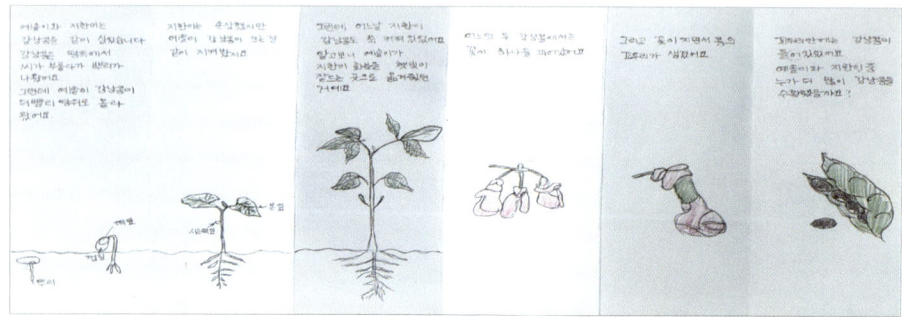

활동 더하기

강낭콩 이외의 다른 식물에 관해 병풍 책을 만들 때 인터넷에서 그 식물을 조사한다. 앞면은 식물에 관해 조사한 내용을 7개로 나누어 7면에 정리한다. 뒷면은 강낭콩 병풍 책처럼 식물의 한살이를 6개의 장면으로 나누어 그림을 그리고, 내용을 정리한다. 그림 그리기가 어렵거나 시간이 부족한 경우에는 식물의 한살이를 6개 장면으로 그림을 인쇄하여 붙이고 내용을 정리한다.

✱ 부록 ✱ 그림책 창작 수업 활동 목록

PART	그림책		나도 그림책 작가 활동		쪽수
1부	궁디팡팡		손뜨개로 한 장면		10
	꼬마곰과 프리다		셰이프 게임으로 한 장면		15
	나는 기다립니다		털실을 이용하여 한 장면		20
	나뭇잎을 찾으면		나뭇잎으로 한 장면		24
	내가 만드는 1000가지 이야기		3분할하여 한 장면		29
	내 헤어스타일 어때?		타공으로 한 장면		34
	너는, 너야?		콜라주로 한 장면		38
	네 개의 그릇		반원 네 개로 한 장면		43

PART	그림책		나도 그림책 작가 활동		쪽수
1부	놀자!		색종이를 붙여 한 장면		47
	마지막 도도새		스크래치로 한 장면		52
	무지개 물고기		홀로그램으로 한 장면		56
	문이 열리면		상상의 세계 한 장면		62
	문장 부호		점묘법으로 한 장면		66
	문제가 생겼어요!		상상으로 한 장면		71
	바니의 사계절 미용실		머리 모양 한 장면		76
	붙여 볼까?		이미지 융합 한 장면		82

PART	그림책		나도 그림책 작가 활동		쪽수
1부	빛을 찾아서		빛이 비치는 한 장면		86
	숲속 재봉사와 털뭉치 괴물		솜으로 한 장면		91
	숲속 재봉사의 꽃잎 드레스		꽃으로 한 장면		95
	숲속 재봉사의 옷장		자연물로 한 장면		99
	숲의 시간		숲속 작은 집 한 장면		103
	시장에 가면~		거대한 한 장면		108
	아름다운 실수		줌 아웃 한 장면		114
	아주아주 배고픈 애벌레		티슈페이퍼로 한 장면		119

PART	그림책		나도 그림책 작가 활동		쪽수
1부	아피야의 하얀 원피스		풍경을 무늬로 한 장면		124
	여름 소리		타이포그래피 한 장면		128
	우다다다, 달려 마을!		부딪치면 탄생하는 한 장면		132
	우리 집에 용이 나타났어요		편지 봉투로 한 장면		136
	이 그림책을 ??하라		책 얼굴로 한 장면		140
	이 색 다 바나나		색으로 표현하는 한 장면		146
	이렇게 접어요		접고 펼치는 한 장면		151
	이파리로 그릴까		자연물을 동물로 한 장면		155

PART	그림책		나도 그림책 작가 활동		쪽수
1부	접으면		폴딩북으로 한 장면		159
	하늘 조각		하늘 조각으로 한 장면		163
	행복한 네모 이야기		색종이 콜라주 한 장면		168
	헤엄이		판화로 한 장면		172

PART	그림책		나도 그림책 작가 활동		쪽수
2부	곰돌이 팬티		상상력을 발휘한 구멍 책		178
	꼬리 꼬리 꼬꼬리		긴 줄로 연결하는 그림책		184
	꼬마 안데르센의 사전		나만의 사전 그림책		188
	나, 꽃으로 태어났어		꽃이 피어나는 병풍 그림책		193
	나는		페이퍼 커팅 그림책		198
	리본		리본 끈 그림책		202
	마법에 걸린 병		마법에 걸린 병 그림책		206
	마음 요리		마음 요리 그림책		211

PART	그림책		나도 그림책 작가 활동		쪽수
2부	마음대로 기타		양쪽으로 펼치는 그림책		215
	무리		패러디 학급 그림책		219
	무슨 생각 하니?		플랩북 그림책		223
	물이 되는 꿈		수채화 아코디언 그림책		228
	밤을 깨우는 동물들		야광 별자리 그림책		232
	빛을 비추면		빛그림자 그림책		237
	사라지는 것들		시간의 흐름을 표현하는 그림책		242
	생각하는 ㄱㄴㄷ		ㄱㄴㄷ 그림책		247

PART	그림책		나도 그림책 작가 활동		쪽수
2부	알록달록 동물원		동물원 그림책		251
	완두의 여행 이야기		우표 그림책		255
	우체부 아저씨와 비밀 편지		편지가 든 그림책		259
	이 작은 책을 펼쳐 봐		점점 작아지는 그림책		264
	작은 틈 이야기		타공이 있는 그림책		269
	집 안에 무슨 일이?		진짜를 만나는 그림책		274
	친구에게		투명창 그림책		279
	콩 심기		식물의 한살이 그림책		283

나도 그림책 작가

초판 1쇄 인쇄   2024년 10월 1일
초판 1쇄 발행   2024년 10월 5일

지은이	그림책사랑교사모임
펴낸이	하태민
책임편집	김유진
디자인	오성민
펴낸곳	(주)학토재
출판등록	2013-000011호
주소	서울시 송파구 법원로 114
전화	02-571-3479
팩스	02-571-3478
홈페이지	www.happyedumall.com
전자우편	haktojae@happyedumall.com

ISBN 979-11-93693-20-9 13370
ⓒ 2024, 그림책사랑교사모임 All rights reserved.

※ 이 책은 저작권법에 따라 보호받는 저작물이므로 무단 전재와 무단 복제를 금지하며,
이 책의 내용을 전부 또는 일부를 이용하려면 반드시 저작권자와 도서출판 학토재의 서면 동의를 받아야 합니다.